U0097120

古代歷史文化研究輯刊

十三編

王明蓀 主編

第5冊

曹魏西晉選舉制度、問題與對策之研究（下）

李昭毅 著

國家圖書館出版品預行編目資料

曹魏西晉選舉制度、問題與對策之研究（下）／李昭毅 著 ──
初版 ── 新北市：花木蘭文化出版社，2015〔民 104〕
目 4+168 面；19×26 公分
（古代歷史文化研究輯刊 十三編；第 5 冊）
ISBN 978-986-404-015-5（精裝）
1. 選舉制度 2. 魏晉南北朝
618 103026945

古代歷史文化研究輯刊
十三編 第 五 冊 ISBN：978-986-404-015-5

曹魏西晉選舉制度、問題與對策之研究（下）

作 者 李昭毅
主 編 王明蓀
總 編 輯 杜潔祥
副總編輯 楊嘉樂
編 輯 許郁翎
出 版 花木蘭文化出版社
社 長 高小娟
聯絡地址 235 新北市中和區中安街七二號十三樓
電話：02-2923-1455／傳眞：02-2923-1452
網 址 http://www.huamulan.tw 信箱 hml 810518@gmail.com
印 刷 普羅文化出版廣告事業
初 版 2015 年 3 月
定 價 十三編 27 冊（精裝）台幣 52,000 元

曹魏西晉選舉制度、問題與對策之研究（下）

李昭毅　著

目次

圖表目次

第四章　中正評品制度的運作程序與機制

第一節　司徒府典選制的成立

本節乃承續曹魏前期中正評品制度的發展，探討繼州大中正制成立後，制度運作健全化的最後步驟，即司徒府典選制的成立。第一目先對司徒府典選制成立的時間進行考辨，主要從組織架構健全化的角度，探究制度成立可能的時間上限。第二目則從中央選舉系統權力結構變動的脈絡，探討司徒府典選制的合理性。

一、司徒府典選時間考辨

根據第三章第三節第一目的討論，至曹魏嘉平年間，中正系統僅有州郡中正二級，但是據《通典》所載，魏晉之際似有變動。《通典・選舉二》載西晉選舉機構云：

> 晉依魏氏九品之制，內官吏部尚書、司徒左長史，外官州有大中正，郡國有小中正，皆掌選舉。若吏部選用，必下中正，徵其人居及父祖官名。〔註1〕

依杜佑之見，除了吏部尚書與州郡中正外，司徒左長史亦典選舉，且晉制承自魏制，換言之，杜佑當是以為司徒左長史在曹魏已典選。後世學者清代趙翼亦沿用此說。《二十二史札記・九品中正》云：

〔註1〕唐・杜佑，《通典》，卷14，〈選舉二〉，頁328。

> 魏文帝初定九品中正之法，郡邑設小中正，州設大中正，由小中正品第人才，以上大中正，大中正核實，以上司徒，司徒再核，然後付尚書選用。〔註2〕

顯然趙翼之說更明確地指出司徒府典選始行於曹魏初期，且中正評品制度有一套從地方到中央縝密的審核程序。

但是，若從曹魏中正評品制度實施的情形來看，上述說法實有檢討的必要。其一，敘及曹魏中央典選機構的記載，均未言及司徒府。如：魏明帝景初年間司空掾傅嘏言：「方今九州之民，爰及京城，未有六鄉之舉，其選才之職，專任吏部。」〔註3〕又如西晉給事中袁準在《袁子》中有言：「魏家署吏部尚書，專選天下百官。」〔註4〕復如東晉孫盛的《晉陽秋》嘗載：「陳群爲吏部尚書，制九格登用，皆由於中正，考之簿世，然後授任。」〔註5〕雖然後兩段史料較晚出，但卻是對第一條史料做了補充，均可說明曹魏中央典選機構應該尚未包括司徒府。

其二，杜佑的說法是將司徒左長史列爲典選之官。但此說成立的前提是，曹魏存在此官職。關於司徒左長史的設置，《晉書・職官志》載八公府組織云：

> 諸公及開府位從公者，品秩第一……置長史一人，秩一千石……司徒加置左右長史各一人，秩千石；主簿，左西曹掾屬各一人，西曹稱右西曹，其左西曹令史已下人數如舊令。〔註6〕

這裡僅可知司徒左長史一職，乃在舊有司徒府編制外再新增，屬於晉制當無疑問，但是設置時間並未明言，至早當在晉武帝朝。不過《通典》對於加置司徒左長史一事，則有明確記載。據《通典・職官二》所載：

> 泰始三年，又置太尉軍參軍六人，騎司馬五人，官騎十人。而司徒加置左長史，掌差次九品，銓衡人倫，冠綬與丞相長史同。〔註7〕

按東漢舊制，三公府均有長史一人，署諸曹事，〔註8〕故司徒府所加置者當爲

〔註2〕清・趙翼，《二十二史札記》，卷8，〈晉書・九品中正〉，頁100。

〔註3〕《三國志》，卷21，〈傅嘏傳〉，頁623。

〔註4〕隋・虞世南，《北堂書鈔》，卷60，〈設官部十二・吏部尚書〉引《袁子正書》，頁252。

〔註5〕宋・李昉等，《太平御覽》，卷214，〈職官部十二・吏部尚書〉引《晉陽秋》，頁1149。

〔註6〕《晉書》，卷24，〈職官志〉，頁726～727。

〔註7〕唐・杜佑，《通典》，卷20，〈職官二〉，頁522。

〔註8〕晉・司馬彪，《續漢書志》，志第24，〈百官一〉，頁3558。

左長史，《通典》所載當是補充《晉書》「司徒加置左右長史各一人」之說。姑且不論杜佑從何得知司徒左長史設置時間，但至少可知杜佑的說法前後矛盾，既然司徒左長史置於晉武帝泰始三年（267），則司徒府典選當是此後之制，並非承襲魏制而來。

綜上兩點推測，杜佑《通典・選舉二》與趙翼的說法，很可能是將晉制比附魏制。近人張旭華、胡寶國、汪徵魯等人便主張司徒左長史一職設於西晉，以爲《通典・選舉二》與趙翼的說法恐有誤，當以《晉書・職官志》與《通典・職官二》的記載爲準，司徒府典選爲西晉以後的制度。〔註9〕

那麼，如此便可確定司徒府典選始於晉初了嗎？恐怕未必，因爲筆者發現魏末已出現司徒左長史一職。《晉書・鄭默傳》載魏末鄭默的仕宦經歷：

> （鄭）默字思元。起家祕書郎，考覈舊文，刪省浮穢。中書令虞松謂曰：「而今而後，朱紫別矣。」轉尚書考功郎，專典伐蜀事，封關內侯，遷司徒左長史。武帝受禪，與太原郭奕俱爲中庶子。〔註10〕

這裡至少可以確定鄭默是在魏末出任司徒左長史一職，〔註11〕而司馬昭興兵伐蜀在景元三年（262），故至晚在景元三年（262）至咸熙二年（265）期間，司徒府已有左長史一職，而非杜佑所言之泰始三年（267）。

此外，胡三省的說法亦是魏末。《資治通鑑・魏高貴鄉公紀》「正元二年閏正月」條胡三省注語云：

> 魏公府及諸大將軍位從公者，各置長史一人，惟大將軍府及司徒府加置左右長史各一人。〔註12〕

胡三省此條注文恐怕是根據《晉書・景帝紀》、《晉書・李憙傳》載正元二年（255）司馬師討毋丘儉、文欽一事，當時司馬璉、李憙分任大將軍左、右長史，〔註13〕故將大將軍府分置左右長史一事繫於此年。雖說司徒府加置左長

〔註9〕請參張旭華，〈略論兩晉時期的司徒府典選〉，《許昌師專學報（社會科學版）》，1991年第3期（許昌），頁10～11；胡寶國，〈魏西晉時代的九品中正制〉，頁85～86；汪徵魯，《魏晉南北朝選官體制研究》，頁301～302。

〔註10〕《晉書》，卷44，〈鄭默傳〉，頁1251。

〔註11〕至於《三國職官表》依《晉書・鄭默傳》，以爲魏末太尉府屬增置左右長史，並將鄭默書爲太尉左長史，此二事顯然有誤。請參洪飴孫，《三國職官表》，「魏太尉府屬」條，頁33。

〔註12〕宋・司馬光，《資治通鑑》，卷76，〈魏紀八〉，「高貴鄉公正元二年閏正月」條胡三省注語，頁2423。

〔註13〕《資治通鑑》則將司馬璉作司馬班。請分見《晉書》，卷2，〈景帝紀〉，頁31；卷41，〈李憙傳〉，頁1188。

史一事，不見得便始於此時，但自從高平陵政變後，司馬氏父子先後執政，此期間諸公府組織相繼擴張，嘉平二年（250）太傅府分置左右長史，並增掾屬、舍人滿十人，〔註 14〕正元年間（254～255）大將軍府分置左右長史，增置大將軍掾十人，〔註 15〕景元四年（263）再增置司馬一人，從事中郎二人，舍人十人，〔註 16〕咸熙元年（264）相國府置僚佐掾屬達一百零八人，〔註 17〕從此一發展趨勢來看，司徒府加置左長史，並設置左西曹掾屬、令史，可能亦是這波公府組織擴張發展中的一環，故至少可保守推測當在司馬昭執政期間（255～265）。甚至再從咸熙元年裴秀典定官制，並始建五等爵制等新官制之法典化來看，〔註 18〕司徒府組織之擴張，極可能在此之前已完成。而從司馬氏父子透過所轄公府、軍府或相府組織的急速膨脹，以及魏晉禪代前夕官制釐革的法典化等角度來看，司徒府組織的異動與典選制的建立，恐怕與魏晉禪代過程亦有所關連。

綜上所論，筆者以爲從魏末鄭默曾任司徒左長史的實例，魏末諸公府組織擴大發展的趨勢，以及魏晉禪代前夕新官制的成立與法典化等三個角度來看，胡三省將司徒府加置左長史與大將軍府分置左右長史二事合書，恐怕有其合理性。故司徒府典選制可能在魏末已成立，趙翼之說與《通典・選舉二》所載略同，似以爲魏初九品官人法成立時，司徒府典選制也同時成立，在時間上恐有誤，而張旭華等人則據《通典・職官二》所載，主張司徒府典選制成立於晉初，其說亦值得商榷。

然而，前面討論的基礎，乃從選舉機構完備化的角度，來探求司徒府典選制成立的時間。可是在司徒左長史及左西曹掾屬、令史等職出現之前，司徒難道眞無任何典選權力？司徒在魏初是否可能已爲中正評品的中央主管？又司徒在選舉程序中，究竟扮演何種角色？對於這些問題，筆者遍尋史籍，以爲有兩條史料與此有若干關連，值得做初步討論。

其一，《魏略・吳質傳》載吳質事蹟云：

〔註 14〕《晉書》，卷 1，〈宣帝紀〉，「魏齊王芳嘉平二年正月」條，頁 19。

〔註 15〕《宋書》載：「晉景帝爲大將軍，置掾十人。」但正始年間曹爽任大將軍時，便有不少人曾任大將軍掾屬，故司馬師所置當是以舊編制爲基礎再增置。請參見《宋書》，卷 39，〈百官志上〉，頁 1221。

〔註 16〕《晉書》，卷 2，〈文帝紀〉，「魏元帝景元四年三月」條，頁 38。

〔註 17〕《宋書》，卷 39，〈百官志上〉，頁 1221～1222。

〔註 18〕《晉書》，卷 2，〈文帝紀〉，「魏元帝咸熙元年七月」條，頁 44。

> 始質爲單家，少游遨貴戚間，蓋不與鄉里相沈浮。故雖已出官，本國猶不與之士名。及魏有天下，文帝徵質，與車駕會洛陽。到，拜北中郎將，封列侯，使持節督幽、并諸軍事，治信都。太和中，入朝。質自以不爲本郡所饒，謂司徒董昭曰：「我欲溺鄉里耳。」昭曰：「君且止，我年八十，不能老爲君溺攢也。」〔註 19〕

對於這段史料的解釋，吳慧蓮以爲：「吳質由於未能取得鄉里士人的認同，在品狀、簿世上始終不能登列士籍，不得已只好求助於司徒董昭，告訴他願意重返鄉里爭取士名的決心。司徒董昭勸他返鄉之行稍緩，因爲自己已屆八十之齡，對於他爭取士名的計劃已經無能爲力。從吳質與董昭的對話中，可見士名之取得，除了鄉里長老外，司徒亦具有相當程度的影響力。」〔註 20〕吳氏所論大抵無誤，但筆者欲提出另一種可能。從董昭之「不能老爲君溺攢」的回應來看，吳質找上他幫忙恐怕不是第一回了。董昭是在太和四年（230）以衛尉行司徒事，六年（232）才拜爲眞，〔註 21〕而吳質在太和四年夏已亡。〔註 22〕因此，先前幾次吳質尋求董昭的協助，或有可能是由於董昭行司徒事，可利用司徒職權來協助他取得士名，不過就時間上的考量，其實吳質更有可能在董昭未行司徒事以前，便與之接觸洽談此事。那麼吳質所考量的恐怕與董昭行司徒事無太大的關連了，最有可能者，恐怕是兩人的同鄉關係，兩人均是濟陰人。〔註 23〕因爲魏初中正評品制度尚有鄉論餘風，在豪族官僚化過程中，鄉論多爲郡級豪族所支配，而中正評品過程中所謂的尊重鄉論，實質上乃參考任職京師的本郡先達的意見。當時任職中央政府且出身濟陰者，權位較高的有董昭與王思二人，但王思出身寒微，與吳質出身相近，且未入仕時董昭已歷任州牧郡守，而王思初仕時僅爲司空西曹令史，仕官資次遠在董昭之後，〔註 24〕無論從家世背景或仕官資次來看，董昭均在王思之上，可見

〔註 19〕《三國志》，卷 21，〈吳質傳〉注引《魏略》，頁 609。

〔註 20〕請參吳慧蓮，〈六朝時期的選任制度〉，頁 57。

〔註 21〕《三國志》，卷 14，〈董昭傳〉，頁 442。

〔註 22〕《三國志》，卷 21，〈吳質傳〉注引《質別傳》，頁 610。

〔註 23〕《三國志》，卷 21，〈吳質傳〉，頁 607；卷 14，〈董昭傳〉，頁 436。

〔註 24〕王思與薛悌等俱從微起，而薛悌頂多是縣級大族，相對於郡級大族而言，仍顯寒微，故王思的家世當與此相近。故可推知王思與出身單家的吳質出身相近。王思在建安十二年（207）任豫州刺史（據《三國漢季方鎮年表》所載）以前，僅任司空西曹令史，而董昭早在建安初開始便歷任州牧郡守。請分見《三國志》，卷 15，〈梁習傳〉及注引《魏略・苛吏傳》，頁 470～471；卷 14，

對吳質而言，當時的董昭儼然是濟陰士人層的先進耆老，官場上最具代表性的本郡先達。因此，吳質才會選擇董昭幫忙，而非王思。

綜上所論，「士名的確立」與「郡中正評品士人等第」或有相關，但前引史料並未出現與中正官直接相關的敘述，是以二者並不等同。再就制度運作的可能性而言，魏初司徒左長史、左西曹掾屬與州大中正均尚未設置，司徒怎有能力處理諸郡中正評品後的龐大人事資料？故在組織尚未健全之前，司徒府典選的可能性極低。因此，筆者仍以爲魏初的司徒並未如魏末以後一般，以中正的直屬長官身分行使典選權。

其二，《三國志・杜恕傳》載杜恕上疏語：

> 陛下又患臺閣禁令之不密，人事請屬之不絕，聽伊尹作迎客出入之制，選司徒更惡吏以守寺門；威禁由之，實未得爲禁之本也。〔註25〕

對這段史料的解釋，吳慧蓮以爲魏明帝是一位明察的君主，對於朝廷政本——選用官吏更是注意，唯恐主事者徇私舞弊，而有重重的防範措施，故對於主管中正評品的司徒府，乃制訂種種迎客出入的限制，並以惡吏嚴守司徒府寺門，嚴格監視，以杜絕人事請託。〔註26〕而筆者已於本文第三章第一節第一目討論過這段記載，以爲這裡的「寺門」當指尚書臺大門，司馬光抄錄這段文字時，便將「選司徒更惡吏以守寺門」一語，改爲「以惡吏守寺門」。若司馬光解讀不差，則此段文字之大意，當是魏明帝擔心主管人事的尚書臺官吏徇私舞弊，故制訂迎客出入的限制規定，並派遣惡吏監守尚書臺門，嚴格查核進出尚書臺人士的身分，以杜絕人事請託之事的發生。但不知「選司徒更惡吏以守寺門」一語中的「司徒」，其角色與地位爲何？因此，在未取得進一步資訊以解析文中「司徒」意指爲何之前，司馬光的解讀仍具參考價值。若接受此一解讀方式，那麼魏初司徒恐怕尚未有典選之權。

二、從中央選舉系統權力結構的發展脈絡看司徒府典選制的成立

官僚政治運作時，一旦權力結構有所變化，最明顯的特徵之一，便是選

〈程昱傳〉，頁442；清・萬斯同，《三國漢季方鎮年表》，收入《二十五史補編》第二冊（北京：中華書局，1955），頁2599；《三國志》，卷14，〈董昭傳〉，頁438～439。

〔註25〕《三國志》，卷16，〈杜恕傳〉，頁504。

〔註26〕請參吳慧蓮，〈曹魏的考課法與魏晉革命〉，頁66；同氏著，〈六朝時期的選任制度〉，頁57～58。

舉系統之權力結構變動。〔註 27〕雖然「權力」十分抽象，但是應當存在展現其自身所需的具體機構。因此，若要考察三公與尚書兩系統在選舉權方面的變動發展，可以先從東漢時期中央政府的選舉機構開始，考察其職權，以明析中央選舉系統演變之大勢。

（一）東漢三公府組織與選舉權

先從東漢三公府的選舉職權與機構來看。依據《續漢書・百官志》關於三公之職權與公府組織的記載，筆者製成【表 4－1】，〔註 28〕分析此表可得出若干特點。其一，三公府之日常業務雖各有所司，然咸負有考課監督之責。因此，雖然《續漢書・百官志》僅於太尉府長史後面羅列諸曹職事、品秩，而在司徒府與司空府的僚屬部份僅言其員額，但仍可推斷三公府的組織應一致，即由表中十三曹所構成。其二，由三公府共同擔負之郊祀大喪業務，可看出三公府仍負責舊有西漢丞相業務。其三，從三公府均具備十三曹及擔負考課之責研判，三公職權的劃分可能並非是機械式地將全國各地政事劃分爲三類，由三公府分別統籌，可能的情形是將邊防軍事重地之郡縣劃給太尉府管理，於考課時則加重軍事防務的評分比重；濱河郡縣則劃給司空府管理，於考課時則加重水土工程的評分比重；而一般郡縣則全歸司徒府管理，於考課時則平均評核各類民政成績。〔註 29〕其四，三公府東曹掌有二千石官員遷除之權，其黜劣敘優的參考資料正是郡國上計資料。〔註 30〕其五，西曹職掌

〔註 27〕古代中國社會裡，最重要的政治權力可分爲三類：一爲對軍國大事、典章制度的決策權；二爲選舉權、任官權；三爲軍隊指揮權。請參汪徵魯，《魏晉南北朝選官體制研究》，頁 286。

〔註 28〕本表乃依據《續漢書志》志第二十四〈百官志一〉繪製，但省去掾史屬以下之令史及御屬不錄。至於討論三公府的選舉機構，爲何不直接考察東西曹掾即可，而要考察整個三公府組織機構？因爲筆者欲以三公府的完整架構，呈現三公府在中央選舉系統運作時所擁有之客觀條件的優越性，亦即其協調中央政府與地方政府運作的角色，以利於說明三公府在東漢末年以後職權雖漸轉移至尚書臺，但是其客觀機構仍有存在的必要性及其價值。九品官人法實施後，司徒府之所以於魏末成爲州郡中正的中央主管機構，正是基於此項舊有行政優勢而來。請參見《續漢書志》，志第 24，〈百官志一〉，頁 3557～3562。

〔註 29〕三公府這種職權分工的制度設計，有人稱之爲「分職授政」。請參考祝總斌，《兩漢魏晉南北朝宰相制度研究》，頁 66～71。

〔註 30〕兩漢郡國有上計制度，此爲考課地方官吏的配套措施，每年年終由郡國上計吏攜帶計簿到京師上計，三公府東曹據計簿成績優劣，作爲黜陟地方官吏的依據。關於上計制度可參考安作璋、熊鐵基，《秦漢官制史稿》，頁 388～403。

三公府史之選任，應會包括對於府史之考課，因三公既有監督中央及地方官僚施政之權，必然也會對公府僚屬進行考課，而西曹應是承辦此業務之機構，〔註 31〕故漢代才會有所謂「四科取士」的丞相故事，即西曹依四科標準核其名實、選任府吏。其六，東、西曹掾史之祿秩均高於他曹掾史，顯示人事管理於官僚體制運作時的重要性，因而典掌選舉業務之掾史，其地位當然較高。

可是上面的記載僅能呈現東漢前期三公府於典章制度上的選舉權，尚無法完全肯定其是否眞的擁有此權力，因爲中國古代政治運作的發動機是在皇權，制度可能會因皇權的干涉而破壞，也可能因時局的演變而有所轉變。因此，若要觀察三公對於整體選舉權的支配程度，可以從東漢中期以後的詔書或是實際政治運作當中尋求線索。

《後漢書・順帝紀》載陽嘉元年（132）詔曰：

> 今刺史、二千石之選，歸任三司，其簡序先後，情覈高下，歲月之次，文武之宜，務存關中。〔註 32〕

顯然順帝時，州刺史、郡守之選任仍由三公負責，與東漢立國之初的制度吻合，這表示當時國家仍然尊重這種制度。

又，《後漢書・郎顗傳》載順帝時，郎顗上書並詣對尙書語：

> 今選舉皆歸三司，……每有選用，輒參之掾屬，公府門巷，賓客塡集，送去迎來，財貨無已。……選舉之任，不如還在機密。〔註 33〕

從「選舉皆歸三司」一語，足見當時三公確實仍主導中央選舉系統，因此三公選舉權所含括的範圍，恐怕不僅止於郡守縣令等地方政府長官。例如：安帝時司徒劉愷舉明習法律的陳忠爲尙書；〔註 34〕桓帝時梁冀欲樹私黨，便希望太尉杜喬舉汜宮爲尙書，但爲杜喬所拒。〔註 35〕此二例均可證明三公之選舉權可能及於九卿僚佐，而且在制度上亦存有此可能性。據《續漢書・百官志》引《漢官目錄》的說法，太尉、司徒、司空分別統轄太常、光祿勳、衛尉，太僕、廷尉、大鴻臚以及宗正、大司農、少府，〔註 36〕因此九卿僚佐之

〔註 31〕三公可依據西曹之考課檔案，對其僚屬行黜陟之權。當然表現卓越者便可由三公推薦，透過徵召制度，而成爲朝廷命官。

〔註 32〕《後漢書》，卷 6，〈順帝紀〉，「陽嘉元年閏十二月辛卯」條，頁 261。

〔註 33〕《後漢書》，卷 30 下，〈郎顗傳〉，頁 1067。

〔註 34〕《後漢書》，卷 46，〈陳忠傳〉，頁 1555。

〔註 35〕《後漢書》，卷 63，〈杜喬傳〉，頁 2093。

〔註 36〕《漢官目錄》曰：「右三卿（指太常、光祿勳、衛尉），太尉所部。」同書云：「右三官（指太僕、廷尉、大鴻臚），司徒所部」、「右三卿（指宗正、大司農、

遷轉可能由三公府負責。〔註 37〕顯然，三公至少對於重要中央與地方官員，仍握有薦舉權與考課權，可知三公在中央選舉系統中仍居要津。

（二）尚書對三公府選舉權的侵蝕

我們從上面的資料可以看到三公確實可透過東、西曹，在中央選舉系統中掌握中、高級官吏之遷轉，但若就整個選舉系統之運作程序來看，選舉權可解析爲薦舉權、考核權、覆核權、授官權、考課權，〔註 38〕是以前述之情形雖可說明三公對於中央與地方政府高級官員尚握有薦舉權與考課權，但並不足以說明三公仍保有完整之選舉權，因爲許多記載正反映出三公職權正逐步爲尚書所侵犯。如前引郎顗上疏中曾有「不如還在機密」一語，可知順帝之前選舉權曾有一度轉到尚書臺，考諸史籍，確有其事。安帝時期，尚書僕射陳忠曾上疏曰：「漢典舊事，丞相所請，靡有不聽。今之三公，雖當其名而無其實，選舉誅賞，一由尚書，尚書見任，重於三公，陵遲以來，其漸

少府），司空所部」。請見《續漢書志》，志第 25，〈百官志二〉，志第 26，〈百官志三〉，頁 3581、3584、3601。

〔註 37〕但是筆者又發現若干九卿僚屬的選舉權可能不盡然是全歸三公。《後漢書・陳蕃傳》載：「自蕃爲光祿勳，與五官中郎將黃琬共典選舉，不偏權富。」顯然桓帝年時期光祿勳與五官中郎將均有選舉權，但不確定其有效職權範圍爲何，亦不知此是否爲常制。又《後漢書・黃琬傳》載：「稍遷中郎將，時陳蕃爲光祿勳，……。舊制，光祿舉三署郎，以高功久次才德尤異者爲茂才四行。時權富子弟多以人事得舉，而貧約守志者以窮退見遺，京師爲之謠曰：『欲得不能，光祿茂才。』」可見三署郎吏（指五官郎、左署郎、右署郎）之選舉可能是由光祿勳負責。請見《後漢書》，卷 66，〈陳蕃傳〉，頁 2163；卷 61，〈黃琬傳〉，頁 2040。

〔註 38〕兩漢選舉制度主要有徵召、察舉、辟召三種類型。徵召制度的權力運作程序是：公卿薦舉現任官吏或白衣→皇帝徵召→中央授官。察舉制度的權力運作程序是：公卿或二千石薦舉屬吏或白衣→三公府考核→中央覆核→中央授官。辟召制度的權力運作程序是：直接由各政府機關六百石以上長官辟召白衣或各機構現任屬吏。薦舉對象若是現任官吏，在薦舉之前可能會參考該官吏的個人考績，則負責考課該官吏的官員對選舉運作當具有影響力。以郡國守相爲例，三公對此二職握有考課權，則無論是否由三公薦舉（公卿均有薦舉權），均需參考考課成績，以利薦舉，故考課權對現任官吏的遷轉有其作用力。而考核與考課之區別，考核是指中央政府對欲仕進爲朝廷敕授官的白衣或各級政府屬吏，進行公開的、統一的德行審查與才能試驗，此爲考核；考課所指有二，一是各級行政機構長官對屬吏日常表現的考察與督課，二是中央對九卿、郡國守相等二千石以上的行政機構長官日常表現的考察與督課。綜合來說，與選舉權相涉之權力，當包括薦舉權、考核權、覆核權、授官權、考課權。

久矣。」〔註 39〕顯然，東漢時期並非總是由三公府主宰中央選舉系統。

而這種情勢轉變的脈絡，可從尚書機構之擴編看出些微端倪。《續漢書・百官志三》記載：

> 尚書令……掌凡選署及奏下尚書曹文書眾事。……尚書……成帝初置尚書四人，分爲四曹：常侍曹尚書主公卿事；二千石曹尚書主郡國二千石事；民曹尚書主凡吏上書事；客曹尚書主外國夷敵事。〔註 40〕

雖然光武帝時尚書續分爲六曹，但機構仍未有大變動。顯然自西漢成帝以降，尚書職掌承續武帝以降的擴張之勢，不僅掌有「圖書、祕記、章奏之事及封奏」等文書之「宣示內外」之權，〔註 41〕並且掌有覆核權，後者正標誌著三公於授官權的權力深度（指與皇權的授受關係之鬆緊度）已不如尚書。這種覆核權非但表現在對授官權的滲透，它甚至亦向考核權延伸，這可以以東漢順帝的陽嘉改制爲例。《後漢書・左雄傳》載尚書令左雄上疏語：

> 陽嘉元年……雄又上言：「郡國孝廉，古之貢士，出則宰民，宣協風教。若其面牆，則無所施用。孔子曰『四十不惑』，禮稱『強仕』。請自今孝廉年不滿四十，不得察舉，皆先詣公府，諸生試家法，文吏課牋奏，副之端門，練其虛實，以觀異能，以美風俗。有不承科令者，正其罪法。若有茂才異行，自可不拘年齒。」帝從之，於是班下郡國。〔註 42〕

從文末可知，爲了革除察舉制度的弊端，順帝乃接受了左雄的建議，這便是〈順帝紀〉中所載陽嘉元年的改制。〔註 43〕從上疏內容可知，舉主察舉孝廉人選之後，中央選舉系統執行考核與授官的程序爲：先將諸候選人送至公府進行初試，其內容爲「諸生試家法，文吏課牋奏」，初試合格者即取得孝廉資格，但需再由尚書於宮殿之正南門端門對於這些合格者進行覆核，然後由尚書將名單送入內廷由皇帝做最後裁決，再下詔由尚書執行授官程序。從選舉程序來看，選舉權顯然已被切割、分化。雖然三公仍握有薦舉權、考核權，但是尚書原本僅是負責文書傳遞工作，如今也開始掌握覆核權與授官權，這

〔註 39〕《後漢書》，卷 46，〈陳忠傳〉，頁 1565。
〔註 40〕《續漢書志》，志第 26，〈百官志三〉，頁 3596～3597。
〔註 41〕唐・杜佑，《通典》，卷 22，〈職官四・尚書省〉，頁 587～588。
〔註 42〕《後漢書》，卷 61，〈左雄傳〉，頁 2020。
〔註 43〕《後漢書》，卷 6，〈順帝紀〉，「陽嘉元年十一月辛卯」條，頁 261。

說明三公的選舉權受到相當程度的滲透。這種選舉制度上的大變革，未召集公卿會商便採納一尚書令的建議，顯然有違三公議政與尚書集議的常制，因此，後來胡廣便以爲這次改制「矯枉變常，政之所重，而不訪台司、不謀卿士」（台指尚書臺，司指三司，即三府司、三公府），希望順帝能重新考慮。〔註44〕而且從胡廣上疏內容來看，東漢尚書之集議制度與諫諍制度確已成立，〔註45〕再加上西漢時御史中丞詔書起草與下達之權早已轉移至尚書，〔註46〕這一連串制度上的些微變動，對於尚書在薦舉權、覆核權與授官權的開展，具有關鍵作用。因此，雖然尚書在法制名義上仍隸屬於少府，但僅是「以文屬焉」，〔註47〕即是制度名義上歸於少府，但是從實際職權與機構的擴張來看，尚書已發展爲一獨立機構，因此才有尚書臺或臺閣之稱。

除了有官僚機構存在的客觀事實之外，在東漢中期以後不少人已有三公、尚書共典選舉的觀念。如：桓帝時期（146～167）光祿勳陳蕃曾上疏曰：「尺一選舉，委尚書三公，使褒責誅賞，各有所歸，豈不幸甚！」〔註48〕安帝永初二年（108）詔求王國人才時，曾規定「國相歲移名，與計偕上尚書、公府通調，令得外補」。〔註49〕而且到了東漢末年尚書可能已與三公共享對於地方長吏的考課權，因此，蔡邕於靈帝時上疏便稱，司隸校尉、州刺史「與下同疾……莫相察舉，公府臺閣亦復默然。」顯然蔡邕認爲三公與尚書應有監督、考課地方長吏之責。〔註50〕又，與薦舉權關係至密的議政權可能亦由三公與尚書共同執掌。以桓焉爲例，「順帝即位，拜太傅，與太尉朱寵並錄尚

〔註44〕《後漢書》，卷44，〈胡廣傳〉，頁1506。

〔註45〕東漢尚書之集議制度與諫諍制度並非一種成立於法理典章上的客觀制度，請詳見祝總斌，《兩漢魏晉南北朝宰相制度研究》，頁109～110。

〔註46〕此外，尚書更進一步與御史中丞、司隸校尉同掌劾奏權。《續漢書·百官志三》引蔡質《漢儀》曰：「丞（即御史中丞），故二千石爲之，或選侍御史高第，執憲中司，朝會獨坐，內掌蘭臺，督諸州刺史，糾察百寮，出爲二千石。」又，《通典·職官六·中丞》云：「後漢光武復改爲中丞……與尚書令、司隸校尉朝會，皆專席而坐，京師號爲『三獨坐』，言其尊也。」從這邊便可發現尚書也握有部分劾奏權，顯然這便會對三公發揮牽制作用，其在選舉權上的影響便是間接壓縮了三公的薦舉權，使三公在薦舉時更有所顧忌。請分見《續漢書志》，志第26，〈百官志三〉，頁3600；唐·杜佑，《通典》，卷24，〈職官六·中丞〉，頁663。

〔註47〕《續漢書志》，志第26，〈百官志三〉，頁3600。

〔註48〕《後漢書》，卷66，〈陳蕃傳〉，頁2162。

〔註49〕《後漢書》，卷5，〈安帝紀〉，「永初二年九月庚子」條，頁211。

〔註50〕《後漢書》，卷60下，〈蔡邕傳〉，頁1996。

書事。焉復入受經禁中，因譏見，建言宜引三公、尙書入省事，帝從之。」〔註51〕順帝接受此議的原因有很多，但不容否認的是由尙書與三公同掌議政權應非特殊情況，而且通常可以三公錄尙書事的形式，來面對三公與尙書間權力轉移的尷尬過渡期，是以順帝方能放心接受此議。不過這種錄尙書事的形式較多時候卻成爲外戚、宦官等內廷系統成員把持外朝權力的最佳管道。〔註52〕誠如《晉書・職官志》所言：「錄尙書，……知樞要者始領尙書事」，〔註53〕復因東漢章帝以後皇帝多是幼年即位，即使年紀最長者亦不過十五歲，〔註54〕是以內廷系統（前期以外戚爲主、後期以宦官爲主）〔註55〕便透過尙書臺箝制、駕馭外朝，指揮中央政府運作。〔註56〕

因此，若就選舉權面向檢視中央政府權力結構的重整，則可發現尙書已可與三公共享薦舉權、考課權，並且握有覆核權及授官權（兩者合觀即爲整體之選署權），雖然在祿秩上，尙書地位不及三公，但在中央政府實質運作上，其權位卻可以與三公並駕齊驅。〔註57〕故順帝陽嘉二年（133），詔公卿舉敦樸之士時，爲衛尉賈建所薦舉的李固，於「對策」時語：「今陛下之有尙書，猶天之有北斗也。斗爲天喉舌，尙書亦爲陛下喉舌。……尙書出納王命，賦政四海，權尊埶重，責之所歸。……今與陛下共理天下者，外則公卿尙書，內則常侍黃門。」〔註58〕李固父李郃於和帝以後歷任尙書令、太常、司空、司徒等職，〔註59〕熟悉中央政府權力運作，李固或亦不陌生，故其對策中的

〔註51〕《後漢書》，卷37，〈桓焉傳〉，頁1257。

〔註52〕關於漢代外戚、宦官干政與尚書體制之關係，請參見鎌田重雄，〈漢代の尚書官——領尚書事と錄尚書事とを中心として——〉，《東洋史研究》，第26卷第4號（1968，京都），頁113～137。

〔註53〕《晉書》，卷24，〈職官志〉，頁729。

〔註54〕根據《後漢書》諸帝本紀記載：和帝即位時年十歲，殤帝生百餘日，安帝即位時年十三歲，順帝即位時年十一歲，沖帝年二歲，質帝年八歲，桓帝即位即位時年十五歲，靈帝即位時年十二歲，獻帝即位時年九歲。

〔註55〕這裡的前後期界線，可以桓帝延熹二年大將軍梁冀被誅爲界，自此以後結束和帝以來外戚專權的局面，而由宦官取代外戚成爲新專政勢力。

〔註56〕三公系統過於龐大，且三公地位崇高，直接指揮不易；而且尚書臺在政權運作程序上較三公更近於皇權，又東漢光武帝始便「政不任下」，重要權力開始移轉至尚書臺，故內廷系統當然會選擇以錄尚書事的形式干政。

〔註57〕據《續漢書・百官志》載，三公爲萬石，九卿爲中二千石，而尚書令（尚書臺長官）僅有千石，與公卿相比，確實是「位卑」，但據本文分析，顯見其「權重」。

〔註58〕《後漢書》，卷63，〈李固傳〉，頁2073～2076。

〔註59〕《後漢書》，卷72上，〈方術列傳上・李郃傳〉，頁2718。

觀點應可採信。據李固所言，尚書確為中央政府運作之樞機，並已與三公並列為皇帝治國的左右手。〔註 60〕是以《通典・選舉一》在總述東漢選舉制度時便明確指出：「其時，選舉於郡國屬功曹，於公府屬東西曹，於天臺屬吏曹尚書，亦曰選部，而尚書令掌之。」〔註 61〕顯見尚書與三公於東漢中央選舉系統中並重之地位，而《文獻通考・職官三》按語曰：「當時尚書不過預聞國政，未嘗盡奪三公之權也」，正是代表這種論點。〔註 62〕

綜上所述，在選舉權方面，到了東漢初，尚書臺有取代三公府之勢，但三公典選仍佔有法理優勢，而章帝以後外戚勢力逐漸抬頭，執掌機衡的尚書權力加速膨脹，尚書臺主導選舉的情勢，在安帝時期前後達到第一波高峰，不過在部分士大夫官僚強調行政運作傳統的聲浪中，又回到三公主導的形勢，但在順帝陽嘉以後，權門請託弊端不斷，逐漸又將選舉主導權轉回尚書，自此以下，尚書臺開始主導中央選舉權，到了桓靈之際達到第二波高峰。〔註 63〕

（三）三公府於選舉制度運作中的優勢

不過，不論是徵召制度或察舉制度，其運作雖由中央選舉系統主導，但是若沒有地方選舉系統配合，勢必也無法完成整個選舉程序之運作，因為人才畢竟來自民間，而地方政府正可擔任中央政府與民間之間的橋樑，當然最重要的便是資訊的流通，包括詔書的向下頒行以及民情的向上傳達。筆者以為正是如此，方足以說明縱使尚書權任樞機，但並未能完全取代三公，主導整體選舉系統運作，當然這也是東漢時期選舉主導權在三公府與尚書臺間游移的重要因素之一。據《續漢書・百官志一》載司徒職權云：

> 司徒，公一人。本注曰：掌人民事。凡教民孝悌、遜順、謙儉，養生送死之事，則議其制，建其度。凡四方民事功課，歲盡則奏其殿最而行賞罰。〔註 64〕

由引文可知主掌民政事務的司徒，在廣大領土內若要實施普遍性的教化，必然

〔註 60〕此時尚書已具備了外朝系統權力機構之特質，其近臣（即內廷系統）的地位開始漸轉移至侍中、黃門。

〔註 61〕唐・杜佑，《通典》，卷 13，〈選舉一〉，頁 315。

〔註 62〕元・馬端臨，《文獻通考》，卷 49，〈職官三・宰相〉，頁 450。

〔註 63〕矢野主稅，〈魏晉南朝の中正制と門閥社會〉，《長大史學》，第 8 輯（1964，長崎），頁 15～17。

〔註 64〕《續漢書志》，志第 24，〈百官志一・司徒〉，頁 3560。

要透過地方政府。就行政程序言之，應先由司徒府中主管各項民政事務的諸曹，於各項政策實施計畫定案之後，對地方政府下達行政命令，再由郡國守相和縣道長吏統籌相關機構間的協調工作，最後由諸曹掾負責實際事務之執行，其實際過程當然須再透過鄉里單位與民間百姓接觸。這是關於政令之下達。可是司徒府對於地方政府施政績效當然要實施考課，以此作爲地方官吏遷轉的客觀標準。這種中央政府對於地方政府之考課，在實際運作時所仰仗的正是所謂的「帳簿行政制度」，由基層鄉里組織每年將各類帳簿呈到縣寺，再由縣寺呈到郡府，最後由郡府上呈朝廷，兩漢時期先後由丞相府、三公府負責，當然各級行政機構實際處理這些文書檔案的應爲諸曹掾史。〔註 65〕

由上可知，中央政府可以透過上計制度來瞭解地方官吏的表現，以之作爲考課的依據。〔註 66〕但是這種上計制度若沒有配合其他形式的考課，恐有不肖地方官吏爲爭取政績而虛報造假，如漢宣帝黃龍元年（49B.C）詔曰：「方今天下少事，繇役省減，兵革不動；而民多貧，盜賊不止，其咎安在？上計簿具文而已，務爲欺謾，以避其課。……御史察計簿，疑非實者按之。」〔註 67〕在此情形下，即使是西漢武、昭、宣帝吏治較爲昌明的時代，以上計制度爲根本的考課制度自然難以落實，更何況東漢和帝以後吏治不彰的時代。是以，王符《潛夫論・考績》乃言：「夫守相令長，效在治民。州牧刺史，在憲聰明。九卿分職，以佐三公。三公總統，典和陰陽，皆當考治，以效實爲王休者也。……今則不然，令長守相，不思立功，貪殘專恣，不奉法令，侵冤

〔註 65〕這裡關於帳簿行政制度的成立，乃根據永田英正對於居延漢簡的研究結果予以內地化延伸而來。永田氏在其《居延漢簡の研究》一書中，對於漢代帳簿與上計制度進行考證與研究。他以爲各級官署要定期製成「吏卒」、「勤務」、「錢物」、「食糧」等各類帳簿。以張掖郡爲例，各類帳簿經燧、候、候官逐級上呈至都尉府、太守府，而這些帳簿正是太守府製作上計簿書的依據。漢代正是透過徹底的帳簿行政，將基層組織與中央政府聯繫起來。筆者以爲，雖然居延漢簡僅能代表邊郡的行政運作，但內地諸郡應亦採用類似的運作模式，故乃以此作爲正文中的推論依據。請參考趙汝清，〈日本學者簡牘研究述評〉，收入《簡牘學研究》第 1 輯（蘭州：甘肅人民出版社，1996），頁 37。

〔註 66〕關於上計制度研究頗多，可先參嚴耕望，《中國地方行政制度史甲部——秦漢地方行政制度》（臺北：中央研究院歷史語言研究所，1997），頁 257～268。

〔註 67〕《漢書》，卷 8，〈宣帝紀〉，「黃龍元年二月」條，頁 273。事實上，尹灣漢簡《計簿》當中各項資料的不合理性，正是西漢晚期這種上計不實現象的直接證據。相關分析請參高大倫，〈尹灣漢墓木牘《集簿》中戶口統計資料研究〉，《歷史研究》，1998 年第 5 期（北京），頁 110～123。

小民，州司不治，令遠詣闕上書訴訟。尚書不以責三公，三公不以讓州郡，州郡不以討縣邑，是以凶惡狡猾易相冤也。」〔註 68〕

因此，爲了防止地方長吏虛報、舞弊之情事，西漢元帝時京房嘗奏考功課吏法，後因權貴阻撓，無疾而終。不過，漢代尚有一種「舉謠言」的制度，或可作爲中央案察上計虛實的機制。所謂的謠言指的是民間流傳的歌謠或諺語。《後漢書・劉陶傳》嘗載：「光和五年，詔公卿以謠言舉刺史、二千石爲民蠹害者。」李賢注曰：「謠言謂聽百姓風謠善惡而黜陟之也。」〔註 69〕也就是說蒐集、聽取民間風謠以作爲考課地方長吏之參考。筆者以爲，這可能是先秦采詩之制的遺風。

由於環境與條件之限，古代社會的教育並不普及，識字率極低，民間的資訊流通形式仍以口耳相傳爲主，尤其是可搭配曲調吟唱的歌謠，更是資訊傳播的極佳載體。〔註 70〕因此，民間社會產生了許多民謠、童謠，透過這些歌謠，百姓可以針對當朝政事、官吏作爲等，表達心中的傾向與愛憎。這在一定意義上也具有參政、議政的作用。〔註 71〕中央政府正是利用這種流傳於民間社會的風謠，作爲監督地方政府施政的一種方式。

關於「舉謠言」制度的內容，應劭《漢官儀》云：

> 每歲州郡聽採長吏臧否，民所疾苦，還條奏之，是爲之舉謠言者也。頃者舉謠言者，掾屬令史都會殿上，主者大言某州郡行狀云何，善者同聲稱之，不善者各爾銜枚。大較皆取無名勢，其中或有愛憎微裁黜陟之闇昧也。〔註 72〕

顯然舉謠言乃是一種每年的州郡民情匯報，似由司徒主持，並有諸曹掾陪同聽取各類民政事務報告。這是司徒府對州郡官吏行考課時的另一項依據。若有頻繁的天災發生，或爲防止地方官吏舞弊，皇帝便會不定期地派遣特使巡行地方，探訪民間疾苦。當然，司徒是最佳人選之一。如衛宏《漢舊儀》曰：

〔註 68〕漢・王符撰，清・王繼培箋，《潛夫論箋》（臺北：漢京文化事業有限公司，1984），〈考績〉，頁 65、68。

〔註 69〕《後漢書》，卷 57，〈劉陶傳〉，頁 1851。

〔註 70〕以歌謠作爲表達思想情感、傳播訊息的載體時，由於其本身具有節奏感強、簡潔明快的內部條件以及以通俗口語爲基礎，與作者、傳者、受者的高度合一性等外部條件，提供了歌謠傳播的有利環境。這便是歌謠傳播的易傳性。請參孫旭培主編，《華夏傳播論》（北京：人民出版社，1997），頁 72～73。

〔註 71〕請參馬新，《兩漢鄉村社會史》（山東：齊魯書社，1997），頁 383～387。

〔註 72〕《續漢書志》，志第 24，〈百官志一・司徒〉注引《漢官儀》，頁 3560。

「哀帝元壽二年，以丞相爲大司徒。郡國守長吏上計事竟，遣公出庭，上親問百姓所疾苦。」〔註 73〕

總之，自西漢末以來，司徒職掌乃舊丞相所掌民政事務。職是之故，司徒府爲中央政府之中與地方政府有直轄關係的最大機構，當然足堪代表皇帝省視民情。正因爲司徒府在地方民事、民情輿論方面，掌握了特定的溝通管道，而且有專門保管文書檔案的部門，再加上負責傳遞資訊的郵驛系統自西漢以來便一直由丞相府（東漢爲三公府，以司徒府爲首）統籌管理，〔註 74〕因此，上述幾項條件除了對考課有直接助益外，還使得司徒在薦舉人才時可以掌握較大量、較詳細、較迅速的資訊，有助於降低舉主主觀考核時，因資訊不足所可能產生的弊端。

從上面這個角度來檢視東漢中央政府選舉系統，便可以說明何以三公在東漢以來選舉權漸被侵蝕的同時，尚能在中央選舉系統運作中佔有一席之地。〔註 75〕因此，桓靈之際以降，縱然選舉權已由尚書臺所主導，但是在中央政府權力結構調整的過程裡，三公府（特別是司徒府）仍然保有考課與監督百僚的客觀條件——龐大的公府組織。三公府提供了中央政府與地方政府間各種權利義務的溝通與協調，使得民情得以上傳，詔令得以下達，維繫中央政府與地方政府間資訊流通之順暢，就選舉系統運作的角度來觀察，亦即發揮了統合中央政府與地方政府選舉系統的作用。

（四）從司徒府的典選傳統與制度運作優勢看司徒府典選制的成立

到了曹魏時期，三公府（特別是司徒府）在選制運作上的優勢依舊，此因其組織機構仍然被留存下來。據《魏略》所載：

> 正始中，……是時郎官及司徒領吏二萬餘人，雖復分布，見在京師者尚且萬人，而應書與議者略無幾人。又是時朝堂公卿以下四百餘人，其能操筆者未有十人，多皆相從飽食而退。〔註 76〕

〔註 73〕《續漢書志》，志第 24，〈百官志一．司徒〉注引《漢官儀》，頁 3561。

〔註 74〕孫旭培主編，《華夏傳播論》，頁 407。

〔註 75〕雖然上面僅以司徒說明，但太尉與司空二公府的組織基本上與司徒府相同，因此可以將上述推論的結果擴大至整個三公。又，《後漢書》卷六十下〈蔡邕列傳〉注引《漢官儀》曰：「三公聽採長吏臧否，人所疾苦，條奏之，是爲舉謠言者也。」顯然，三公均負有舉謠言之職責。因此可以證明三公府機構相似並有相近職權。

〔註 76〕《三國志》，卷 13，〈王朗傳〉注引《魏略》，頁 421。

顯然直到曹魏末年，司徒府之編制仍舊龐大，唯因亂世，公府僚屬的素質極差，但是員額未有太大的變動。是以貫通中央與地方選舉系統的「硬體機制」尚存，只要找到「活化」此「溝通機制」的「催化劑」，便可重新使停擺已久的選舉系統重新活絡起來。這項「催化劑」便是中正評品制度的建立，特別是在州大中正設置之後。

魏初郡中正制期間，乃是地方選舉系統的下層機制復甦的關鍵，而魏末嘉平初置州大中正之後，使得此系統之運作與中央政府間的鍵結力漸強，此時整個州郡中正系統便需要一個中央選舉機構予以統籌，最佳選擇當然落在司徒府，因爲尚書臺乃中央政務機關，並未具有如三公府般的完備組織編制，是以無法健全地發揮協調溝通中央與地方的功能，但是司徒府正好具有這種傳統優勢，因而成爲中正系統的中央主管機關。這便是《通典・選舉二》所言：「晉依魏氏九品之制，內官吏部尚書、司徒左長史，外官州有大中正，郡國有小中正，皆掌選舉。」〔註 77〕這裡的「內」、「外」之分，若全然以中央與地方這兩種選舉系統有別來規範、定義之，恐怕不太妥當，筆者所持理由有三：第一，當時舊地方選舉系統僚佐如州主簿、郡功曹仍然保留，職權依舊，〔註 78〕故不可能以州郡中正作爲新地方選舉系統來完全取代前者。第二，州郡中正並不屬於官僚體系，故方以現任職官（大多是京官）兼之，而且兼中正官者既爲京官，這更加肯定了州郡中正並非地方政府選舉系統的看法。〔註

〔註 77〕唐・杜佑，《通典》，卷 14，〈選舉二・歷代制中〉，頁 328。

〔註 78〕《宋書・百官志》云：「郡官屬略如公府，無東西曹，有功曹史，主選舉，五官掾，主諸曹事，部縣有都郵、門亭長，又有主記史，催督期會，漢制也，今略如之。」可知宋制承兩漢魏晉之制，郡國功曹掌地方選舉。茲以曹魏西晉時期的三例說明之。其一，魏正始中，杜恕任河東太守，請劉毅爲功曹，「沙汰郡吏百餘人，三魏稱焉」。其二，嘉平初，傅嘏任河南尹，當時「郡有七百吏，半非舊也。河南俗黨五官掾功曹典選職，皆授其本國人，無用異邦人者」，傅嘏乃改前法，各舉其良而對用之，官曹分職，而後以次考核之。足見曹魏時期郡國功曹、五官掾仍典地方選舉，與兩漢之制同。其三，西晉永嘉末，寧州刺史王遜未到州，遙舉董聯爲秀才，「建寧功曹周悦謂聯非才，不下版檄」。可見州刺史舉秀才，亦且由郡功曹下檄，表示西晉時期郡國功曹仍主管地方選舉。請分見《宋書》，卷 40，〈百官志下〉，頁 1257；《晉書》，卷 45，〈劉毅傳〉，頁 1271；《三國志》，卷 21，〈傅嘏傳〉注引《傅子》，頁 624；《晉書》，卷 81，〈王遜傳〉，頁 2109～2110。

〔註 79〕但仍有學者認爲，魏晉以來的州郡中正組織構成當時的地方選舉機構。請參見張旭華，〈南朝九品中正制的發展演變及其作用〉，載《中國史研究》，1998 年第 2 期（北京），頁 49。

79〕第三，中正系統負責考察各地人士行狀與簿狀，便需要與地方政府、地方性事務有所接觸，中正屬員清定與訪問的設置，或可證明此制度運作的需求。〔註 80〕綜合三個理由，筆者以爲州郡中正的屬性不全然屬於中央選舉系統，應可視爲中央選舉系統的向外延伸。

總而言之，司徒府在中央選舉系統中的地位，雖已漸被尚書臺所取代，然而仍能以州郡中正的主管，延續其在中央選舉系統中的作用，銓衡人倫、清定九品，考察士大夫官僚的德行才能，維持某種形式的考核機制，此一發展正是東漢以來中央選舉系統權力結構變遷、調整的結果，顯見魏末以司徒府爲中正系統的中央主管機構並非偶然，實有制度演化上的合理性。

第二節　中正評品制度的人事資料型態與內容

魏末州大中正制與司徒府典選制相繼成立之後，中正評品制度漸趨完備，以下將依序探討中正評品制度的實施方式、中正與司徒府之關係，以究明其權力運作程序，以及制度運作機制。但在此之前，本節先討論此制運作的人事資料內容與型態，以作爲第三節與第四節討論相關問題的基礎。第一目先討論魏初的情形，重點在於品狀的內容與型態，並進一步辨析家世簿閥是否爲當時中正評品後的人事資料之一。第二目則討論魏末西晉的情形，重點在於品狀的變化，倫輩的使用，以及家世簿閥的運用。第三目則簡述人事資料的書寫保存工具。

一、魏初中正評品制度的人事資料型態與內容

僅就實施方式來說，設立中正的基本目的，主要是提供國家選拔人才的資訊。那麼在中正評品制度下，人事資料的型態與內容爲何？魏初郡中正制時代，因史料奇缺，各家說法分歧，包括（鄉）品、狀、家世、輩目等，均可見於各家說法，僅是排列組合上的差異而已，究竟何種組合較接近實情？以下將以若干可信度較高的史料，進行相關問題的考辨。

首先，《魏略．吉茂傳》載馮翊郡中正王嘉評品吉茂一事云：

> 嘉時還爲散騎郎，馮翊郡移嘉爲中正。嘉敘茂雖在上第，而狀甚

〔註 80〕關於清定與訪問二職與地方選舉系統之關係的討論，請參本章第三節第三目。

下，云：「德優能少。」茂慍曰：「痛乎，我效汝父子冠幘劫人邪！」〔註 81〕

此段文字有若干重點，第一，這裡可看出郡中正評品後的人事資料，至少有「品」和「狀」兩種不同型態且各自獨立的資料。第二，從「德優能少」的狀語內容來看，可知評品的內容至少包括德與才兩大項目。第三，狀語呈現德高才低的情形，被稱爲「上第」與「狀下」，由此可知，所謂的狀，指考核德才優劣後所得之總評語。故魏正始年間，太傅司馬懿議置州大中正時有言：「案九品之狀，諸中正既未能料究人才。以爲可除九制（疑爲九品），州置大中正。」〔註 82〕司馬懿所稱「九品之狀」，應包含了「等第」與總評之意，即所謂的「品狀」。第四，依此史料來看，中正評品的資料未見家世、輩目。至於日本學者所稱的「鄉品」，指的是中正依鄉論清議精神評品士人之後所給予的等第。筆者以爲，鄉論清議所重者爲德行，本段引文郡中正王嘉亦是依德行敘吉茂之等第，故就評品精神與評品形式的淵源關係而言，〔註 83〕此等第或可稱爲「鄉品」。〔註 84〕

再者，多數學者稱家世爲中正評品的標準，且爲提供吏部銓選官職的人事資料，此一說法又是從何得知？茲以唐長孺的論證爲例。唐氏所據史料有五：一爲《通典・選舉二・歷代制中》：「晉依魏氏九品之制，內官吏部尚書、司徒左長史，外官州有大中正，郡國有小中正，皆掌選舉。若吏部選用，必下中正，徵其人居及父祖官名」。〔註 85〕二爲《通典・職官十四・總論州佐・中正》引西晉劉毅上表：「刺史初臨州，大中正選州里才業高者兼主簿、從事，

〔註 81〕《三國志》，卷 23，〈常林傳〉注引《魏略・吉茂傳》，頁 661。

〔註 82〕宋・李昉等，《太平御覽》，卷 265，〈職官部六十三・中正〉，頁 1243。

〔註 83〕關於中正評品制度與鄉論清議之關係，已詳論於第二章第一節第三目。

〔註 84〕由於魏晉南北朝既有官品、又有中正評品，二者均爲九品等第，魏初史料二種等第出現的情形極少，至魏末始大量出現，爲區別兩種不同等第，魏末西晉的中正評品等第，筆者暫時沿用日本學界舊習，簡稱爲「鄉品」。其次，魏末以後中正評品雖仍有品狀，但此狀未見有九品等第，如王濟狀孫楚爲「天下英博，亮拔不群」，且吏部銓選官職時，狀語的作用在於提供吏部該人選的人格特質，而鄉品則與官職、官品有某種程度的對應關係。正因鄉品與品狀的作用有所不同，故魏末以後中正評品後所得的「品（等第）」與「狀（評語）」，彼此的關係更爲獨立。是以對於魏末以後的中正評品制度，筆者以「鄉品」稱呼中正評品後具有等第意涵的「品」，以「品狀」稱呼中正評品後所下的總評語。使用「鄉品」一詞，主要是爲了避免與官品等第混淆，爲顧及行文的便利與流暢，還是暫用「鄉品」作爲簡稱。

〔註 85〕唐・杜佑，《通典》，卷 14，〈選舉二・歷代制中〉，頁 328。

迎刺史。若吏部選用，猶下中正，問人事所在、父祖位狀」。〔註86〕三爲《三國志・傅嘏傳》傅嘏難劉劭考課法云：「選才之職，專任吏部。案品狀則實才未必當，任薄伐則德行未爲敘」。〔註87〕四爲東晉孫盛《晉陽秋》載：「陳群爲吏部尚書，制九格登用，皆由於中正，考之簿世，然後授任」。〔註88〕五爲《陳書・周敷傳》載：「（周）迪素無簿閥，恐失眾心，倚（周）敷族望，深求交結」。〔註89〕據此五條史料，唐氏認爲薄伐與簿閥同，均是簿世，也就是家世。筆者以爲若除去第三條史料，此段論證結果，或許對於魏晉之際以降有效，但對於魏初郡中正制時期恐怕很難成立。筆者質疑，魏初的簿閥果眞就是簿世、家世乎？竊以爲第三條史料很關鍵，有重新檢討的必要。

《三國志・傅嘏傳》載魏明帝景初年間，司空掾傅嘏難劉劭考課法云：

> 昔先王之擇才，必本行於州閭，講道於庠序，行具而謂之賢，道脩則謂之能。鄉老獻賢能于王，王拜受之，舉其賢者，出使長之，科其能者，入使治之，此先王收才之義也。方今九州之民，爰及京城，未有六鄉之舉，其選才之職，專任吏部。案品狀則實才未必當，任薄伐則德行未爲敘，如此則殿最之課，未盡人才。〔註90〕

這段史料當中有幾個關鍵點可能較有爭議，以下稍做辨析。其一，《三國志集解》引何悼語：「薄伐疑作簿閥，官簿閥閱也，古字或通。」梁章鉅曰：「伐，勞也。薄伐謂微勞也，似不必改字亦可通。」〔註91〕唐長孺、汪徵魯等人接受何悼的解釋，進一步推論這裡的官簿閥閱所指的就是簿世、家世。

考諸兩漢魏晉之際的用法，所謂的「官簿」恐怕不是簿世、家世。《漢書・翟方進傳》載：「後方進爲京兆尹，（陳）咸從南陽太守入爲少府，與方進厚善。先是逢信已從高弟郡守歷京兆、太僕爲衞尉矣，官簿皆在方進之右。」顏師古注語：「簿謂伐閱也。」〔註92〕兩漢關於「伐閱」的最早記載，見於《史記》。《史記・高祖功臣侯者年表》序載太史公曰：「明其等曰伐，積功曰閱。」

〔註86〕唐・杜佑，《通典》，卷32，〈職官十四・總論州佐・中正〉引西晉劉毅上表語，頁892。

〔註87〕《三國志》，卷21，〈傅嘏傳〉，頁623。

〔註88〕宋・李昉等，《太平御覽》，卷214，〈職官部十二・吏部尚書〉引《晉陽秋》，頁1149。

〔註89〕唐・姚思廉等，《陳書》（臺北：鼎文書局，1997），卷13，〈周敷傳〉，頁200。

〔註90〕《三國志》，卷21，〈傅嘏傳〉，頁623。

〔註91〕晉・陳壽著，盧弼集解，《三國志集解》，卷21，〈傅嘏傳〉，頁558。

〔註92〕《漢書》，卷84，〈翟方進傳〉，頁3417～3418。

〔註 93〕據此來說，伐閱應指以功勞為核心的官吏資次。《漢書・車千秋傳》載：「千秋無他材能術學，又無伐閱功勞。」顏師古注：「伐，積功也；閱，經歷也。」〔註 94〕簡言之，伐閱即吏治成績也，〔註 95〕即現任官吏的功勞資次。是則，官簿應即登錄此類「閥閱」記錄的國家人事檔案，易言之，官簿與閥閱可視為同義語。又如王沈《魏書》所載：「（魏明帝）性特強識，雖左右小臣官簿性行，名跡所履，及其父兄子弟，一經耳目，終不遺忘。」依此來看，官簿亦是指藏於各級政府的官吏任官成績與資歷，其內容是否也包括官吏先世的任官資料，仍無法斷定。

至於簿閥（或言官簿、伐閱、閥閱）與國家選舉制度之關係，《後漢書・安帝紀》載延光元年（122）八月己亥詔云：「詔三公、中二千石，舉刺史、二千石、令、長、相，視事一歲以上至十歲，清白愛利，能敕身率下，防姦理煩，有益於人者，無拘官簿。」唐章懷太子李賢注語：「無拘官簿，謂受超遷之，不拘常牒也。」〔註 96〕表示簿閥乃國家進行官吏遷轉時的重要人事資料。又漢制例以個人仕官資次進行官職選補，以確保官僚體制的穩定運作，此乃簿閥於選舉體制中的關鍵作用。第三章第一節曾提及魏明帝懷疑吏部郎許允用人未循資次一事，說明魏明帝對仕官資次的重視，此或源自兩漢重簿閥的選舉傳統。然而至德高行或殊才異能之士，可能會受限於這種選舉原則，因而出現了延光元年「無拘官簿」的舉才特詔。

此外，在國家因遭遇重大災異而以特詔舉人時，也常強調用人不拘簿閥。例如東漢章帝建初元年（76）三月甲寅地震，是月己巳詔云：

> 明政無大小，以得人為本。夫鄉舉里選，必累功勞。今刺史、守相不明眞僞，茂才、孝廉歲以百數，既非能顯，而當授之政事，甚無謂也。每尋前世舉人貢士，或起甽畝，不繫閥閱。敷奏以言，則文章可採；明試以功，則政有異迹。文質彬彬，朕甚嘉之。其令太傅、三公、中二千石、二千石、郡國守相舉賢良方正、能直言極諫之士各一人。〔註 97〕

〔註 93〕《史記》，卷 18，〈高祖功臣侯者年表〉，頁 877。

〔註 94〕《漢書》，卷 66，〈車千秋傳〉，頁 2884。

〔註 95〕錢賓四先生即作如是解。請參錢穆，《國史大綱》（臺北：國立編譯館，1988，修訂 15 版），頁 132。

〔註 96〕《後漢書》，卷 5，〈安帝紀〉，「延光元年八月己亥」條，頁 236。

〔註 97〕《後漢書》，卷 3，〈章帝紀〉，「建初元年三月己巳」條，頁 133。

章帝此詔所欲矯正的是光武、明帝之世偏重吏治，選舉過重閥閱之弊，所謂「鄉舉里選，必累功勞」，恐怕是特別針對前二世的選舉問題而論，認爲重閥閱可能會使至德殊才之士遺滯草野，故希望有司選舉能「不繫閥閱」。但不久後便受到保守派官僚攻訐。《後漢書・韋彪傳》載：「是時陳事者，多言郡國（邑）貢舉率非功次，故守職益懈而吏事寖疏，咎在州郡」，故乃詔公卿朝臣議事。這當中，大鴻臚韋彪支持章帝改革，提出所謂「士宜以才行爲先，不可純以閥閱」的選舉原則，〔註 98〕其用意正是駁斥保守派官僚之重閥閱功次的選舉傳統。

總而言之，從上述史料來看，至少在東漢章帝時期以前，所謂的簿閥、閥閱多指記載官吏勞考或功績的官方文書。值得留意者，從選舉問題的脈絡來看，韋彪所提「士宜以才行爲先，不可純以閥閱」的觀念，代表當時的選舉標準之爭，已有從具體的功勞閥閱轉向抽象的德才觀念之發展趨勢。

然而，隨著東漢以降豪族士族化的發展，選舉標準由閥閱向德才的轉化過程，在本質上有了轉變。因爲簿閥原僅涉及應舉之士的功勞資次，可是隨著地方豪族對選舉過程的支配日益強化，出身大族者反而具有應舉優勢，因爲其族人具有較優越的功勞閥閱。簡單來說，東漢中葉以後選舉體制所重之「閥閱」，其主體有模糊擴大之勢，故閥閱開始沾染族姓門地色彩，誠如東漢安、順二帝時期的王符於《潛夫論・交際》當中所稱，當時之人「虛談則知以德義爲賢，貢薦則必閥閱爲前」，〔註 99〕雖然這裡「德義」與「閥閱」對稱，或可解釋爲德才抽象標準與閥閱具體標準之對立，但是王符該篇宗旨卻在批判俗士爭名趨利之行，糾正「以族舉德」、「以位命賢」之弊，〔註 100〕故這裡的閥閱已開始具有族姓因素。這種情形直到漢末靈、獻二帝時期依舊，如仲長統將「選士而論族姓閥閱」一事，視爲天下士之三俗之一。〔註 101〕

但須澄清者，縱然閥閱一詞有族姓門地因素，然直至魏明帝時期，舊選舉傳統下的官吏功勞資次內涵恐怕未盡然褪去。如前舉魏明帝懷疑許允所用非人之例；又衛臻典選主張以試守制度行黜陟遷轉，所重者亦是功勞資次；傅嘏論選舉之弊時曾提及「案品狀則實才未必當，任薄伐則德行未爲敘」，說

〔註 98〕《後漢書》，卷 26，〈韋彪傳〉，頁 917～918。
〔註 99〕漢・王符撰，汪繼培箋，《潛夫論箋》，卷 8，〈交際〉，頁 355～356。
〔註 100〕漢・王符撰，汪繼培箋，《潛夫論箋》，卷 1，〈論榮〉，頁 34。
〔註 101〕唐・馬總，《意林》，卷 5，引仲長統《昌言》，頁 101。

明除了中正所提供的品狀之外，簿閥同樣也是當時吏部用人時運用的資料，這就表示功次仍爲用人重要因素。正因爲簿閥乃吏部典選時的人事資料，於是當魏明帝時期浮華問題出現之後，考課方案便成爲君臣雙方解決問題的共識。附帶一提，考課方案提出時，之所以由三公府議事而非尚書臺，恐怕是因爲官員僚屬的考課業務，乃由三公府進行初步整理與檔案保存，像是郡國上計業務仍由三公府負責，這部分乃考課制度是否能有效運作的基礎，故須將考課法草案交給三公府討論。

總之，這種重功勞資次的選舉傳統所仰仗的人事資料，正是舊選舉傳統下的「簿閥」，而能夠提供這種資料給尚書臺者，實爲以三公府爲首的各級行政機構，而非郡中正，因爲載於簿閥的仕官功勞，能夠呈現具體的幹能，而中正評品制度所提供的「品狀」，僅是一種抽象的才質品第，兩者有本質上的差異。因此，傅嘏稱「任薄伐則德行未爲敘」，簿閥所指的應是各級行政長官依行政績效考核僚屬的功勞閥閱，自漢末以來，當中或包括了這些人的家族仕宦資料，即帶有門地色彩的族姓閥閱，無論功勞抑或族姓，均與德行無關，故稱「德行未爲敘」。故可進一步得知，縱使「簿閥」或許已包含族姓門地成份，也就是傳統所言之家世，但是這部分資料應是由三公府而非新設立的中正所提供。

另一方面，既然簿閥乃舊選舉傳統下的人事資料，所包含者恐怕不僅是功勞資次，舊有選舉傳統下的人事資料如爵里刺、行狀等應皆包括在內。《魏名臣奏》載黃門侍郎荀俁語：「今吏初除有二通，爵里刺、條疏、行狀。」〔註102〕二或爲三之訛誤，據此可知，至少在魏初吏部典選時，所運用的人事資料仍包含爵里與行狀，而且屬於舊選舉傳統下的人事資料。

關於爵里刺，東漢劉熙《釋名》曰：「又有爵里刺，書其官爵及郡縣鄉里也。」〔註103〕又《世語》載魏文帝時期夏侯淵五子夏侯榮事蹟時有言：「(榮)幼聰慧，七歲能屬文，誦書日千言，經目則識之。文帝聞而請焉。賓客百餘人，人一奏刺，悉書其鄉邑名氏，世所謂爵里刺也，客示之，一寓目，使之遍談，不謬一人。」〔註104〕據此可知，爵指官爵，里指郡縣鄉里，即本籍，

〔註102〕宋・李昉等，《太平御覽》，卷606，〈文部二十二・刺〉引《魏名臣奏》，頁2728。

〔註103〕宋・李昉等，《太平御覽》，卷606，〈文部二十二・刺〉引《魏名臣奏》，頁2727。

〔註104〕《三國志》，卷9，〈夏侯淵傳〉注引《世語》，頁273。

這些均是士人仕宦時的個人基本資料。其中個人的鄉里本籍亦在其中，簿閥中的族姓門地因素，可能與爵里刺有所關連。

至於「行狀」，乃兩漢選舉時三公府所掌管的人事資料。《後漢書・呂強傳》云：

> 舊典選舉，委任三府，三府有選，參議傣屬，咨其行狀，度其行能。〔註105〕

由此可知，三公府典選本是兩漢傳統，〔註106〕而典選程序的關鍵便是「咨其行狀」，之所以要參議僚屬，可能正因這些僚屬掌管郡國上計資料，因此，各部門長官針對各種選舉科目薦舉人才時，便提出行狀，並送到三公府審查，而三公府掾屬（特別是東曹掾屬）便可參考這些人的日常考課資料，配合考選科目與舉主提供之行狀，進行查核評比，故三公府典選需要咨其行狀、參議僚屬。至於行狀的實質內容，《後漢書・朱浮傳》李賢注引《漢官儀》博士舉狀云：

> 生事愛敬，喪沒如禮。通易、尚書、孝經、論語，兼綜載籍，窮微闡奧。隱居樂道，不求聞達。身無金痍痼疾，卅六屬不與妖惡交通、王侯賞賜。行應四科，經任博士。……下言某官某甲保舉。〔註107〕

據此可知，行狀內容主要應當是被舉者的具體才行事蹟。

綜上所述，即使魏初實行九品官人法，但仍保留舊有選舉傳統，無論徵召、辟召或察舉，其本質均屬於「他薦」的形式，行狀乃舉主薦舉時的基本資料，故吏部典選時仍需要這種記載士人具體事蹟的人事資料。而爵里刺與行狀既然不屬於郡中正所提供的資料，且三公府本有保管國家人事資料的職權，那麼這兩種資料極有可能便含括於簿閥當中。由此更可進一步得知，過去學者常將中正品狀與舊選舉行狀進行比較，僅對於內容提出抽象與具體的對比差異點，其實恐怕就連資料的來源與保管，兩者也有差異。

另一方面，傅嘏考課議當中的「品狀」，其內涵尚有討論的空間。從傅嘏

〔註105〕《後漢書》，卷78，〈宦者列傳・呂強傳〉，頁，2532。

〔註106〕不過，東漢光武以後，三公府典選之權漸爲尚書臺所滲透甚至取代，可是仍有部分時期如光武至安帝之間、靈帝至獻帝之間，還是維持三公府主選舉的傳統。關於三公府與尚書臺間的中央選舉權之起伏更迭，本節第一目已作初步說明，亦可詳參矢野主稅，〈魏晉南朝の中正制と門閥社會〉，頁15～17。

〔註107〕《後漢書》，卷33，〈朱浮傳〉李賢注引《漢官儀》，頁1145。

上疏文中的「行具謂之賢」與「道修謂之能」來看，傅嘏理想中的賢能應該都指向儒家道德，故其才性論被劃歸爲才性同的一派。當然，從這個角度來看，他對於魏初以官才本位主義作爲國家用人方針，肯定有所異議。像是吉茂雖被品爲上第，但是從其事後憤恨不平的反應與日後仕進不順利的情形來研判，其狀甚下恐是一個主因，而狀則以才能爲依據。〔註 108〕如前所論，吏部典選偏重才能因素，然而中正品狀所能呈現的僅是抽象的才能狀語，何況「品狀」這種人事資料所彰顯者，本非傅嘏所稱頌之「道修行具」之才，此即傅嘏所謂「案品狀則實才未必當」之意涵。換言之，此時的品狀恐偏指才能之評品。

就人事資料型態而論，魏初與魏末的情形稍異。由魏初王嘉評品吉茂之例，可看出品、狀之所以不一致，在於品乃依德而定，而狀則以才爲考核項目。而且這時候品與狀雖各有評品標準，但是就人事資料型態而論，品與狀恐是合一，故傅嘏以「品狀」稱之。一直要到魏末州大中正制成立與鄉品制成熟之後，品與狀才正式分離。此後，爲標榜鄉論清議精神，故將分離後的品，特以鄉品稱之。因此，西晉劉毅所稱「以品取人，或非才能之所長；以狀取人，則爲本品之所限」，〔註 109〕蓋指魏末以後吏部典選時已將（鄉）品與狀分別運用。此時吏部用人是以鄉品爲優先考量，當鄉品一致時，才考量狀的部分，因此當遇到同一官職缺，明明某甲的狀顯示其才能較合適擔任此職，但卻因鄉品不夠高，反而由才能不太合適但鄉品較高的某乙取得任官機會，這便是所謂的「以品取人，或非才能之所長」。而「以狀取人，則爲本品之所限」之意也相近，指某甲雖有擔任某類官職之才能，卻受限於鄉品，而無法擔任此類官職中官品較高的官職。此正反映魏末西晉以降鄉品與官職間的對應關係，這部分將詳論於本章第四節第一目。

二、魏末西晉中正評品制度的人事資料型態與內容

（一）品狀的用詞

魏末州大中正制成立後，中正評品制度的人事資料包括哪些？形式與作用爲何？以下分敘之。

〔註 108〕關於吉茂仕進之途的考證，請參考第二章第一節第二目註 37。
〔註 109〕《晉書》，卷 45，〈劉毅傳〉，頁 1276。

先看品狀。現存史料僅有一條可視爲直接證據。《晉書・孫楚傳》載晉初并州大中正王濟評論太原孫楚一事云：

> 初，楚與同郡王濟友善，濟爲本州大中正，訪問銓邑人品狀，至楚，濟曰：「此人非卿所能目，吾自爲之。」乃狀楚曰：「天才英博，亮拔不群。」〔註 110〕

從文中可知，「目」與「狀」意涵相通。爲何會有此一用法？筆者以爲或可從兩個面向來觀察。其一，由前引傅嘏所論可知，吏部銓選時所運用的資料至少包括品狀與簿閥。那麼吏部又是如何使用？關於此程序最完整的記載當是山濤典選一事。晉武帝咸寧初（275）以後，山濤以尚書僕射典選，「所奏甄拔人物，各爲題目，時稱《山公啓事》」，以此爲依據，「每一官缺，輒啓擬數人」。〔註 111〕由此可知，當某官職有缺時，典選者乃草擬若干候選人，並附上簡短人物評價，供皇帝決定最後人選的參考。此一典選程序可稱之爲「擬選」，爲吏部銓選的初步程序。至於《山公啓事》的實際內容，其佚文散見於《北堂書鈔》、《太平御覽》等類書中，其格式概略爲：某甲遷，原官職 A 缺當選代，A 職務內容爲何，宜得某種資質才性之人，被推薦者乙，才性如何，有若干經歷、政績，宜以乙補 A，不審可爾否。〔註 112〕筆者以爲格式中「才性如何」的部分，其資料來源可能正是從中正品狀而來。茲舉若干實例以說明之。如：蘇愉「忠篤有智意」，武韶「清白有誠」，雍州刺史郭奕「高簡有雅量」，御史中丞周浚「果毅有才用」，尚書郎趙虞「誠篤有意略」等。〔註 113〕這幾個實例與孫楚所得狀語相較，內容均是以人物德才爲項目，且皆具有簡短抽象的特色。因此，筆者以爲，從內容形式與選舉系統運作程序來看，《山公啓事》當中關於人物才性的評價，應是根據中正品狀而來。由此可進一步推知，山

〔註 110〕《晉書》，卷 56，〈孫楚傳〉，頁 1543。

〔註 111〕《晉書》，卷 43，〈山濤傳〉，頁 1225～1226。

〔註 112〕葭森健介嘗製作《山公啓事》輯佚表，共計佚文五十七條，利用山公啓事具體內容，得出《山公啓事》的啓擬官職文書格式，並分析其與啓擬官職的職務之關係，極具參考價值。請參葭森健介，〈「山公啓事」の研究〉，收入川勝義雄、礪波護編，《中國貴族制社會の研究》（京都：京都大學人文科學研究所，1987）頁 1117～150。

〔註 113〕請分見《三國志》，卷 16，〈蘇則傳〉注引《山濤啓事》，頁 493；卷 27，〈胡質傳〉注引《山濤啓事》，頁 742；卷 26，〈郭淮傳〉注引《山濤啓事》，頁 737；隋・虞世南，《北堂書鈔》，卷 62，〈設官部十四・御史中丞八十五〉引《山公啓事》，頁 266；卷 68，〈設官部二十・司馬一百三十五〉引《山公啓事》，頁 298。

濤所做人物評價名之爲「題目」，可能是直接轉用中正評品的習慣語彙。

其二，從漢末名士人物評價與中正評品的淵源關係而論，「目」與「狀」通用，也可能源自漢末名士的人物評價習慣。《後漢書・許劭傳》云：「曹操微時，常卑辭厚禮，求爲己目。」李賢注云：「令品藻爲題目。」可見「目」爲名士評價人物的慣用詞，而題目則是指所提之簡短評語，如許劭評曹操爲「清平之姦賊，亂世之英雄」。〔註 114〕又三國初期，南陽李肅「善論議，臧否得中，甄奇錄異，薦迹後進，題目品藻，曲有條貫」，〔註 115〕顯然李肅爲當時名士，亦善品藻題目。至晉，出身官僚大族之名士，若有人倫鑒識之特質者，其評價人物時亦稱「目」。如琅邪王戎「嘗目山濤如璞玉渾金」；〔註 116〕戎從弟衍嘗爲天下人士目曰：「阿平（王澄）第一，子嵩（王敦）第二，處仲（庾敳）第三」，而有經王澄所題目者，王衍不復有言。〔註 117〕由此可知，魏晉時期，中正評品制度雖已成立，但在野名士或官僚大族名士間的人物評品活動仍活躍，爲漢末名士清議人物評價活動的延續。因此，正如唐長孺所言，中正之狀乃一種總評語，淵源於漢末名士的名目或題目。〔註 118〕

（二）倫輩的使用

關於倫輩或輩目，魏初中正評品制度是否有這類人事資料，史料不足，無法斷言。與此有關連的史料，最早的是夏侯玄答司馬懿之〈時事議〉。夏侯玄以爲尚書臺、中正與各行政長官當各司其職，「明其分敘，不使相涉」，「若令中正但考行倫輩，倫輩當行均，斯可官矣」，並進一步建議「官長則各以其屬能否獻之臺閣，臺閣則據官長能否之第，參以鄉閭德行之次，擬其倫比，勿使偏頗。中正唯考其行跡，別其高下，審定輩類，勿使升降」。〔註 119〕夏侯玄此議的時間，可能是正始五年（244）或稍早，或者是嘉平初，但無論如何，從其語氣來看，議文提到的中正職權似是已實施一段時日的情況，因爲夏侯玄此議的目的是在限制中正的考課機制，避免干擾吏部的銓選權，故建議中正「勿使升降」，即是排除其對官吏黜陟遷轉的影響力。至於具體作法，筆者推測，由於郡中正基本任務爲評價士人，再按德行高下分類，即夏侯玄所稱

〔註 114〕《後漢書》，卷 68，〈許劭傳〉，頁 2234。
〔註 115〕《三國志》，卷 52，〈步騭傳〉注引韋昭《吳書》，頁 1238。
〔註 116〕《晉書》，卷 43，〈王戎傳〉，頁 1235。
〔註 117〕《晉書》，卷 43，〈王衍傳〉，頁 1239。
〔註 118〕唐長孺，〈九品中正制度試釋〉，頁 107。
〔註 119〕《三國志》，卷 9，〈夏侯玄傳〉，頁 295～296。

之「考行」與「倫輩」，而中正一旦繼續擁有完整的倫輩權，恐怕很難根除其考課機制，因此，魏初郡中正可能已經有「審定輩類」與「擬其倫輩」之權。據此可知，傅玄所言，「魏司空陳群，始立九品之制，郡置中正，平次人才之高下，各爲輩目，州置州都而總其議」，〔註 120〕有其一定的眞實性。傅玄於此所稱之輩目當與倫輩屬同義辭。

既然中正有倫輩權，那麼呈現此權的人事資料內容又爲何？年代相近的史料僅有一則，但不甚清楚。《晉書・鄭默傳》載：

> 初，帝以貴公子當品，鄉里莫敢與爲輩，求之州內，于是十二郡中正僉共舉默。文帝與袤書曰：「小兒得廁賢子之流，愧有竊賢之累。」及武帝出祀南郊，詔使默驂乘，因謂默曰：「卿知何以得驂乘乎？昔州里舉卿相輩，常愧有累清談。」〔註 121〕

司馬炎被評品一事的時間可能是嘉平初。〔註 122〕至於這裡的十二郡中正所指爲何，眾說紛紜，有謂此爲州大中正之別稱，亦有稱此指六郡大中正與六郡小中正，另有人認爲此當是晉人以當時司州領十二郡的現狀所追記，仍舊指曹魏時期的司州大中正。〔註 123〕但無論如何，從司馬昭對鄭袤以及司馬炎對

〔註 120〕宋・李昉等，《太平御覽》，卷 265，〈職官部六十三・中正〉引《傅子》，頁 1243。

〔註 121〕《晉書》，卷 44，〈鄭袤附子默傳〉，頁 1251。

〔註 122〕關於此事時間的考證，請參第三章第三節第二目。

〔註 123〕據湯球輯九家舊《晉書》引王隱《晉書》卷六所載：「默爲散騎常侍。世祖出祀南郊。侍中已陪乘，詔曰：『使鄭常侍參乘。』謂默曰：『卿知何以得參乘？昔州內舉卿，十二郡中正舉以相輩，常愧有累清談。』」《藝文類聚》引爲：「鄭默爲散騎常侍，世祖祀南郊，侍中已陪乘。詔曰：『使鄭常侍默。』曰：『卿知何以得參乘？昔州內舉卿相輩，常愧有累清談。』」《初學記》引爲：「鄭默，字思元，爲散騎常侍，武帝出南郊，侍中以陪乘。詔曰：『使鄭常侍參乘。』」後兩書所引並無「十二郡中正舉以」七字，可能是湯球從其他史籍所輯因略而未注出處。則可知王隱與唐修《晉書》所載差別，在於後者增加「僉共」二字。事實上史書常有以若干郡中正來代表州大中正。如《世說新語・賢媛》注引王隱《晉書》：「後（羊）晫爲十郡中正，舉陶侃爲鄱陽小中正，始得上品也。」查《晉書・地理志下》，晉惠帝元康元年割揚州十郡別置江州，鄱陽爲江州所轄十郡之一，故羊晫所任十郡中正當指江州大中正，而王隱卻以十郡中正指稱。因此，所謂「十二郡中正」也可能是司州大中正的異稱。但是陳仲安、王素則以爲《晉書》「僉共」二字當有所據，而當時司隸所領實爲六郡，十二郡中正應指六郡大中正與六郡小中正。周一良則以爲曹魏司隸領五郡，西晉司州領十二郡，《晉書》所言十二郡中正當是以後來之制追記舊事。但據吳增僅、楊守敬考證，曹魏司隸領河南、滎陽、弘農、河東、平陽、河

鄭默的對話來看，使用於評價人物場合之中的相輩，可能與鄉論清議有密切關連。再者，鄭默得以與司馬炎相提並論，說明當時滎陽鄭氏在司州應頗具聲望，中正才以之與權勢最高的河內司馬氏相提並論，是以司馬氏父子才會認爲此相輩恐有累清談。畢竟鄉論清議對士人的評價主要是當事人的德與才，而非其家世權位。這裡更可見，所謂的輩目或倫輩，應是指評定某甲與某乙相輩，即等第相當。

又，西晉劉毅在其〈九品八損議〉中嘗言：「夫名狀以當才爲清，品輩以得實爲平。」〔註124〕表示魏末之後，中正的主要任務在「名狀」與「品輩」。「狀」與個人才能有關，「品」應能反映實際德行，不過現實可能與此有嚴重落差，所以劉毅才說「今之中正，不精才實，務依黨利，不均稱尺，務隨愛憎」。然值得注意者，這裡「品」的確立，卻以「品輩」稱之，既然品是最後的成品，則「輩」自然是定品前的過程產物，即中正於定品之前，先列出哪些人可列某等，以爲定品的主要依據。這與前面夏侯玄所稱的倫輩之輩與傅玄所稱之輩目之輩，當指同一工作或資料。姑且統合稱之爲「倫輩」。

此外，與「輩」相類的形式包括「比」與「方」。《三國志・張溫傳》載：

> 溫少脩節操，容貌奇偉。權聞之，以問公卿曰：「溫當今與誰爲比？」大農劉基曰：「可與全琮爲輩。」太常顧雍曰：「基未詳其爲人也。溫當今無輩。」權曰：「如是，張允不死也。」〔註125〕

這段對話當中，「比」顯然與「輩」一樣，均作爲當時官場評比人物的一種簡便型態，以某甲比（輩）某乙，而某甲通常爲未仕或未爲官僚所熟知，某乙通常爲已仕或爲官僚所熟知。另外，「方」亦具有相同意義。《晉書・荀崧傳》載：

內六郡，滎陽是在正始三年始從河南分立，此爲周氏之疏漏。筆者以爲除第二說較無說服力外，第一說與第三說均有其可能性，三家說法，請分見胡寶國，〈魏西晉時代的九品中正制〉，頁 85；陳仲安、王素，《漢唐職官制度研究》，頁 255；周一良，《魏晉南北朝史劄記》（北京：中華書局，1985），「相輩與清談」條，頁 51。其他史料請參見清・湯球輯，《九家舊晉書輯本》，收入《晉書》第五冊（臺北：鼎文書局，1997），王隱《晉書》，卷 6，頁 277；唐・歐陽詢，《藝文類聚》，卷 48，〈職官部四・散騎常侍〉引王隱《晉書》，頁 870；南朝宋・劉義慶撰，南朝梁・劉孝標注，余嘉錫箋疏，《世說新語箋疏》，下卷上，〈賢媛第十九〉引王隱《晉書》，頁 689～690；《晉書》，卷 15，〈地理志下〉，頁 462～463；吳增僅、楊守敬，《三國郡縣表附考證》，收入《二十五史補編》第三冊（北京：中華書局，1955），頁 2822～2829。

〔註124〕《晉書》，卷 45，〈劉毅傳〉，頁 1273。

〔註125〕《三國志》，卷 57，〈張溫傳〉，頁 1329。

> 太原王濟甚相器重，以方其外祖陳郡袁侃，謂侃弟奧曰：「近見荀監子，清虛名理，當不及父，德性純粹，是賢兄輩人也。」其爲名流所賞如此。〔註126〕

又如《世說新語・品藻》所載：

> 正始中，人物比論，以五荀方五陳：荀淑方陳寔，荀靖方陳諶，荀爽方陳紀，荀彧方陳群，荀顗方陳泰。又以八裴方八王：裴徽方王祥，裴楷方王夷甫，裴康方王綏，裴綽方王澄，裴瓚方王敦，裴遐方王導，裴頠方王戎，裴邈方王玄。〔註127〕

太原晉陽王氏、陳郡袁氏、潁川荀氏、河東裴氏均爲漢末以降的官僚大族，琅邪王氏爲魏晉之際新興的官僚大族，這些大族當然皆屬當世「名流」。值得注意者有二：第一，這種以人物間的比較作爲人物評價的型態，其實漢末已出現，最有名的例子便是陳群與孔融論汝潁人士優劣，但漢末主要是針對地域人物進行比較，可是進入西晉卻轉爲中央官僚門地間的評比，五荀、五陳及八王、八裴，分別爲漢魏及魏晉之際大族中的代表，這表示在官僚大族中央化的作用下，地域意識更進一步被打破。第二，「五荀方五陳」一事的時間在正始中，而且這類官僚大族間的人物比論在《世說新語》中可找到諸多例證，故此現象恐怕始於此時，就型態的相似性而言，「倫輩」可能直接從這裡轉嫁使用。故「比」與「方」可能是倫輩在制度上最近的淵源。

當然，僅就形式而言，倫輩的習慣可能源於漢末名士間的人物評比形式——「齊名」。漢末清流運動之後，「齊名」這種人物評比形式開始普遍於在野士大夫階層。例如：沛郡桓彬與陳留蔡邕齊名，南陽鄧彪與同郡宗武伯、翟敬伯、陳綏伯、張弟伯齊名，汝南范滂與潁川李膺、杜密齊名，潁川賈彪與同郡荀爽齊名，汝南許劭與太原郭泰齊名，漢中李歷與北海鄭玄、潁川陳紀齊名，平原華歆與東海王朗齊名，廣陵徐宣與同郡陳矯齊名，燕國韓觀與同郡徐邈齊名，陳郡何曾與同郡袁侃齊名，河內司馬師與沛國夏侯玄、南陽何晏齊名，琅邪諸葛誕與沛國夏侯玄齊名，琅邪王戎與河東裴楷齊名，太原王濟與汝南和嶠、河東裴楷齊名，江夏費禕與汝南許叔龍、南郡董允齊名，會稽鍾離駰與同郡謝贊、吳郡顧譚齊名，義陽劉武與同郡樊建齊名，吳郡顧

〔註126〕《晉書》，卷75，〈荀崧傳〉，頁1975～1976。

〔註127〕南朝宋・劉義慶撰，南朝梁・劉孝標注，余嘉錫箋疏，《世說新語箋疏》，中卷下，〈品藻〉，頁504～505。

邵與同郡陸績齊名等。〔註 128〕入晉之後，例子更多，茲不贅引。觀察漢魏之際的例子，「齊名」主要用於同郡士人間的比較，這可能是倫輩的原型。「齊名」這種人物評價的簡單型態，可能自漢末以降開始流行於士大夫階層，當屬於鄉論清議中的人物評價活動。筆者推測，既然中正評品制度與漢末士林清議有深厚淵源，則魏初郡中正制成立後，郡中正可能會引用「齊名」資料作爲定品時的參考。

綜前所論，筆者以爲「倫輩」這種人事資料型態，其淵源可能有二：一是始於漢末名士間的人物「齊名」評比，另一則是魏正始以後官僚大族間的人物評比形式「比」或「方」。當然後者極可能正是由兼具名士身分的中央級官僚帶入官場。由此來看，從齊名、比方到倫輩，足以顯示出名士清議轉化爲中正評品制度的脈絡。因此，魏初郡中正制時代應已有類似倫輩的作法，至正始、嘉平（240～253）以後，倫輩逐漸普遍，對中正評品制度更具影響力，換言之，倫輩的出現可能有其制度上的需要。筆者以爲，正始至嘉平年間，中正評品制度作爲解決選舉問題的方向之一，品第標準的齊一化可能是其中的重點。因爲縱使郡中正不徇私，品狀得實，但是在給予等第時，總該有個共識或基準，否則如何面對甲郡的二品人才與乙郡三品人才孰優孰劣的問題。因此，以郡中正所熟知的中央級官僚的才行人格作爲基準，可能是解決問題的捷徑，其目的似在尋求諸郡人物評價的品第標準與共同秩序。

結合州大中正制的成立來看，州大中正的設立本在統合諸郡清議輿論，定（鄉）品或許正是這種統合輿論的形式，而「倫輩」可能便是定品的前置作業，這一連串的制度演進，或許與郡級地方大族的階層分化發展相終始。

〔註 128〕請分見《後漢書》，卷 37，〈桓彬傳〉，頁 1261；卷 45，〈鄧彪傳〉，頁 1495；卷 67，〈黨錮列傳·范滂傳〉，頁 2207；卷 67，〈黨錮列傳·賈彪傳〉，頁 2216；謝承，《後漢書》，收入周天游輯注，《八家後漢書輯注》（上海：上海古籍出版社，1986），卷 4，〈許劭傳〉注引周斐《汝南先賢傳》，頁 141；晉·常璩撰，任乃強校注，《華陽國志校補圖注》（上海：上海古籍出版社，1987），卷 10 下，〈漢中士女九〉，頁 601；《三國志》，卷 57，〈虞翻傳〉注引韋昭《吳書》，頁 1319；卷 22，〈徐宣傳〉，頁 645；卷 27，〈徐邈傳〉，頁 740；《晉書》，卷 33，〈何曾傳〉，頁 994；卷 2，〈景帝紀〉，頁 25；南朝宋·劉義慶撰，南朝梁·劉孝標注，余嘉錫箋疏，《世說新語箋疏》，中卷下，〈品藻〉，頁 502～503；《晉書》，卷 35，〈裴楷傳〉，頁 1047；卷 42，〈王濟傳〉，頁 1205；《三國志》，卷 44，〈費禕傳〉，頁 1060；卷 60，〈鍾離牧傳〉注引虞預《會稽典錄》，頁 1392；卷 45，〈楊戲傳〉，頁 1084；卷 52，〈顧雍傳附子邵傳〉，頁 1229。

由於魏初國家用人本以官才本位主義爲指導方針，但州大中正制成立之後，「品」的優位性凌駕於「狀」之上，這就是西晉劉毅所指責的「今品不狀才能之所宜，而以九等爲例」。〔註129〕魏初「品」與「狀」出現矛盾之時，才能的因素還是較重些，可是進入魏末，德的因素被賦予政治色彩，政治對立與鬥爭強化了階層封閉性，中央級士人層藉由德行與禮法來粉飾政爭，「品」發展爲與入仕、仕進官品相應的鄉品制，州大中正取代郡中正的定品工作，郡中正專職進行初步評價與倫輩，中正評品作業的分工雖說趨向完備化與精緻化，但同時也突顯了國家選舉方針從官才本位主義向勢族門閥主義的轉化。這從人事資料型態的發展脈絡來看，亦有其痕跡。既然要體現豪族階層秩序，總要有個具體機制，州大中正制確實是個關鍵，而在定品過程中，品狀的地位降低，倫輩成爲定品仰仗的資料，故品狀與倫輩更具有表裏關係，〔註130〕即品狀可能逐漸淪爲表象形式，眞正作用的是倫輩資料，這從西晉以後的狀語更抽象化的情形，可以得到合理解釋。而從倫輩到鄉品，眞正依據的可能正是族門權勢與上層士人層的聲望。

（三）家世因素與簿閥資料

第一目討論魏初中正評品制度的人事資料時，曾考辨家世資料問題，以爲當時中正提供給吏部的人事資料，確知有品狀，至於家世資料可能含括於簿閥資料當中。但魏末以後，可確知中正確實有提供家世資料給吏部。筆者的證據有若干。第一，西晉劉毅上表語稱：「若吏部選用，猶下中正，問人事所在、父祖位狀」。〔註131〕「父祖位狀」即是當事人的家世資料，由中正提供給吏部，作爲銓選之用。第二，西晉太康中衛瓘上疏陳九品中，曾提到計資定品的選舉問題，計資定品本有兩種面向，計「身資」定品與計「門資」定品，〔註132〕當中的「門資」，即是「父祖位狀」，就是父祖官爵品位。既然中正清定九品有根據門資定鄉品的問題，這就表示記載門資資料的簿閥，便是中正評品時所運用的人事資料之一。

〔註129〕《晉書》，卷45，〈劉毅傳〉，頁1276。

〔註130〕請參見矢野主稅，〈狀の研究〉，《史學雜誌》，第76編第2號（1967，東京），頁49。

〔註131〕唐・杜佑，《通典》，卷32，〈職官十四・總論州佐・中正〉引西晉劉毅上表語，頁892。

〔註132〕計資定品問題乃西晉以降逐漸浮現的選舉問題之一，這部分將於第五章第二節與第三節做完整的討論。

三、人事資料的書寫保存工具

最後，探討這些人事資料的書寫保存工具。《晉書．石季龍載記》載石虎下書語：

> 三載考績，黜陟幽明，斯則先王之令典，政道之通塞。魏始建九品之制，三年一清定之，雖未盡弘美，亦縉紳之清律，人倫之明鏡。從爾以來，遵用無改。先帝創臨天下，黃紙再定。至於選舉，銓爲首格。自不清定，三載于茲。主者其更銓論，務揚清激濁，使九流咸允也。吏部選舉，可依晉氏九班選制，永爲揆法。選畢，經中書、門下宣示三省，然後行之。其著此詔書于令。銓衡不奉行者，御史彈坐以聞。〔註 133〕

東晉元帝太興二年（319），石勒稱帝，國號趙，此時正值政治與社會秩序重新建構之際，需重新整理並確認士人的各項人事資料。這與漢魏之際的情形相類。漢魏間喪亂流離，中正調查人士的家世，以供吏部銓選之用。魏末以後司徒府典選制成立，司徒府成爲中正的主管機構，中正便將定品過程中的各項人事資料，包括家世、倫輩、品狀，全部彙整後，送往司徒府，而這些資料可能便是以黃紙書寫、保存。舉例言之，《通典．禮二十》載韓預、楊俊違禮一事云：

> 晉南陽中正張輔言司徒府云：「故涼州刺史揚欣女，以九月二十日出赴姊喪殯，而欣息俊因喪後二十六日，強嫁妹與南陽韓氏，而韓就揚家共成婚姻。韓氏居妻喪，不顧禮義，三旬內成婚，傷化敗俗，非冠帶所行。下品二等，本品第二人，今爲第四。請正黃紙。」梁州中正梁某言：「俊居姊喪嫁妹，犯禮傷義，貶爲第五品。」〔註 134〕

據《晉書》所載，這裡的南陽韓氏即車騎長史韓預；〔註 135〕本品第二人的「人」疑爲衍字。引文意指韓預、楊俊違反士人婚喪之禮，南陽郡中正張輔便上言

〔註 133〕《晉書》，卷 106，〈石季龍載記〉，頁 2764。

〔註 134〕但是宮川尚志則將之釋爲張輔建議將韓預與楊俊二人均貶二品。可是查《華陽國志》，楊氏爲天水人，張輔爲南陽中正怎可能有權貶降非本郡士人的鄉品？故筆者仍以爲張輔所貶者僅爲韓預，而楊俊之貶品則由梁州中正處理。因此，引文中「本品第二人」的「人」，可能爲衍字。請參見唐．杜佑，《通典》，卷 60，〈禮二十．沿革二十．嘉禮五〉，頁 1696；宮川尚志，《六朝史研究：政治．社會篇》，頁 274；晉．常璩撰，任乃強校注，《華陽國志校補圖注》，卷 8，〈大同志〉，頁 435。

〔註 135〕《晉書》，卷 60，〈張輔傳〉，頁 1639。

司徒府，將韓預由二品貶爲四品，而梁州大中正則將楊俊貶爲五品。〔註 136〕此事乃州郡中正行清議以端正風俗之具體實例。在處理人事檔案時，所要更正者正是由中正所提供的人事資料「黃紙」，當中最重要者便是鄉品，正如北魏蕭寶夤所言：「聲窮於月旦，品定於黃紙，用效於名輩，事彰於臺閣」，〔註 137〕說明司徒府所保存的「黃紙」，上面最重要的資料便是鄉品。由此可見，黃紙所載的人事資料並非在建立之後就不再更動，而是得因情況而改寫，這也間接證實了前例石虎所言「三年一清定」之制的存在。

另一方面，吏部負責銓選、授官，尚書臺亦典藏所需的選舉黃紙，有一史料可證明之。臧榮緒《晉書》載朱整典選事云：

> 朱整，字偉齊，爲尚書僕射，領吏部。以公清爲性，持直厲意。內外郡縣州鄉人士皆見物，卿乃不開其黃紙，方遊魏毛玠所見不同。前後選官，多加懇懃。〔註 138〕

內外郡縣以下之語不易解，筆者暫釋之如下。太康四年（283）朱整出任吏部尚書，太康九年至十年（288～289），再以尚書右僕射兼領吏部。朱整居選職多年，以其「公清爲性」與「周愼廉敬」之人格特質來看，〔註 139〕此段文字可能是指那些與朱整有密切關係的閭里親友，欲見選舉黃紙，朱整爲嚴守公密，乃不開其黃紙。而這裡的黃紙，正是吏部所掌管的人事資料。

尚書臺的選舉黃紙，除朱整之例外，西晉並無他例，餘例尚可見於南朝時期。《宋書．蔡廓傳》載：

〔註 136〕據《華陽國志》所載，楊俊父楊欣本籍天水，魏屬雍州，西晉改隸秦州，可見楊欣本籍可能不屬梁州。雖不排除天水曾短暫隸屬梁州此一可能性，然而秦州在北，梁州在南，二州交界爲秦州武都與梁州漢中、梓橦，天水尚在武都之北，從秦州改隸梁州的可能性似較低。若天水不屬梁州，爲何是由梁州中正議貶楊俊鄉品？此問題尚待研究。請見晉．常璩撰，任乃強校注，《華陽國志校補圖注》，卷 8，〈大同志〉，頁 435。

〔註 137〕北齊．魏收，《魏書》（臺北：鼎文書局，1997），卷 59，〈蕭寶夤傳〉，頁 1318。

〔註 138〕隋．虞世南，《北堂書鈔》，卷 59，〈設官部．尚書僕射〉引臧榮緒《晉書》，頁 251。

〔註 139〕南朝宋劉道會《晉起居注》曰：「太康四年八月詔曰：『選曹銓管人才，宜得忠恪寡欲、抑華崇本者。尚書朱整周愼廉敬，以道素自居，是其人也。其以整爲吏部尚書。』」吏部尚書掌管國家人事，當需有公亮清正，周愼廉敬之士來擔任，而朱整正因此人格特質爲晉武帝拔用爲吏部尚書。請參見宋．李昉等，《太平御覽》，卷 214，〈職官部十二．吏部尚書〉引《晉起居注》，頁 1020；《晉書》，卷 3，〈武帝紀〉，「太康九年二月」、「太康十年四月丁未」條，頁 78～79。

> 蔡廓徵爲吏部尚書。廓因北地傅隆問亮：「選事若悉以見付，不論；不然，不能拜也。」亮以語錄尚書徐羨之，羨之曰：「黃門郎以下，悉以委蔡，吾徒不復厝懷；自此以上，故宜共參同異。」廓曰：「我不能爲徐干木署紙尾也。」遂不拜。干木，羨之小字也。選案黃紙，錄尚書與吏部尚書連名，故廓云「署紙尾」也。〔註 140〕

由此可知，縱使錄尚書事可主導五品黃門郎以上之人事，但就行政程序上，仍須有吏部尚書之聯署，方能完成整個人事任命程序。故可知「選案黃紙」的黃紙，可能是記載該官職的提名人選相關資料。

至於尚書臺選舉黃紙的考課功能，《魏書・蕭寶夤傳》載：

> 見居官者，每歲終，本曹皆明辨在官日月，具覈才行能否，審其實用而注其上下，游辭宕說，無一取焉。列上尚書，覆其合否。如有紕謬，即正而罰之，不得方復推詰委否，容其進退。既定其優劣，善惡交分。庸短下第，黜凡以明法；幹務忠清，甄能以記賞。總而奏之。經奏之後，考功曹別書於黃紙、油帛。一通則本曹尚書與令、僕印署，留於門下；一通則以侍中、黃門印署，掌在尚書。嚴加緘密，不得開視，考績之日，然後對共裁量。〔註 141〕

考功曹爲吏部尚書所轄曹掾之一。可見南朝宋時，吏部尚書所掌管的選舉檔案，有一部份便是考課資料，此乃尚書臺選舉黃紙的考課功能。而前例與本例屬於南北朝之制，此制可能源於西晉。

吏部銓選所需的人事資料，除了尚書臺選舉黃紙外，可能亦包括司徒府選舉黃紙。因爲，吏部銓選官職時，若應選者爲白衣，無任官資次，則以其鄉品作爲銓選官職的主要依據；若應選者爲現任官吏，則依據鄉品與任官資次銓選官職。〔註 142〕無論何種情形，鄉品均不可少。從前舉韓預、楊俊違禮事例可知，鄉品書於司徒府選舉黃紙，故吏部銓選官職可能需用到司徒府選舉黃紙。

綜上所述，司徒府所掌管之人事資料，主要指中正評品所運用的家世簿閥，以及定品前的倫輩，與定品後的鄉品、品狀，這便是司徒府選舉黃紙。

〔註 140〕《宋書》，卷 57，〈蔡廓傳〉，頁 1572。

〔註 141〕《魏書》，卷 59，〈蕭寶夤傳〉，頁 1320。

〔註 142〕鄉品與官職、官品之間有若干對應關係，故吏部銓選官職當會用到鄉品資料，否則中正評品制度就無存在的必要了。關於鄉品與官職、官品的對應關係，筆者將詳論於本章第四節，這裡暫不論證。

吏部尚書主司朝廷敕授官的選任與考課，其人事資料來源有二，其一，司徒府的選舉黃紙，其二，尚書臺本身所管理的選舉黃紙，包括朝廷敕授官的選任資料與考課資料。

第三節　司徒府中正系統的職權與制度運作程序

魏末司徒府典選制成立後，中正評品制度更趨完備，筆者將司徒府主管中正評品業務的官吏，與州郡中正合爲一個系統，姑且名之爲司徒府中正系統，本節的目的即是探討此系統的職權。第一目敘司徒府部分，包括司徒、左長史、左西曹掾屬的基本職權，選任中正的基本程序，以及中正人選的基本條件。第二目述州郡中正的基本職權，包括：三年一清定制度，清定九品的運作機制（包括清議貶品、舉寒素升品），司徒府對州郡中正職務的監督作用。第三目述中正屬員，以及司徒府中正系統與地方選舉系統的關係。最後總論中正評品制度運作程序。

一、司徒府的職權

（一）與選舉權有關之基本職權

在本章第一節已討論過，司徒府爲中正評品制度運作的中央主管機構，綜合《通典・選舉二》、《晉書・職官志》所載，司徒府典選的官職包括：司徒、左長史、左西曹掾屬，以及左西曹令史。

先看司徒。西晉尚書吏部郎李重曾言司徒之職掌，乃在「總御人倫，實掌邦教，當務峻準評，以一風流」。〔註 143〕王隱《晉書》載晉武帝泰始九年（273）詔以太保何曾領司徒云：「司徒，舊宰相之職，自古及今，總論人物，訓治之本也。」〔註 144〕這裡的總理人倫職責，與兩漢司徒主掌人民教化之事，顯然有淵源關係。再者，司徒府乃中正的中央主管機構，其選舉相關職權自是與中正職掌有密切關聯。例如魏舒於晉武帝太康四年至七年（283～286）出任司徒，陳留相樂安孫尹稱舒「所統殷廣，兼執九品，銓十六州論議」。〔註 145〕這裡所謂「銓十六州論議」，正是指司徒具有總理銓衡十六州清議的職權，以

〔註 143〕《晉書》，卷 46，〈李重傳〉，頁 1311～1312。
〔註 144〕隋・虞世南，《北堂書鈔》，卷 52，〈設官部四・司徒〉引王隱《晉書》，頁 205。
〔註 145〕《晉書》，卷 45，〈劉毅傳〉，頁 1278。

此爲基礎來審定鄉品。因此，王隱《晉書》稱魏舒「兼總十六州中正」，〔註146〕正是以司徒「兼執九品」的職權爲中心而立論。

雖說自曹魏以降，三公逐漸尊崇化與虛位化，至晉的八公尤然，但司徒與他公相較，因其掌人倫邦教，故頗能突顯其重要性。如泰始九年（273）始，何曾先後以太保、太傅領司徒，咸寧四年（278）以年老乞遜位，晉武帝免去他領司徒之任，詔曰：「司徒所領務煩，不可久勞耆艾」，然卻同時將他進位太宰，〔註147〕並詔問中書監荀勖：「司徒處當得人，副遠近之望，並治事見才，誰可也」？〔註148〕這已體現司徒與餘公之差異。當然司徒府與其餘公府的差異性，更反映在府屬是否常置。《宋書・百官志》云：「司徒若無公……其府常置。餘府有公則置，無則省。」〔註149〕正因餘府僚屬僅爲尊崇府主而設，實際業務不多，故無公則可撤；但司徒府有日常業務，最重要者應是主管中正評品業務，以及郡國上計等考課業務，是以其僚屬有府主時固須請示，但無府主時仍須自行處理。有時司徒卻不理府事，如晉惠帝太安元年至永興二年（302～305）王戎二度任司徒，「雖位總鼎司，而委事僚宷，間乘小馬，從便門而出游，見者不知其三公也」。〔註150〕可見無論有或無府主，僚屬均可自行處理業務。

既然無論司徒有無，司徒府仍可自行運作，據此可知，司徒府總理中正評品的日常業務者，應是作爲府屬之長的司徒左長史。關於司徒左長史之職掌，《通典・職官二》云：「司徒加置左長史，掌差次九品，銓衡人倫。」〔註151〕此說法大概根據東晉干寶之說而來。干寶《司徒儀》云：「左長史之職掌，差次九品，詮衡人倫。」〔註152〕西晉潘尼答傅咸詩序曰：「司徒左長史傅長虞，會定九品。左長史宜得其才，屈爲此職。此職執天下清議，宰割百國。而長虞性直而行，或有不堪。余與之親，作詩以規焉。」〔註153〕綜合三條史料，

〔註146〕隋・虞世南，《北堂書鈔》，卷73，〈設官部二十五・中正〉引王隱《晉書》，頁321。
〔註147〕《晉書》，卷33，〈何曾傳〉，頁996～997。
〔註148〕宋・李昉等，《太平御覽》，卷208，〈職官部六〉，頁998。
〔註149〕《宋書》，卷39，〈百官志上〉，頁1223。
〔註150〕《晉書》，卷43，〈王戎傳〉，頁1234。
〔註151〕唐・杜佑，《通典》，卷20，〈職官二〉，頁522。
〔註152〕隋・虞世南，《北堂書鈔》，卷68，〈設官部二十・長史〉引干寶《司徒儀》，頁298。
〔註153〕唐・歐陽詢，《藝文類聚》，卷31，〈人部十五・贈答〉，頁549～550。

可知司徒左長史的職務主要有二：其一，主持全國清議；其二，會定九品，銓衡人倫。

就理論上而言，司徒左長史總理全國州郡中正所呈之品狀，負責最後之定品，若要發揮臧善貶惡之清議精神，確實需要如傅咸那種「性直而行」的正直之士來擔任司徒左長史，但當時或有劉毅、李重等人所言之嚴重弊端，多數時候司徒左長史可能未能正直不屈地總齊清議，故王隱《晉書》稱傅咸為司徒左長史，「多所執正」，〔註 154〕恐怕有特別讚揚之意義。正因此職重要，當司徒王戎無心處理府事時，便「高選長史、西曹掾，委任責成」。〔註 155〕

至於司徒左西曹掾屬，其職掌可能正是協助司徒左長史核定九品。干寶《晉紀》云：「王導為司徒，置西屬一人，佐長史參定九品。」〔註 156〕雖然此為東晉初年之事，但筆者懷疑此或是依舊制而增，故西晉司徒左西曹掾屬的職掌當相同。察諸西晉實例，或可證之。晉惠帝元康年間（291～299），汝南周馥任司徒左西屬，後司徒王渾欲推薦他補尚書郎，表「馥理識清正，兼有才幹，主定九品，檢括精詳。臣委任責成，褒貶允當，請補尚書郎」。〔註 157〕又潁川荀組亦於同期間任司徒左西屬，王渾又表曰：「左西屬荀組文義貞素，清識見稱，宜轉從事中郎」。〔註 158〕據此可知，正因司徒左西屬之職務主要在協助左長史，總齊全國清議，銓衡人倫，以定九品，故任其職者通常以「理識清正」見稱，像周馥、荀組均有此特質。

（二）選任中正的基本程序

司徒府除了主持並總齊全國清議、審核州郡中正評品資料外，既然作為中正的中央主管機構，當擁有選任中正之權力。以下以若干實例說明州郡中正選任程序。但在此之前，需先說明西晉中正的類型與級別，因為史籍當中所見中正名稱有些混亂，當先說明之。

在第三章第三節第一目，筆者曾討論過曹魏中正系統組織架構，在州大中正制成立之後，中正有州、郡兩級，西晉一朝亦然。史籍所見州一級所設

〔註 154〕隋・虞世南，《北堂書鈔》，卷 68，〈設官部二十・長史〉引王隱《晉書》，頁 298。

〔註 155〕隋・虞世南，《北堂書鈔》，卷 52，〈設官部四・司徒〉引王隱《晉書》，頁 206。

〔註 156〕隋・虞世南，《北堂書鈔》，卷 68，〈設官部二十・屬〉引干寶《晉紀》，頁 301。

〔註 157〕《晉書》，卷 61，〈周馥傳〉，頁 1663。

〔註 158〕宋・李昉等，《太平御覽》，卷 209，〈職官部七・司徒屬〉引何法盛《晉中興書》，頁 1005。

中正，名稱有州大中正、州中正、州都等三種。如王濟、夏侯駿、傅祗、傅暢、劉毅等人任職州大中正；魏舒、何攀等人任職州中正；傅宣、壽良、常忌、費立等人任職州都。州大中正與州都爲同職異稱，此在討論曹魏的情形時已說明過。至於州大中正與州中正究爲一職，抑或二職？筆者以爲，州中正應該是州大中正的省稱。晉惠帝元康二年（292），司徒王渾主動發動全國性的清議活動，「下十六州推舉」有「冒喪婚娶，傷化悖禮」行爲的本籍士人，當時上言的州級中正，其職稱爲「州中正」，既然是朝廷下令州的中正系統負責人檢舉「冒喪婚娶」的違禮行爲，那麼州中正當即是州大中正，否則若是二職，就名稱判斷職務關係高低，州大中正當高於州中正，那就該由州大中正出面代表推舉，而非州中正了。故可知州中正應是州大中正的省稱。而州都與州大中正亦是同職異稱，故州一級當僅有州大中正一職，或稱爲州中正、州都。

至於郡一級，由於郡國並行，故有郡中正與國中正兩種。如傅咸、張輔、陳壽等人任職郡中正；華譚、李含等人任職國中正。不過，就職務性質而言，郡中正與國中正當相同。西晉行分封諸王制，諸王的封地所在郡名稱上改爲國，故郡中正與國中正實屬同一性質，職務相同，這與郡守與國相的關係相同。此外，還有邑中正一職，筆者以爲邑中正與國中正應爲同職異稱。《晉書·劉沈傳》載劉沈於西晉惠帝元康中任「本邑大中正」，而《晉書·霍原傳》載劉沈於惠帝元康中舉霍原時，則稱劉沈爲「國大中正」，故可知「邑大中正」與「國大中正」爲同職異稱，邑中正與郡國中正屬於同一性質。因此，以下將郡中正、國中正、邑中正三職稱合稱郡國中正。

但是西晉郡級中正，史書又有郡國中正，郡國大中正、郡國小中正等三種名稱。以郡所置中正爲例，如刁協、譙熙等人任職郡大中正，傅咸、張輔、陳壽等人任職郡中正，陶侃任職郡小中正。那麼此三職稱的關係如何？筆者以爲，就一般情形而言，郡國中正與郡國大中正可能是同職異稱，郡國小中正可能是與州大中正對稱時的用語，故郡國此一層級，通常僅設有郡國中正一職。〔註159〕

〔註159〕但筆者發現在西晉太康年間至東晉初年，郡國一級除了原有的郡國中正外，可能亦同時有郡國小中正的設置。茲條列四例於下。例一，武帝太康年間（280～289），廣陵國大中正劉頌舉盛彥爲廣陵國小中正，《晉書·盛彥傳》云：「彥仕吳，至中書侍郎。吳平，陸雲薦之於刺史周浚，本邑大中正劉頌又舉彥爲小中正。」例二，武帝太康年間，豫州大中正夏侯駿上司徒府，欲以曹馥代

孔毓爲魯國小中正，《晉書・傅咸傳》云：「(傅咸) 遷司徒左長史……咸在位多所執正。豫州大中正夏侯駿上言，魯國小中正、司空司馬孔毓，四移病所，不能接賓，求以尚書郎曹馥代毓，旬日復上毓爲中正。司徒三却，駿故據正。咸以駿與奪惟意，乃奏免駿大中正。司徒魏舒，駿之姻屬，屢却不署，咸據正甚苦。舒終不從，咸遂獨上。舒奏咸激訕不直，詔轉咸爲車騎司馬。」例三，惠帝太安中（302～303），羊（楊）晫代溫雅爲江州大中正，舉陶侃爲鄱陽小中正，《晉書・陶侃傳》云：「時豫章國郎中令楊晫，侃州里也，爲鄉論所歸。侃詣之……尚書樂廣欲會荊揚人士，武庫令黃慶進侃於廣。……慶後爲吏部令史，舉侃補武岡令。與太守呂岳有嫌，棄官歸，爲郡小中正。」又王隱《晉書》亦云：「後（羊）晫爲十郡中正，舉陶侃爲鄱陽小中正，始得上品也。」例四，東晉元帝太興中（318～321），淮南小中正王式違禮，御史中丞卞壼奏免司徒荀組、揚州大中正陸曄、淮南大中正胡弘，《晉書・卞壼傳》云：「時淮南小中正王式繼母，前夫終，更適式父。式父終，喪服訖，議還前夫家。前夫家亦有繼子，奉養至終，遂合葬於前夫。式自云：『父臨終，母求去，父許諾。』於是制出母齊衰期。壼奏曰：『就如式父臨終許諾，必也正名，依禮爲無所據。……揚州大中正、侍中、平望亭侯曄，淮南大中正、散騎侍郎弘，顯執邦論，朝野取信，曾不能率禮正違，崇孝敬之教，並爲不勝其任。請以見事免組、曄、弘官，大鴻臚削爵土，廷尉結罪。』」分析此四例，例二與例三或許可釋作爲了和州大中正對舉，故使用郡國小中正一詞，但是例一與例四，明顯是郡國大中正與郡國小中正同時並存，令筆者感到不安。但是，檢閱魏晉南朝史料，僅此四例出現郡國小中正，與郡國中正一詞的使用狀況相較，數量實在太少。再者，觀察此四例，實有其特殊之處，第一，就地域性而言，除例三外，餘三例均爲揚州吳國舊土的例子；第二，例一與例三的郡國小中正被舉爲小中正時，處於白衣狀態，且人均在鄉，這與州大中正、郡國中正多以現任京官兼任的情形不同。綜合這些理由，筆者以爲這可能並非中正制度的常態，暫且將之視作特殊時空條件下的權宜之制。至於學界的看法有三類：第一，唐長孺、鄭欽仁等未處理郡國小中正問題，郡國一層級僅設有郡國中正一職，郡國中正偶爾稱作郡國小中正，這是爲了和州中正對舉，故州中正與郡中正分以大小中正稱之，此或承襲杜佑「州有大中正，郡國有小中正」的說法，趙翼亦作如斯解。第二，楊筠如、宮川尚志、宮崎市定、汪徵魯等人似已將郡國小中正視爲常制，隸於郡國大中正下，亦即司徒府中正系統的組織與職務統屬關係爲：司徒府——州大中正——郡國大中正——郡國小中正。第三，吳慧蓮基本上承認有郡國小中正一職，不過他將宮崎市定的中正組織統屬關係改作：司徒府——州大中正——郡國中正（大、小中正），他對此解釋：「基本上，中正原是鄉里有德者、年長者的表徵，是一種榮譽職，魏晉雖然予以法制化，將其納入官僚組織，但榮譽的性質不變，因此常視實際需要而有不定額的編制，郡國大小中正即在這種情形下產生。然而，這樣並不意味郡國必設大、小中正，就實際史例而言，多半只有郡國大中正、郡國中正，同時設置的情形，只有西晉太康年間的廣陵國大中正劉頌及小中正盛彥、東晉初期的淮南郡大中正胡弘及小中正王式。南朝以後則沒有郡國小中正的例子，不知道是否已經廢除，抑或史料缺漏的關係。至於稱之爲郡國大中正，或稱之爲郡中正，可能則是基於資格上的差異，並不一

綜上所述，西晉中正的級別應有州、郡二級，州級僅有州大中正一職，州中正、州都與州大中正三者為同職異稱。郡國一級，通常僅設有郡國中正一職，郡國大中正、郡國小中正可能均是郡國中正的異稱。

以下將焦點轉回中正的選任。就州大中正的選任而言，劉毅出任青州大中正一事的過程最具代表性。太康六年（285），司徒魏舒薦舉剛致仕歸第的光祿大夫劉毅為青州大中正，《晉書・劉毅傳》載此事云：

> 後司徒舉毅為青州大中正，尚書以毅懸車致仕，不宜勞以碎務。陳留相樂安孫尹表曰：「……毅雖身偏有風疾，而志氣聰明，一州品第，不足勞其思慮。……臣州茂德惟毅，越毅不用，則清談倒錯矣。」於是青州自二品已上光祿勳石鑒等共奏曰：「……前被司徒符，當參舉州大中正。僉以光祿大夫毅，純孝至素，著在鄉閭。忠允亮直，竭於事上，仕不為榮，惟期盡節。正身率道，崇公忘私，行高義明，出處同揆。故能令義士宗其風景，州閭歸其清流。雖年耆偏疾，而神明克壯，實臣州人士所思準繫者矣。誠以毅之明格，能不言而信，風之所動，清濁必偃，以稱一州咸同之望故也。竊以為禮賢尚德，教之大典，王制奪與，動為開塞，而士之所歸，人倫為大。……以為尹言當否，應蒙評議。」由是毅遂為州都，銓正人流，清濁區別，其所彈貶，自親貴者始。〔註 160〕

綜合引文之首與石鑒等奏語內容可知，選任州大中正的程序，可能先由司徒

定具有直接的轄屬關係」。顯然他也留意到郡國小中正可能是權宜之制。筆者原則上較能接受第三種立場。至於兩晉之際揚州為何會有郡國小中正出現，詳情還有待研究。相關史料請分見《晉書》，卷 88，〈孝友傳・盛彥傳〉，頁 2277；卷 47，〈傅咸傳〉，頁 1324；卷 66，〈陶侃傳〉，頁 1768～1769；南朝宋・劉義慶撰，南朝梁・劉孝標注，余嘉錫箋疏，《世說新語箋疏》，下卷上，〈賢媛第十九〉引王隱《晉書》，頁 689～690；《晉書》，卷 70，〈卞壼傳〉，頁 1868～1869；唐・杜佑，《通典》，卷 94，〈禮五十四・沿革五十四・凶禮十六・父卒繼母還前繼子家後繼子為服議〉，頁 2554～2555；唐長孺，〈九品中正制度試釋〉，頁 102～103；鄭欽仁，〈九品官人法——六朝的選舉制度〉，頁 223～224；唐・杜佑，《通典》，卷 14，〈選舉二・歷代制中〉，頁 328；清・趙翼，《二十二史札記》，卷 8，〈晉書・九品中正〉，頁 100；宮川尚志，《六朝史研究：政治社會篇》，頁 272～273；宮崎市定，《九品官人法の研究》，頁 156～157；汪徵魯，《魏晉南北朝選官體制研究》，頁 309～311；吳慧蓮，〈六朝時期的選任制度〉，頁 62～63。

〔註 160〕《晉書》，卷 45，〈劉毅傳〉，頁 1278～1279。

府擬定人選，再符下本籍京官徵詢意見，即所謂「取州里清議，咸所歸服」的原則，〔註161〕最後由司徒出面薦舉，再送請尚書臺審查，由尚書臺代表國家行使委任權，而且對司徒府所擬人選，尚書臺應當擁有否決權。然一般狀況下，尚書臺多會同意司徒府所擬人選，此事恐爲特殊案例。然而尚書臺爲何反對此人事案呢？唐長孺以爲中正應以現任官兼，劉毅以光祿大夫致仕，兼中正不是常例，所以尚書沒有立刻同意。〔註162〕鄙意以爲，唐氏之說似有缺陷，第一，從目前可得史料來看，中正確實多由京官兼任，但這並不屬於制度運作的規範，若說有此制度規範，那爲何尚書臺不直接以此規範爲反對理由，或是以劉毅染有風疾爲由，反倒以「懸車致仕，不宜勞以碎務」爲由呢？和這些理由相較，第一項理由不是更有法理依據，更具說服力嗎？第二，事實上仍有若干例子亦屬於此類，即由非現任官兼任之例。如蜀郡杜軫，「遷犍爲太守，惠愛在民，還爲州大中正」；〔註163〕復如江夏李重，「弱冠爲本國中正，遜讓不行」；〔註164〕再如犍爲李密，本任河內溫令，「去官，爲州大中正」；〔註165〕又如鄱陽陶侃，黃慶舉侃補武岡令，但侃與廬江太守呂岳有嫌，於是「棄官歸，爲郡小中正」。〔註166〕縱然唐長孺以爲前三例所載並不確實，但其理由均是以一般狀況來作爲判斷的依據，並未有更進一步解釋。〔註167〕由此可知，縱使以現任官兼任中正的情形較爲普遍，但以非現任官僚出任中正，劉毅可能並非特例。因此，實際情形恐非如此單純，筆者竊以爲這與劉毅的爲官風格或有關連。

劉毅自任司隸都官從事以來，便以「方正亮直，介然不群，言不苟合，行不苟容」見稱，後來歷任散騎常侍、司隸校尉、尚書左僕射等要職，「言議切直，無所曲撓」，就連晉武帝問他：「卿以朕方漢何帝也？」他亦敢直言對曰：「可方桓、靈。」這種耿直不阿的性格恐怕已經得罪不少當朝權貴，故泰始年間（265～274）曾有一次坐事免官的紀錄。〔註168〕劉毅退休後，司徒魏

〔註161〕《晉書》，卷45，〈劉毅傳〉，頁1274。
〔註162〕唐長孺，〈九品中正制度試釋〉，頁102。
〔註163〕晉・常璩撰，任乃強校注，《華陽國志校補圖注》，卷11，〈後賢傳〉，頁642。
〔註164〕《晉書》，卷46，〈李重傳〉，頁1309。
〔註165〕晉・常璩撰，任乃強校注，《華陽國志校補圖注》，卷11，〈後賢傳〉，頁638。
〔註166〕《晉書》，卷66，〈陶侃傳〉，頁1769。
〔註167〕唐長孺，〈九品中正制度試釋〉，頁104。
〔註168〕《晉書》，卷45，〈劉毅傳〉，頁1271～1273。

舒推薦他擔任青州大中正，主選任之事的尚書臺官員擔心具「疾惡之心」的劉毅，可能會「論議傷物」，故以「懸車致仕，不宜勞以碎務」這種冠冕堂皇的理由，打算讓司徒重新擬定人選。隨後，孫尹等青州出身的二品以上官僚上言，便通過劉毅出任青州大中正一案。〔註 169〕這次人事任命得以通過的關鍵，可能正是那些二品以上之青州上層士人的支持，〔註 170〕畢竟國家對鄉里輿論還是相當重視，鄉論動向對中正選任仍有一定影響。舉例言之，晉惠帝元康中的豫章國郎中令楊（羊）晫，乃陶侃州里，「爲鄉論所歸」，不久後楊晫代溫雅爲江州大中正，關鍵因素之一可能是獲得鄉論支持。〔註 171〕因此，既然青州士人大力支持劉毅而向司徒推薦，想必其在青州有相當影響力與聲望，加上國家隆禮崇德，而劉毅兼具「純孝至素」與「著在鄉閭」兩項要件，故他們遂堅持前議，上奏向尚書臺力爭。

然而一般狀況，州大中正的任命多以「詔敕」直接任命的形式爲之。如潁川荀勖表讓豫州大中正時自稱「被敕以臣爲豫州大中正」，〔註 172〕表示州大中正是由皇帝敕授任用；復如西晉武帝時，李密推薦「具二州之望」的壽良繼文立爲梁益二州大中正，於是「帝徵爲黃門侍郎，兼二州都、給事中、梁州刺史」；〔註 173〕再如兩晉之際的華恆亦是由晉元帝直接任命「爲衛將軍，加散騎常侍、本州大中正」。〔註 174〕此爲州大中正任命的常態。不過，似乎也有特例，如胡毋輔之，似由司徒司馬越直接任命爲州大中正。〔註 175〕當時正值八王之亂，權在主政之王，故此處可能是史家記其實質而不記其任命形式。

〔註 169〕孫尹本籍樂安，亦屬青州士人，陳留相官品第五，官品五品以上者其鄉品很有可能已爲二品。關於鄉品與官職、官品之關係，請詳參本章第四節。

〔註 170〕不過，這裡有個附加問題，支持劉毅的名單中，光祿勳石鑒似爲青州二品已上的官僚之一，可是石鑒的本籍爲樂陵厭次，查《晉書・地理志上》，樂陵爲冀州所轄，而非青州。那麼石鑒若非青州二品已上官僚，爲何會在上疏名單之列？但石鑒於上疏當中既自稱「臣州」，是否曾一度改隸？尚有待進一步研究。請參《晉書》，卷 44，〈石鑒傳〉，頁 1265；卷 14，〈地理志上・冀州〉，頁 423。

〔註 171〕《晉書》，卷 66，〈陶侃傳〉，頁 1768；南朝宋・劉義慶撰，南朝梁・劉孝標注，余嘉錫箋疏，《世說新語箋疏》，下卷上，〈賢媛第十九〉引王隱《晉書》，頁 689～690。

〔註 172〕宋・李昉等，《太平御覽》，卷 265，〈職官部六三・中正〉引《荀勖集》，頁 1243。

〔註 173〕晉・常璩撰，任乃強校注，《華陽國志校補圖注》，卷 11，〈後賢傳〉，頁 648。

〔註 174〕《晉書》，卷 44，〈華恆傳〉，頁 1262。

〔註 175〕《晉書》，卷 49，〈胡毋輔之傳〉，頁 1380。

次敘郡國中正的任命程序。這部分的任命呈現較多元的型態，主要有若干。先條列五例如次，作爲討論的基礎。

例一：臨海任旭「立操清修，不染流俗，鄉曲推而愛之」，晉惠帝元康年間（291～299）「察孝廉，除郎中，州郡仍舉爲郡中正」。〔註176〕例二：隴西李含，僑居始平，雍州刺史郭奕素聞其賢，「舉秀才，薦之公府，自太保掾轉秦國郎中令。司徒選含領始平中正」。〔註177〕例三：渤海刁協「少好經籍，博聞強記，釋褐濮陽王文學，累轉太常博士、本郡大中正。」〔註178〕例四：隴西李含先後以太保掾、秦國郎中令領始平中正，「秦王柬薨，含依臺儀，葬訖除喪。尚書趙浚有內寵，疾含不事己，遂奏含不應除喪。本州大中正傅祗以名義貶含」。御史中丞傅咸便上表理含，其中曾言：「前以含有王喪，上爲差代。尚書敕王葬日在近，葬訖，含應攝職，不聽差代。葬訖，含猶躊躇，司徒屢罰訪問，踧含攝職，而隨擊之，此爲臺敕府符陷含於惡。」〔註179〕尚書因王葬日近，故敕令李含於秦王葬後攝職，不允許在此短期間內另派人差代。李含在葬後未攝職，故司徒催促他攝職。例五：燕國劉沈，世爲北州名族，「太保衛瓘辟爲掾，領本邑大中正。敦儒道，愛賢能，進霍原爲二品」。〔註180〕

上舉五例中，值得討論的是例一與例五。

例一中「州郡」舉任旭爲臨海郡中正，究竟這裡的「州郡」所指爲何？汪徵魯以爲「州郡」指的是本籍京官或地方長官，〔註181〕此說或有部分合理性。畢竟從前舉劉毅出任青州大中正一事來看，確實有司徒府符下鄉品二品的本籍京官薦舉人選之事例，當然郡中正的選任亦可能有類似狀況。但筆者以爲，魏初郡中正制時代，對於郡中正的選任，郡守國相握有主導權，因此魏初王嘉是由馮翊郡直接傳送公文，「移」爲郡中正。當然此一過程中，郡國守相極有可能會先徵詢本郡士大夫階層的意見，進行人選的評估並確立之。魏末，州大中正制與司徒府典選制陸續成立之後，中央對州大中正的任命確有主導權。但從劉毅之例來看，本籍京官所代表的「第三

〔註176〕《晉書》，卷94，〈隱逸傳・任旭傳〉，頁2438～2439。
〔註177〕《晉書》，卷60，〈李含傳〉，頁1641。
〔註178〕《晉書》，卷69，〈刁協傳〉，頁1842。
〔註179〕《晉書》，卷60，〈李含傳〉，頁1641～1642。
〔註180〕《晉書》，卷89，〈忠義・劉沈傳〉，頁2306。
〔註181〕汪徵魯，《魏晉南北朝選官體制研究》，頁313。

層鄉論」仍具有影響力。〔註 182〕將此例與王嘉之例綜合來看，可見州郡中正的選任仍與州郡士大夫階層輿論有密切關連。是以筆者以為，「鄉曲推而愛之」的任旭，可能是受到州郡士大夫階層輿論的支持，而由州郡長官聯名薦舉為郡中正。

至於例五，似乎衛瓘以太保之位任免中正；但事實上劉沈進霍原一事在元康中，〔註 183〕而衛瓘則在永平元年（291）誅楊駿之後已以太保錄尚書事，〔註 184〕故應是因其錄尚書事，才有權以劉沈領燕國大中正。

上述例一為州郡長官或本籍京官薦舉之例，例二為司徒府審核薦舉之例，例三狀況不明，例四與例五則為吏部代表皇帝敕授之例。綜合言之，郡國中正之選任程序可能是：司徒府符下該州郡徵詢意見，然後該州郡長官或本籍京官薦舉，再由司徒府審核，最後由吏部代表皇帝敕授。

（三）中正人選的基本條件

既然中正擁有清定九品、總齊清議之重要權力，那麼一般而言，中正有何基本特質或條件呢？縱使西晉劉毅批判中正評品制度時，以為州郡中正定九品「高下任意，榮辱在手」，而且「不精才實，務依黨利，不均稱尺，務隨愛憎」，簡言之就是「選中正而非其人」，〔註 185〕可是筆者稽諸史籍，仍發現若干選任中正的基本方針與原則，其一是清忠公亮的內在人格特質，其二是鄉品二品的外在身分條件。先論前者。東晉常璩《華陽國志》載晉惠帝時期犍為費立任職州大中正之經歷云：

以性公亮，為益州大中正，再任梁益寧三州都，兼尚書。每準正三

〔註 182〕筆者這裡是借用川勝義雄的鄉論重層結構理論來進行說明。此理論是在討論中正評品制度與鄉論的關係，川勝義雄認為中正評品制度就是「形成於民間的、具有多重結構之鄉論的產物，它的制定也是以這種鄉論為前提的」。鄉論重層結構理論中的結構序列與豪族官僚化、漢末名士清議有關。此說是根據不同鄉論主體（指主導輿論動向的人士）將鄉論分為三層，所謂的第一層鄉論為鄉、縣鄉論，將其擴展到郡則為第二層鄉論，第二層鄉論支持的「士」進入中央，便形成了第三層鄉論，也就是筆者所稱的以本籍京官為核心的輿論。請參考川勝義雄，《六朝貴族制社會の研究》（東京：岩波書店，1982）第 1 章與第 8 章。

〔註 183〕《晉書》，卷 94，〈隱逸・霍原傳〉，頁 2435。

〔註 184〕《晉書》，卷 36，〈衛瓘傳〉，頁 1059；卷 4，〈惠帝紀〉，「元康元年三月壬寅」條，頁 90。

〔註 185〕《晉書》，卷 45，〈劉毅傳〉，頁 1273、1274、1277。

> 州人物，品格褒貶，帥意方規，無復疏親，莫不畏敬。然委曲者多恨其繩墨。〔註186〕

引文明言費立被任命爲州大中正的原因，是「以性公亮」，但卻因「帥意方規」，故出現了「委曲者多恨其繩墨」的情形。此亦可見「清忠公亮」的官員爲人詬病者，在於自以爲公亮而卻帥意任情。總而言之，選拔中正時，「性公亮」的人格風範應是其中一項考量。類似情形，也可以在李密身上看到。《華陽國志》載晉武帝時期（265～290）犍爲李密任職州大中正之經歷云：

> 從尚書郎爲河內溫令，……而貴勢之家憚其公直。（李）宓去官，爲州大中正。性方亮，不曲意勢位者，失荀（勗）、張（華）指，左遷漢中太守。諸王多以爲冤。〔註187〕

當時荀勖、張華分任中書監、令，對於高層人士異動有其影響力，〔註188〕《晉書》本傳所言「常望內轉，而朝廷無援」或指此事。因此，李密從州大中正左遷爲漢中太守，恐怕與李密任溫令、州大中正期間，因「性方亮」而「不曲意勢位者」，有密切關連。〔註189〕

此外，前面曾提到的劉毅，因受司徒魏舒、青州二品以上官僚的支持而出任青州大中正，其任職中正期間，「銓正人流，清濁區別，其所彈貶，自親貴者始」。〔註190〕這裡的彈貶指的可能是中正行使降貶鄉品的職權，其目的正是「銓正人流，清濁區別」，以達臧善貶惡之效。以劉毅之個人特質，確實是擔任州郡中正的人才。因此筆者以爲，劉毅之所以受到青州士人層之擁戴，

〔註186〕晉・常璩撰，任乃強校注，《華陽國志校補圖注》，卷11，〈後賢傳〉，頁657～658。

〔註187〕然此段仕宦經歷，《晉書》所載稍有不同。《晉書》稱李密「有才能，常望內轉，而朝廷無援，乃遷漢中太守」。未審何者爲是？請分見晉・常璩撰，任乃強校注，《華陽國志校補圖注》，卷11，〈後賢傳〉，頁638；《晉書》，卷88，〈孝友傳・李密傳〉，頁2276。

〔註188〕就國家人事權而言，魏晉的中書監、令與東漢的尚書相類，因其與皇帝接觸機會頻繁，故對高層官僚的人事異動，具有一定程度的影響力，當初尚書侵奪三公選舉權的過程裡，對於「薦舉權」的滲透正是其中一環。但這並不是法定權力，僅是專制皇權破壞官僚體制的徵象。

〔註189〕這裡有個附加問題，這次的人事遷轉，常璩書爲「左遷」，魏晉以降，職官系統內重外輕的問題日益嚴重，由中央職調任外官常被視爲「左遷」，因此這裡似是將州大中正當作京官，爲正式官僚系統的一員。可是吾人均以爲中正乃受國家委任，應不屬於國家職官系統。不知常璩這種認知是否具有普遍性？此問題涉及中正之性質，有待進一步考察。

〔註190〕《晉書》，卷45，〈劉毅傳〉，頁1279。

不僅是因其「純孝至素」與「著在鄉閭」，其「方正亮直」的個人特質可能亦是個因素。這與前面費立、李密的例子相同，均可說明「清忠公亮」的內在人格特質，乃選任中正的基本條件之一。

綜上所論，家世並非選任中正的唯一標準，清忠公亮的個人特質或爲選任標準之一。然而，無可否認家世可能仍爲選任中正的重要條件，此現象最關鍵的標誌之一，正是以鄉品二品爲選任中正的標準。據王隱《晉書》所載：

> 解結問別駕、治中曰：「河北白壤高良，何故少人士，每以三品爲中正？」〔註 191〕

晉惠帝元康中，濟南解結初任豫州刺史時，詢問僚佐此事。從雙方對話語氣看來，西晉以來選任中正，總以鄉品二品爲基本條件。

然而二品標準與選任中正間本是「前因後果」關係，對於那些僅具才能而門寒身素者，中正的特殊身分卻反而成爲提升鄉品的關鍵，意即原本鄉品不及二品、甚至三品者，因爲擔任中正的關係，使得鄉品有所提升。西晉末年陶侃的例子最具代表性。孫盛《晉陽秋》載：

> （陶）侃父丹，娶新淦湛氏女，生侃。湛虔恭有智算，以陶氏貧賤，紡績以資給侃，使交結勝己。侃少爲尋陽吏，鄱陽孝廉范逵嘗過侃宿，時大雪，侃家無草，湛徹所臥薦剉給。陰截髮，賣以供調。逵聞之歎息。逵去，侃追送之。逵曰：「豈欲仕乎？」侃曰：「有仕郡意。」逵曰：「當相談致。」過廬江，向太守張夔稱之。召補吏，舉孝廉，除郎中。時豫章顧榮或責羊晫曰：「君奈何與小人同輿？」晫曰：「此寒俊也。」〔註 192〕

另外，王隱《晉書》則載：

> 侃母既截髮供客，聞者歎曰：「非此母不生此子。」乃進之於張夔。羊晫亦簡之。後晫爲十郡中正，舉侃爲鄱陽小中正，始得上品也。〔註 193〕

以引文所載陶侃身世之貧賤，仕進過程出身於尋陽縣吏，以及顧榮、羊晫間的對話來看，其家世屬於寒素當無疑，而以當時計資定品的普遍性來看，陶

〔註 191〕宋・李昉等，《太平御覽》，卷 37，〈地部二・壤〉引王隱《晉書》，頁 177。

〔註 192〕南朝宋・劉義慶撰，南朝梁・劉孝標注，余嘉錫箋疏，《世説新語箋疏》，下卷上，〈賢媛第十九〉引孫盛《晉陽秋》，頁 690。

〔註 193〕南朝宋・劉義慶撰，南朝梁・劉孝標注，余嘉錫箋疏，《世説新語箋疏》，下卷上，〈賢媛第十九〉引王隱《晉書》，頁 690。

侃最初當無鄉品二品甚至三品，但因受到江州大中正羊晫的器重，被薦舉爲鄱陽小中正，反而因此使其鄉品提升爲上品（三品甚至二品），〔註 194〕可見鄉品與選任中正間的關係，逆轉爲「前果後因」關係，而這種逆轉關係可能正是由「以鄉品二品爲選任中正的基本標準」發展而來。

二、州郡中正的基本職權

州郡中正的職權與前述司徒府職權相同，主要也是在主持並整齊所轄州郡之清議，更重要者當然是品第士人，例如荀勖辭讓豫州大中正時曾云州大中正之職掌，在「品藻人物，以正一州清論，此乃臧否之本，風俗所重」。〔註 195〕這種品第士人的工作，當時多以「清定」稱之。《三國志·譙周傳》云：「五年，予嘗爲本郡中正，清定事訖，求休還家，往與周別。」〔註 196〕「予」是陳壽自稱，陳壽於泰始五年（269）以著作郎領巴西郡中正，當時便將品第本郡士人一事稱作「清定」。又傅暢〈自序〉云：「時清定九品，以祖考歷代掌州鄉之論。」〔註 197〕北地傅氏在西晉曾有傅玄子傅咸、傅嘏子傅祗、傅祗子傅宣與傅暢等四人擔任中正的紀錄，故這裡傅暢稱「祖考歷代掌州鄉之論」，指的正是這種世爲中正的情形，而中正的工作正是以州鄉之論作爲清定九品的基礎。

州郡中正清定九品的工作，可能有三年一次的制度。《晉書·石季龍載記》載石虎下書語：「三載考績，黜陟幽明，斯則先王之令典，政道之通塞。魏始建九品之制，三年一清定之，雖未盡弘美，亦縉紳之清律，人倫之明鏡。從爾以來，遵用無改。」〔註 198〕根據此語的語氣判斷，清定九品的工作，自創制以來，便有三年一清定的制度。再者，劉毅〈九品八損議〉第六損曾言：「凡所以立品設狀者，求人才而論功報也。今於限當報，雖職之高，還附卑品，

〔註 194〕就現存可見史料而言，尚未見到鄉品一品，有人討論過這一問題，以爲鄉品一品可能是虛設，請見方北辰，〈釋九品中正制度之一品虛設問題〉，《許昌師專學報》，1989 年第 1 期（許昌），頁 51～52。

〔註 195〕宋·李昉等，《太平御覽》，卷 265，〈職官部六三·中正〉引《荀勖集》，頁 1243。

〔註 196〕《三國志》，卷 42，〈譙周傳〉，頁 1033。

〔註 197〕隋·虞世南，《北堂書鈔》，卷 73，〈設官部二十五·中正〉引傅暢〈自序〉，頁 321。

〔註 198〕《晉書》，卷 106，〈石季龍載記上〉，頁 2764。

無績於官，而獲高敘，是為抑功實而崇虛名也。損政之道六也。」〔註 199〕這裡的「於限當報」，指的可能正是中正受限於三年一清定的制度，於是不得不在規定期限之內對於現任官吏進行評品。此是常態性運作機制，從現有資料來看，士人之鄉品並非一評而定，三年一清定可能是士人鄉品升降的原因之一。茲舉數例說明之。如：《晉書・閻纘傳》載：「父卒，繼母不慈，纘恭事彌謹。而母疾之愈甚，乃誣纘盜父時金寶，訟于有司。遂被清議十餘年，纘無怨色，孝謹不怠。母後意解，更移中正，乃得復品。為太傅楊駿舍人，轉安復令。」〔註 200〕表示閻纘經多次限期之清定後，其被誣之惡評仍未被變更，在繼母出面澄清之後，然後乃得以「復品」。亦即表示在清議之前閻纘本有鄉品，遭清議後被「貶品」甚至「除品」，最後才得以恢復以前的鄉品，並且得以入仕。

此外，像是巴西陳壽、閻乂、犍為費立皆西州名士，「並被鄉閭所謗，清議十餘年」，幸賴時任梁、益二州中正的蜀郡何攀，「申明曲直，咸免冤濫」。〔註 201〕筆者推論，像這類事件可能與閻纘之例類似，即初因遭清議而降品，後由州郡中正平反，予以「復品」。筆者這番比附，所持理由有二：第一，據《通典・選舉二》所載：「於時雖風教頹失而無典制，然時有清議，尚能勸俗。陳壽居喪，使女奴丸藥，積年沈廢；郗詵篤孝，以假葬違常，降品一等。其為懲勸也如是。」〔註 202〕筆者以為，違反士人層之家禮規範的陳壽（此為陳壽第一次遭清議），恐怕也如郗詵一樣，同遭降品一等，否則如何能達到懲勸勵俗之效？第二，這可從之後三人隨即入仕的情形中獲得證實。以陳壽為例，《華陽國志》載陳壽「大同後察孝廉，為本郡中正」，〔註 203〕而《晉書・陳壽傳》則稱陳壽「舉為孝廉，除佐著作郎」，〔註 204〕綜此可知，陳壽可能是在晉武帝泰始五年（269）左右舉孝廉入洛，除佐著作郎，並領本郡中正。至於閻乂、費立二人，前者史籍無載，後者僅見於《華陽國志》，但其入仕過程中並無遭鄉里清議之記載。因此，筆者以為至少對陳壽而言，他之所以能入仕，正因其已由中正復品而取得入仕所需之鄉品。否則如陳壽本遭清議貶品之

〔註 199〕《晉書》，卷 45，〈劉毅傳〉，頁 1276。
〔註 200〕《晉書》，卷 48，〈閻纘傳〉，頁 1349～1350。
〔註 201〕《晉書》，卷 45，〈何攀傳〉，頁 1291。
〔註 202〕唐・杜佑，《通典》，卷 14，〈選舉二・歷代制中〉，頁 330。
〔註 203〕晉・常璩撰，任乃強校注，《華陽國志校補圖注》，卷 11，〈後賢傳〉，頁 634。
〔註 204〕《晉書》，卷 82，〈陳壽傳〉，頁 2137。

人，若未復品，則有何立場任本郡中正、清定九品？當然，陳壽後來在太康中「坐不以母歸葬」，再度遭貶議。《晉書》所言何攀爲陳壽申明曲直一事，當指陳壽第二次清議而言，而此次清議使陳壽「再致廢辱」，幸有同爲蜀國士人出身的何攀協助，故能再次恢復聲譽，予以復品，因而才能重新起家爲太子中庶子。〔註 205〕

因此，中正最重要的職權可總稱爲「清定九品」，原則上三年清定一次。綜合前論以及本章第二節關於人事資料的討論可知，中正清定九品乃先透過鄉論清議，蒐集士人具體言行，若無重大過失，再配合家世簿閥與品狀資料進行倫輩，最後再進行定品工作。因此，西晉以降，中正評品又習稱爲「付之鄉論」、「付之清議」，這也反映了既要使鄉論、清議「官方化」，又企圖保持中正評品制度某些本來特點的意圖。當士人違反名教禮法，鄉里士人層得主動進行清議，或者由中正主動召集主持。若符合事實，可進一步行使「貶品」之權，以資勸善懲惡，如兩晉之際華恆任青州大中正，「鄉人任讓輕薄無行，爲恆所黜」；〔註 206〕若重新調查後，與事實不符，中正可爲之平反，並進一步行使「復品」之權，如前面所舉的閻纘、陳壽、閻乂、費立等例。此外，清定九品的對象並不限於未入仕士人，亦包含現任官吏。舉例言之，張輔爲南陽中正時，「梁州刺史楊欣有姊喪，未經旬，車騎長史韓預強聘其女爲妻」，於是張輔乃「貶預以清風俗」，是以「論者稱之」；〔註 207〕又隴西李含以秦國郎中令領始平國中正，「秦王柬薨，含依臺儀，葬訖除喪。尚書趙浚有內寵，疾含不事己，遂奏含不應除喪」，於是「本州大中正傅祗以名義貶含」，而「中正龐騰便割含品」。〔註 208〕

〔註 205〕《晉書》，卷 82，〈陳壽傳〉，頁 2138。

〔註 206〕《晉書》，卷 44，〈華恆傳〉，頁 1263。

〔註 207〕《晉書》，卷 60，〈張輔傳〉，頁 1639。

〔註 208〕史書並未明言龐騰爲何地中正，宮川尚志以爲是雍州中正，吳慧蓮以爲是始平國大中正。筆者以爲，州級僅設州大中正一職，或簡稱州中正，傅祗已是雍州大中正，龐騰應非雍州中正；郡國或可能有大、小中正之別，但此編制恐非常制，若按正常情形來說，郡國一級僅設有郡國中正一職，李含已爲始平國中正，則龐騰應非始平國大中正。不過，李含本爲隴西人，筆者推測龐騰也有可能是隴西中正，本籍士人違禮，故有權行使貶品之權。可是查閱《晉書・地理志》，隴西郡的行政歸屬常有變動，其舊屬雍州，泰始五年秦州立，轉屬秦州，太康三年秦州并回雍州，太康七年以後秦州復置，再歸屬秦州，不知李含本籍隴西該以何時爲斷？屬於何州？清議案爲雍州大中正傅祗所提，不知是以僑居地始平國爲準，還是本籍隴西爲準？這兩個問題若能解決，

中正的總齊清議與清定九品工作是由司徒府進行督導。中正若有不法情事，如定品、升品、降品等不公允，主要由司徒府負責舉劾。如太康年間（280～289）摯虞「以定品違法，爲司徒所劾」。〔註209〕再如以舉寒素升品者，若未符合規定，亦會被司徒府駁反。《晉書・霍原傳》載劉沈舉霍原爲寒素，升爲二品一事：

及劉沈爲國大中正，元康中，進原爲二品，司徒不過，沈乃上表理之。詔下司徒參論，中書監張華令陳準奏爲上品，詔可。〔註210〕

《晉書・李重傳》復載此事：

時燕國中正劉沈舉霍原爲寒素，司徒府不從，沈又抗詣中書奏原，而中書復下司徒參論。司徒左長史荀組以爲：「寒素者，當謂門寒身素，無世祚之資。原爲列侯，顯佩金紫，先爲人間流通之事，晚乃務學，少長異業，年踰始立，草野之譽未洽，德禮無聞，不應寒素之目。」〔註211〕

司徒左長史荀組認爲舉寒素的標準爲門寒身素，但霍原從父祖輩襲得列侯之爵，「顯配金紫」，不符合察舉條件，故司徒府將此升品案駁回。由此可見，司徒府對於中正的升品評判擁有核定權。

另外，中正於清議後若欲行使降品之權，亦需通過司徒府審核通過，才能完成降品程序。前引《通典》載張輔貶降韓預鄉品一事，亦可見此職權行使的情況，今再引之以作比較：

晉南陽中正張輔言司徒府云：「故涼州刺史揚欣女，以九月二十日出赴姊喪殯，而欣息俊因喪後二十六日，強嫁妹與南陽韓氏，而韓就揚家共成婚姻。韓氏居妻喪，不顧禮義，三旬內成婚，傷化敗俗，非冠帶所行。下品二等，本品第二人，今爲第四。請正黃紙。」〔註212〕

龐騰究是始平國大中正或是隴西中正，或許便能迎刃而解。請見《晉書》，卷60，〈李含傳〉，頁1641；宮川尚志，《六朝史研究：政治・社會篇》，頁275；吳慧蓮，〈六朝時期的選任制度〉，頁74；《晉書》，卷14，〈地理志上〉，頁435。

〔註209〕史書並未明載摯虞曾任中正或司徒左長史、左西曹掾屬，但是「定品」既爲其主要職權，而且本案例亦是司徒出面奏劾，故摯虞可能在太康年間曾任中正，或是司徒左長史等職。請參見《晉書》，卷51，〈摯虞傳〉，頁1425。

〔註210〕《晉書》，卷94，〈隱逸傳・霍原傳〉，頁2435。

〔註211〕《晉書》，卷46，〈李重傳〉，頁1311。

〔註212〕唐・杜佑，《通典》，卷60，〈禮二十・沿革・嘉禮〉，頁1696。

南陽中正張輔認爲車騎長史韓預居喪未滿三旬便行嫁娶，違犯禮法，故上書司徒府，請准將韓預從二品貶爲四品。文中所謂「請正黃紙」，乃指更動典藏於司徒府之記載諸州郡士人評品狀語與鄉品的人事檔案，這就表示中正若要行使降品職權，在程序上須向司徒府報准，由司徒府進行審查，若屬實，則更動黃紙記錄，若有冤情，則再商議。

綜上所述，中正之定品、升品、降品等職權運作，並非全然如劉毅所言「無考校之負」、「無賞罰之防」。〔註213〕事實上，中正清定九品仍須受到司徒府的審核與督察，否則司徒府典選制豈不形同虛設？

三、清定、訪問與地方選舉系統之關係

司徒府中正系統的最基層角色，爲清定、訪問二職。史籍中對此二職的描寫不多，先以南朝的例子說明之。《南齊書・王諶傳》載：

> 明帝好圍棋，置圍棋州邑，以建安王休仁爲圍棋州都大中正，諶與太子右率沈勃、尚書水部郎庾珪之、彭城丞王抗四人爲小中正，朝請褚思莊、傅楚之爲清定訪問。〔註214〕

宋明帝好圍棋，仿中正評品制度，設置評價圍棋技藝高下的組織編制，其中最基層的角色便是清定、訪問，而在魏晉時期已有此二職的記載，其具體任務恐怕是協助州郡中正進行人事資訊的蒐集、初步整理並銓第品狀。如樂陵石鑒次子尠曾任樂陵國清定，〔註215〕依其職名判斷，其職可能在協助中正定品。至於訪問，前舉李含因「秦王柬薨，葬訖除喪」，遭雍州大中正傅祗舉劾，御史中丞傅咸理含表云：

> 且前以含有王喪，上爲差代。尚書敕王葬日在近，葬訖，含應攝職，不聽差代。葬訖，含猶躊躇，司徒屢罰訪問，趣含攝職，而隨擊之，此爲臺敕府符陷含於惡。〔註216〕

這裡的「司徒屢罰訪問，趣含攝職」，其意指司徒府令訪問催促李含復職（始平國中正）。這裡的訪問可能是始平國中正下的屬員，可見訪問實爲司徒府中

〔註213〕《晉書》，卷45，〈劉毅傳〉，頁1273、1275。

〔註214〕《南齊書》，卷34，〈王諶傳〉，頁616～617。

〔註215〕趙超，《漢魏南北朝墓誌彙編》（天津：天津古籍出版社，1992），〈晉故尚書征虜將軍幽州刺史城陽簡侯樂陵厭次都鄉清明里石尠墓誌〉，頁15。

〔註216〕《晉書》，卷60，〈李含傳〉，頁1642。

正系統最基層的職務。另據《晉書・孫楚傳》載訪問的日常職務云：

初，（孫）楚與同郡王濟友善，濟爲本州大中正，訪問銓邑人品狀，至楚，濟曰：「此人非卿所能目，吾自爲之。」及狀楚曰：「天下英博，亮拔不群。」〔註217〕

可見訪問一職平時職務正是銓定本邑士人的品狀。

司徒府中正系統與地方選舉系統間的關連，可從唐人柳芳的一段議論世族的談話中隱約看出。《新唐書・柳沖傳》載柳芳議論世族云：

魏氏立九品，置中正，尊世胄，卑寒士，權歸右姓已。其州大中正、主簿、郡中正、功曹，皆取著姓士族爲之，以定門胄，品藻人物。晉、宋因之，始尚姓已。然其別貴賤，分士庶，不可易也。〔註218〕

雖然本段文字在說明中正評品唯重家世閥閱之弊，但文中亦提到州主簿、郡功曹等地方政府僚佐典選時，亦有同樣的現象。當然這有可能是指辟召制度運作時，長官進行辟用屬吏前的資格審核，受到中正評品制度的滲透。〔註219〕不過，柳芳議論是以九品官人法的創設展開，且提到「品藻人物」此中正評品制度運作的基本特徵，是則此議論或旨在說明士族社會與中正評品制度的關係。鄙意以爲，從制度運作的角度來看，州郡地域分布廣，中正又居京師，雖有清定、訪問等協助考察，但要深入鄉里社會，或許和地方選舉系統合作，反而較爲有效、便捷，是以柳芳才會將「定門冑，品藻人物」視爲州郡中正與州主簿、郡功曹的共同職務。

此外，還有一種方式可間接證明筆者的推論。魏末西晉出現舉淹滯、舉寒素等察舉特科，前者則如魏咸熙二年（265）乙未令載：「令諸郡中正以六條舉淹滯：一曰忠恪匪躬，二曰孝敬盡禮，三曰友于兄弟，四曰潔身勞謙，五曰信義可復，六曰學以爲己。」〔註220〕後者則如前舉霍原之例，又如范喬、

〔註217〕《晉書》，卷56，〈孫楚傳〉，頁1543。

〔註218〕宋・歐陽修等撰，《新唐書》（臺北：鼎文書局，1994），卷199，〈儒學傳中・柳沖傳〉，頁5677。

〔註219〕地方政府長官有辟召屬吏之權，這種由官員個人自行辟召屬吏的選舉制度（即辟召制度），爲東漢以降選舉制度的傳統。東漢中後期以後，地方豪族對地方行政運作有極大影響，諸豪族多希望能出任郡功曹，可有效支配地方政府人事，縱使州郡長官有辟召權，但多半仰仗出身地方豪族的主簿、功曹。因此，州郡長官及州主簿、郡功曹等便成爲支配地方選舉系統的主要官吏。以郡爲例，太守握有授官權，太守與功曹可能均有審核權，但薦舉權則爲功曹掌握，因爲地方屬吏須用本地人，故由出身本郡豪族的功曹來提供人選。

〔註220〕《晉書》，卷3，〈武帝紀〉，「魏咸熙二年十一月乙未」條，頁50。

紀瞻、周顗、西郭湯、劉珩、吉謀等。〔註 221〕蓋魏末以後，中正評品制度逐漸成爲中央級官僚士族的政治工具，即有朝向封閉化發展的趨勢，此可能正是舉淹滯、舉寒素等察舉特科出現的背景因素之一。舉淹滯與舉寒素無疑是希望典選機關與國家官僚能不以官閥族姓、功勞資次，來舉用賢才。可是試想州刺史、郡國守相或者州郡中正如何取得這些人的資訊？既然這些人均非中央級官僚閥閱，那麼常居於京師的中正該如何取得資訊呢？最佳的管道之一可能就是鄉舉里選下的舊選舉機制。

東漢鄉舉里選的運作機制，最底層便是以縣級豪族或鄉里耆老爲中心的鄉論，而地方選舉系統正是透過此鄉論機制取得人事資訊。魏晉時期社會階層之間的隔閡還不至於像東晉南朝一般地僵固，和東漢相比，社會結構有本質上的類似性。既然有此社會結構本質的相似性，加上州郡中正本具有銜接中央與地方人事資訊管道的特質，若說其與地方選舉系統毫無關係，恐怕不甚合理。因此，西晉以來，舉寒素、舉淹滯等察舉特科之所以有實施的可能，應與清定、訪問與地方選舉系統間的人事資訊流通有密切關連。

因此，筆者大膽推論，司徒府中正系統的制度運作程序可能是：各郡功曹負責初步考評之前置作業；郡中正透過清定、訪問與郡功曹形成聯繫管道，進行初步評品，得出品狀，將資料送至州大中正處；州大中正再彙整諸郡中正的品狀與州主簿的日常考課資料，進行比對研判與覆核，並配合家世簿閥，進行倫輩，以初步擬定鄉品，再送往司徒府；司徒、司徒左長史針對諸州中正所呈送的資料進行最後的審查，確認最後的鄉品。司徒府決定最後之鄉品後，書於黃紙，正本留存府中，另將副本送往吏部尚書，作爲銓敘任官的參考資料；其間有不當者，吏部尚書似亦得先發還再評議。

第四節　中正評品制度的運作機制

本節主要探討中正評品制度的運作機制。從第四章第三節的討論可知，中正評品有三年一清定的制度，其對象若爲未入仕之士人，則中正評品所發揮的是資格審查機制，其對象若是現任官吏，此時中正評品制度所發揮的恐

〔註 221〕請分見《晉書》，卷 94，〈隱逸傳・范喬傳〉，頁 2433；卷 68，〈紀瞻傳〉，頁 1819；南朝宋・劉義慶撰，南朝梁・劉孝標注，余嘉錫箋疏，《世説新語箋疏》，上卷上，〈言語第二〉引孫盛《晉陽秋》，頁 92；《晉書》，卷 46，〈李重傳〉，頁 1311。

怕就不是單純的資格審查機制，而是帶有賞罰黜陟色彩的準考課機制。本節將分析八個實例，針對入仕前後，鄉品與官職、官品之關係，說明中正評品制度具有資格審查與準考課兩種機制，並探討此二機制對士人仕進的作用方式。

一、鄉品與授任官職、官品關係之實例考察

關於中正評品制度的運作機制，姑且先不論其如何運作，但有一段記載頗能反映此制度對那些汲汲於官場利祿之士子的重要性。西晉傅暢《晉諸公讚》云：

> 傅宣定九品未訖，劉疇代之，悉改宣法。於是人人望品，求者奔競。〔註 222〕

這裡所言傅宣定九品一事，綜合傅暢〈自序〉、《晉書・傅宣傳》、《晉書・劉隗傳》研判，可知此事最有可能發生於晉懷帝永嘉中（307～312），當時傅宣從雍州大中正卸任，或是已亡故，無人繼傅宣任雍州大中正，但清定之事未迄，故由司徒左長史劉疇代爲完成。〔註 223〕當時正值「八王之亂」後不久，

〔註 222〕南朝梁・蕭統編，唐・李善注，《文選》，卷 46，〈任彥昇王文憲集序〉注引傅暢《晉諸公讚》，頁 2080。又此書《晉書》作《晉諸公敘讚》。見《晉書》，卷 47，〈傅暢傳〉，頁 1333。

〔註 223〕關於此事，程炎震以爲「疇之代宣，《晉書》略之」，觀此語似以爲劉疇以司徒左長史兼任雍州大中正，但劉疇本籍爲徐州彭城，不可能兼任雍州大中正。又張旭華則認爲西晉末年傅宣曾爲司徒西曹掾，劉疇亦曾任司徒左長史，故傅宣定品之時，很可能就是他擔任西曹掾之時，後來定品的工作爲劉疇所接替。但是此說亦有問題。《晉書・劉隗傳》云：「隗伯父訥，字令言。子疇，永嘉中位至司徒左長史，尋爲閻鼎所殺。」可見劉疇代宣定九品一事當發生在永嘉中。而《晉書・傅宣傳》所載傅宣仕官經歷爲：「趙王倫以爲相國掾、尚書郎、太子中舍人，遷司徒西曹掾。去職，累遷爲祕書丞、驃騎從事中郎。惠帝至自長安，以宣爲左丞，不就，遷黃門郎。懷帝即位，轉吏部郎，又爲御史中丞。卒年四十九。」從這裡可知傅宣任司徒西曹掾的時間可能在惠帝復辟之後，懷帝即位之前，故可知張氏之說有誤。又傅暢〈自序〉嘗云：「兄宣年三十五立爲州都。」按京官兼領州大中正之一般情形論之，傅宣至早是以趙王倫相國掾領州大中正，時爲永康元年（300），又宣享年四十九，則亡年爲晉愍帝建興二年（314），而傅宣事蹟在愍帝之後無聞，可見傅宣可能亦亡於永嘉之亂後不久。因此，筆者以爲最有可能是傅宣自三十五歲始便領雍州大中正，至永嘉中因某種因素卸任，或者可能永嘉五年時歿於永嘉之亂中，但不管如何，劉疇代傅宣定九品一事當是在永嘉中。請分見南朝宋・劉義慶撰，南朝梁・劉孝標注，余嘉錫箋疏，《世說新語箋疏》，中卷下，〈賞譽第八〉

社會秩序混亂，民間元氣凋敝，流民問題更持續擴大，「雍州以東，人多飢乏，更相鬻賣，奔迸流移，不可勝數」，〔註224〕而外族問題亦然，北方諸外族大規模起兵反晉，劉淵、石勒軍隊甚至威脅京師，西晉政權岌岌可危。在這國家危急存亡之秋，那些汲汲於功名利祿的士人，在得知劉疇代傅宣清定九品並「悉改宣法」之後，竟然還出現「人人望品，求者奔競」的荒謬景象，由此便可深刻瞭解到在那些謀取官職的士人心中，中正評品所具有的關鍵地位。這種「世多進趣，廉遜道闕」的爭競士風，在晉初已然，故劉寔乃作〈崇讓論〉批判之。〔註225〕如此，已可略窺鄉品與官職、官品之間，當存有相當程度的密切關係。

然而實際情形又是如何？以下將以初仕與遷轉經歷較清楚且有明確鄉品等第記錄的若干實例，分別從未入仕者及已入仕的現任官吏這兩個角度，探討鄉品與官職、官品之關係，以進一步說明中正評品制度的運作機制，〔註226〕並兼及其他與選舉制度相關的問題。但需先說明者，像是地方政府、諸王府、軍府中由長官自行辟召的屬吏，多數未列入正式品官，故以下討論之例子，均以當事人所出任的首任正式品官爲其起家官，而正式品官則以《通典》所載《魏官品令》與《晉官品令》中所列官職爲基準，時間則以入仕時間爲基準，討論魏西晉時期的鄉品與官職、官品之關係。

（一）劉卞之例

據《晉書・劉卞傳》載劉卞家世與仕宦經歷云：

箋疏引程炎震語，頁442～443；張旭華，〈略論兩晉時期的司徒府典選〉，頁13；《晉書》，卷69，〈劉隗傳〉，頁1841；隋・虞世南，《北堂書鈔》，卷73，〈設官部二十五・中正〉引傅暢〈自序〉，頁321。

〔註224〕《晉書》，卷26，〈食貨志〉，頁791。

〔註225〕《晉書》，卷41，〈劉寔傳〉，頁1191。

〔註226〕這部分關於鄉品與官職、官品之關係的討論，雖是用來說明中正評品制度的運作機制，但是對於其他入仕途徑而言仍具有效性。魏晉選舉制度的整體性正是通過九品官人法中鄉品與官職、官品的對應關係而成立。魏晉仕進制度存在平行運作的不同入仕途徑，但是無論循何種途徑入仕，在取得入仕資格的同時，均依據各途徑基本考核後的優劣次序，將入仕資格予以九品等第化，這就是資格等第，鄉品可說是這種資格等第的存在形式之一，而初仕官的授與便是依據資格等第決定出適當的除授官職，再配合當時官缺情形以及個人特質，決定最後的官職。而制度運作之初，當然不會有固定運作模式，但是魏末以後整體官僚體制與選舉制度運作漸趨穩定成熟，便會形成若干銓選初仕官職的原則與慣例。因此，這裡的實例多是西晉時期的例子，或與此有若干關連。

劉卞字叔龍，東平須昌人也。本兵家子，質直少言。少爲縣小吏，功曹夜醉如廁，使卞執燭，不從，功曹銜之，以他事補亭子。……卞後從令至洛，得入太學，試經爲臺四品吏。訪問令寫黃紙一鹿車，卞曰：「劉卞非爲人寫黃紙者也。」訪問知怒，言於中正，退爲尚書令史。或謂卞曰：「君才簡略，堪大不堪小，不如作守舍人。」卞從其言。後爲吏部令史，遷齊王攸司空主簿，轉太常丞、司徒左西曹掾、尚書郎，所歷皆稱職。〔註227〕

又王隱《晉書・寒儁・劉卞傳》亦載：

劉卞爲四品吏，訪問推一鹿車黃紙令卞寫書。卞語訪問：「劉卞非爲人寫黃紙也。」訪問按卞罪下品二等。補左人尚書令史。〔註228〕

劉卞本爲「兵家子」，自三國至西晉太康年間，還存在嚴格的士家制度，兵士之家被視爲低賤的特殊階級，〔註229〕其少能爲縣小吏，可能是因爲劉家有二、三丁，按晉戶調式，兵家需有一丁入行伍，其長兄被發調爲兵，劉卞自然還有機會在縣府充當縣小吏。劉卞後爲須昌縣令賞識，入洛試經及格，分發爲臺四品吏。由此可知，太學試經乃取得入仕資格的途徑之一。又，《宋書・禮志》載泰始八年（272）有司上奏云：「太學生七千餘人，才任四品，聽留」。〔註230〕可見太學試經制度所重者爲士人才學，故言「才任四品，聽留」。

後來劉卞因得罪訪問，被貶爲六品，而補左人尚書令史。據《宋書・百官志》，西晉太康中尚書臺六尚書中有左民尚書，三十五曹中有左民曹，故這裡的「左人」即爲「左民」異稱，而以「左民」爲確。〔註231〕

按《晉官品》所載，尚書臺官職可分爲四級，尚書令、僕、尚書爲三品，尚書丞、郎爲六品，尚書典事爲七品，尚書令史則有八品與九品之別，〔註232〕故可知上述所謂四品、六品應指鄉品，而且所謂尚書臺若干品吏，當均指尚書令史而言。但是究竟哪些曹屬的令史爲官品第八，哪些爲官品第九，實難

〔註227〕《晉書》，卷36，〈張華傳附劉卞傳〉，頁1078。

〔註228〕唐・徐堅，《初學記》，卷21，引王隱《晉書》。

〔註229〕士家制度本乃形成於漢魏之際，乃因統治者需要大量固定的民力來源，以因應軍國時期所需，且其與屯田制有密切關係。而屯田制在魏末已廢止，又西晉太康以前僅剩吳國政權殘存，那時士家制度恐怕早已鬆動。關於士家制度的研究，請參唐長孺，〈晉書趙至傳中所見的曹魏士家制度〉，收入氏著，《魏晉南北朝史論叢》（北京：三聯書店，1955），頁30～36。

〔註230〕《宋書》，卷14，〈禮志一〉，頁356。

〔註231〕《宋書》，卷39，〈百官志上〉，頁1235～1236。

〔註232〕唐・杜佑，《通典》，卷37，〈秩品二・晉官品〉，頁1003～1006。

判斷。不過東漢三公府掌管人事的東、西曹掾祿秩爲四百石，均高於其他曹掾，可知主管人事部門的位階當最高，故可推知吏部尚書位階高於其他尚書，而吏部尚書令史當屬於官品第八的尚書令史，餘曹令史官品仍難斷定。因此可推斷，劉卞最初本可爲尚書臺四品吏，可能就是指官品八品的吏部尚書令史之類的重要曹屬令史，〔註 233〕但隨即因得罪訪問，而被中正貶爲鄉品六品，吏部亦將之黜退爲左民尚書令史，可知吏部尚書令史常以鄉品四品人士擔任，故稱之臺四品吏。至於左民尚書令史常以鄉品六品人士擔任，當然可稱此類職務爲臺六品吏。那麼這種臺六品吏的官品爲何？宮川尙志、矢野主稅等人將左民尚書令史視爲官品八品，未審其所據爲何？〔註 234〕筆者以爲，既然劉卞鄉品遭貶黜，則應當反映在官職位階高低，〔註 235〕甚至官品高低上，但既然諸曹尚書令史有八品與九品的官品高低之別，而非同品中階次高低之別，想當然爾，劉卞後任之左民尚書令史當爲官品九品，否則如何達到貶黜懲戒之效？因此，筆者較能接受目前主流看法，以爲左民尚書令史爲官品九品。〔註 236〕綜上所論，可知吏部尚書令史（官品第八）常用鄉品四品者，餘曹尚書令史（官品第九）常用鄉品六品者。

（二）舉寒素之例

晉武帝太康以後，曾有二次察舉寒素詔書。第一次是太康九年（288）正

〔註 233〕閻步克以爲，這裡的臺四品吏是指尚書主譜令史，這是因爲訪問要求劉卞書寫的黃紙是指士人鄉品之冊，與譜牒性質相近，故以主譜令史掌之。鄙意以爲，此說雖有部分合理性，但鄉品相關簿冊應由司徒府中正系統掌管，爲何會由尚書系統主管？退一步說，即便這裡的黃紙是指藏於尚書臺但來自司徒府的人事資料之副本，故由尚書主譜令史掌管，但卻無法解釋爲何是中正系統的訪問而非尚書郎等尚書臺官員來催促尚書主譜令史來書寫黃紙，故此說仍待進一步的檢證。此說請見閻步克，《察舉制度變遷史稿》，頁 144～145。

〔註 234〕請分見宮川尚志，《六朝史研究：政治・社會篇》，頁 274；矢野主稅，〈魏晉中正制の性格について一考察——鄉品と起家官品の對應を手掛りとして——〉，頁 41。

〔註 235〕以尚書臺諸官吏爲例，據《通典・晉官品》所載，尚書令、僕射及尚書爲第三品，尚書左右丞與尚書郎爲第六品，尚書典事爲第七品，尚書治書主書主圖主譜令史爲第八品，尚書令史爲第九品。而同官品下，亦有階次高低之分，如尚書令、僕射之階次高於同品的尚書。這種階次高低亦反映在官吏遷轉當中。請參見唐・杜佑，《通典》，卷 37，〈秩品二・晉官品〉，頁 1003～1006。

〔註 236〕請分見吳慧蓮，〈六朝時期的選任制度〉，頁 207；胡寶國，〈九品中正制雜考〉，《文史》，第 36 輯（1992，北京），頁 290；陳長琦，〈魏晉南朝的資品與官品〉，《歷史研究》，1990 年第 6 期（北京），頁 49。

月，詔「令內外群官舉清能，拔寒素」。第二次是晉惠帝元康中，「詔求廉讓沖退履道寒素者，不計資，以參選敘」。其中以元康年間（291～299）的舉寒素較具規模。《晉書・范喬傳》載此事云：

> 元康中，詔求廉讓沖退履道寒素者，不計資，以參選敘。尚書郎王琨乃薦（范）喬……時張華領司徒，天下所舉凡十七人，於喬特發優論。又吏部郎郗隆亦思求海內幽遁之士，喬供養衡門，至於白首，於是除樂安令。辭疾不拜。〔註 237〕

此次舉寒素一事，由張華來發佈最後的察舉名單，且《晉書》以張華所領司徒來記載，而不直接使用張華本官記載，〔註 238〕故可推知舉寒素與中正評品制度有所關連。

關於舉寒素與中正評品制度的關係，有兩段史料可供考察。《晉書・霍原傳》載：

> 霍原字休明，燕國廣陽人也。……原山居積年，門徒百數，燕王月致羊酒。及劉沈爲（燕）國大中正，元康中，進原爲二品，司徒不過，沈乃上表理之。詔下司徒參論，中書監張華令陳準奏爲上品，詔可。〔註 239〕

而《晉書・李重傳》則有更詳細記載：

〔註 237〕《晉書》，卷 94，〈隱逸傳・范喬傳〉，頁 2432。

〔註 238〕但是據《晉書・張華傳》、《晉書・武帝紀》、《晉書・惠帝紀》等所見與張華仕途有關之記載，張華是於楚王瑋被誅後任侍中、領中書監，時在元康元年（291），而在元康六年（296）代已薨之下邳王晃出任司空，並領著作，均不見有張華領司徒一事。另據《晉書・王渾傳》所載，王渾自太熙初（290）遷司徒並卒於任內（元康七年薨），故此期間應是王渾任司徒。故若是必由司徒府舉寒素，那爲何王渾自己不舉寒素呢？當然吾人可以從王渾與張華兩人出身的差異來解釋，前者出身上層士族太原晉陽王氏（渾父昶仕至魏司空），後者出身下層士族（華父平仕至魏漁陽郡守），家世差異影響兩人對人才舉用的觀點與立場。但是這種解釋缺乏有效證據來證成此一邏輯關係。然筆者以爲這或與當時兩人在朝的實權、威望有關。王渾任司徒後，「聲望日減」，而張華於太康年間（280～289）即名重一時，眾所推服，甚至朝議已有徵華入相的想法，而於賈后干政期間，因其「儒雅有籌略，爲重望所依」，故被委以朝政。由此可見，元康年間，王渾雖位居司徒，但其實權聲望均不及張華，故由張華領司徒一事確有可能。但是更合理的解釋是張華可能是在元康七年前後兩任司徒（王渾、王戎）的職務移轉期間，以司空的身分兼領司徒。請分見《晉書》，卷 3，〈武帝紀〉，「太康三年正月甲午」條，頁 73；卷 4，〈惠帝紀〉，「元康六年正月」條，頁 93；卷 36，〈張華傳〉，頁 1068～1072；卷 42，〈王渾傳〉，頁 1204～1205。

〔註 239〕《晉書》，卷 94，〈隱逸傳・霍原傳〉，頁 2435。

> （李重）遷尚書吏部郎，……拔用北海西郭湯、琅邪劉珩、燕國霍原、馮翊吉謀等爲祕書郎及諸王文學，故海內莫不歸心。時燕國中正劉沈舉霍原爲寒素，司徒府不從，沈又抗詣中書奏原，而中書復下司徒參論。司徒左長史荀組以爲：「寒素者，當謂門寒身素，無世祚之資。原爲列侯，顯佩金紫，先爲人間流通之事，晚乃務學，少長異業，年踰始立，草野之譽未洽，德禮無聞，不應寒素之目。」重奏曰：「案如癸酉詔書，廉讓宜崇，浮競宜黜。其有履謙寒素靖恭求己者，應有以先之。如詔書之旨，以二品繫資，或失廉退之士，故開寒素以明尚德之舉。……如詔書所求之旨，應爲二品。」詔從之。〔註 240〕

綜合這兩段史料可知，第一，尚書吏部郎李重反駁司徒左長史荀組所徵引之〈癸酉詔書〉，應是前引元康中舉寒素詔書。因爲就時間上而言，〈癸酉詔書〉的時間，當在「劉沈舉霍原爲寒素」一事前不久；而劉沈進霍原爲二品一事亦在元康中，兩者時間大致吻合。再就詔書內容的旨趣來看，當時之所以舉寒素的目的在於避免因爲「門寒身素」、個人入仕意願不高，或者其性格上的特質〔註 241〕等因素，而使得那些「履謙寒素靖恭求己者」被排除在官僚的選敘行列之外，故乃開寒素，以明「尚德之舉」及「崇廉讓、黜浮競」之旨。故吾人可以證明〈癸酉詔書〉應是前引元康中舉寒素的詔書。

第二，關於舉寒素特科之程序，是先由州郡中正推薦，司徒府根據〈癸酉詔書〉的條件來審核被察舉人的資格。若無問題，則通過中正所舉。若有問題，則否決中正所舉。當被司徒府否決時，原薦舉人可經中書向皇帝上訴，由中書省下詔司徒府出面說明並再議，吏部亦得參議。

第三，被中正舉爲寒素者，其品狀由司徒府審核通過後，由吏部依鄉品銓敘任官。霍原以外諸人，似皆經此程序順利任官。以霍原爲例，舉寒素後鄉品進爲二品，吏部依此銓敘，授以祕書郎或諸王文學。可知祕書郎與諸王文學常以鄉品二品者任之。〔註 242〕

〔註 240〕《晉書》，卷 46，〈李重傳〉，頁 1311～1312。

〔註 241〕如：崇尚清靜儉樸的生活，不願乘世俗浮華之風，競州里鄉曲之虛名等個人特質。

〔註 242〕祕書郎，晉官品第六；諸王文學，晉官品不明，魏官品第七，宋官品第六。

（三）舉孝廉之例

既然通過舉寒素可獲得鄉品二品，那麼舊歲舉科目孝廉的情形又是如何？現今可見的直接事例大概僅有趙穆一例。《北堂書鈔・政術部・薦賢》引《趙穆別傳》云：

> 汲郡趙君平，年三十七，四薦之宰府，不就。元康二年，太守羊伊以爲四科之貢，宜盡國美，遂扶弃激喻，以光榮舉。君才門寒素，奏充詔書，宜進品三。〔註 243〕

又《初學記・薦舉》引《趙穆別傳》云：

> 元康三年，太守羊伊以爲四科之貢，宜盡國美，遂扶弃激喻，以光歲舉。〔註 244〕

按趙穆爲太守羊伊所舉，可知二引文中的「四科之貢」，指的是東漢的察舉四科，而非辟召四科。郡舉孝廉、州舉秀才，爲東漢察舉舊制，配合《初學記》所引「以光歲舉」，可知趙穆當是應孝廉四科之舉。而從《北堂書鈔》所引「宜進品三」，可知舉孝廉與「宜進品三」有關。大概是指趙穆家世寒素，舉孝廉之前未有鄉品，或者鄉品不及三品，後爲了「以光歲舉」，故太守羊伊才舉趙穆爲孝廉，使鄉品進爲三品。由此可知，舉孝廉通過後，可得鄉品三品。

除趙穆外，王遜一例爲間接事例。《晉書・王遜傳》載王遜仕進初期情形云：

> 王遜字邵伯，魏興人也。仕郡察孝廉，爲吏部令史。〔註 245〕

王遜察孝廉後，任吏部令史。根據例一劉卞之例可知，吏部令史常用鄉品四品者，故可知舉孝廉後，可得鄉品四品。又王遜是在舉孝廉後，才始仕爲朝廷敕授官，故可知舉孝廉爲取得入仕資格的途徑之一。

綜合趙穆與王遜之例，可知舉孝廉後可得鄉品三品至四品。

（四）鄧攸之例

據《晉書・鄧攸傳》載鄧攸仕宦經歷：

> 鄧攸字伯道，平陽襄陵人也。……初，祖父殷有賜官，敕攸受之。後太守勸攸去王官，欲舉爲孝廉，攸曰：「先人所賜，不可改也。」

〔註 243〕隋・虞世南，《北堂書鈔》，卷 33，〈政術部七・薦賢十八〉引《趙穆別傳》，頁 119。

〔註 244〕唐・徐堅，《初學記》，卷 20，〈薦舉〉引《趙穆別傳》。

〔註 245〕《晉書》，卷 81，〈王遜傳〉，頁 2109。

嘗詣鎮軍賈混，……混奇之，以女妻焉。舉灼然二品，爲吳王文學，歷太子洗馬、東海王越參軍。〔註 246〕

按平陽太守勸鄧攸所去之「王官」，當是指先前的「賜官」。魏晉時期皇帝爲獎賞或褒揚臣子，常會對其子弟進行「賜官」，所賜之官通常是郎官，如魏正始中，潁川鍾會「以賜官郎中爲秘書郎」，潁川荀顗「以父勳除中郎」，〔註 247〕可知鍾會與荀顗乃各因父鍾繇、父荀彧爲開國元勳功臣，故最初便分別賜官郎中、中郎。魏晉郎官通常指三署郎當中的散郎，包括中郎、郎中，爲漢代三署郎制度之遺制。〔註 248〕其職冗散，坐食百姓，故西晉泰始初傅玄乃上疏陳「王人賜官冗散無事」之弊，重申皇甫陶「令賜拜散官皆課使親耕」之議。〔註 249〕正因散郎僅具褒獎優寵性質，根本很難有所作爲，故平陽太守才會勸鄧攸去王官。後來鄧攸被舉爲灼然二品，遂爲吳王文學，故可知鄧攸因獲得鄉品二品，才任職吳王文學。由此可推，鄧攸在舉灼然之前，其原有鄉品當低於二品。〔註 250〕此例與例二同，說明諸王文學常以鄉品二品任之。

至於鄧攸原有鄉品可能爲幾品？筆者以爲，平陽太守之所以勸鄧攸去王官，舉孝廉，表示舉孝廉後可得較高鄉品，有利於將來之仕進。據例三舉孝廉之例，舉孝廉後至少可得鄉品四品，故可知鄧攸原有鄉品當不及四品。此外，張軌之例或可提供若干線索。據《晉書・張軌傳》載張軌仕宦初期經歷云：

泰始初，受叔父錫官五品。中書監張華與軌論經義及政事損益，甚

〔註 246〕《晉書》，卷 90，〈良吏傳・鄧攸傳〉，頁 2338。

〔註 247〕宋・李昉等，《太平御覽》，卷 233，〈職官部三一・秘書郎〉，頁 1108；《晉書》，卷 39，〈荀顗傳〉，頁 1150。

〔註 248〕魏晉散郎的性質，可參見閻步克，《察舉制度變遷史稿》，頁 145～150。

〔註 249〕《晉書》，卷 47，〈傅玄傳〉，頁 1318～1319。

〔註 250〕不過，唐長孺以爲「灼然二品一科，乃是從二品中選擇優異應舉」，表示舉灼然以前，應舉者當已有鄉品二品，閻步克、汪徵魯均有類似看法。然據筆者在本文中的討論，鄧攸在賜官後得到鄉品五品，在其舉灼然以前，似無取得鄉品二品的機會。當然有人會認爲，或可因中正三年一清定而取得鄉品二品。筆者以爲，以鄧攸在鄉之孝行研判，或有可能取得鄉品二品，若是如此，那爲何太守還欲舉他爲孝廉，以利仕進？畢竟孝廉最多僅能取得鄉品三品，透過中正評品不是更佳？筆者以爲，這或許是因爲鄧攸當時所處時代已是惠帝晚年，計資定品問題極爲嚴重，太守研判要通過中正評品取得鄉品二品恐怕不易，倒不如直接舉孝廉，還較務實些。故應灼然二品之舉，可能不見得要有鄉品二品才能應舉。請見唐長孺，〈九品中正制度試釋〉，頁 111；閻步克，《察舉制度變遷史稿》，頁 168；汪徵魯，《魏晉南北朝選官體制研究》，頁 370。

器之，謂安定中正爲蔽善抑才，乃美爲之談，以爲二品之精。衛將軍楊珧辟爲掾，除太子舍人。〔註 251〕

從張華語氣來看，張軌的才學應爲二品之精，故張軌原本鄉品應不及二品。張軌原本鄉品不及二品，不太可能初仕即任官品五品之官；而且賜官與錫官在官僚政治中的作用相似，魏晉賜官制度例授中郎、郎中，二職俱爲官品第八，〔註 252〕也不太可能因錫官而任官品五品之官。故可推知，「錫官五品」的「五品」，應是指鄉品五品。綜合來看，鄧攸舉灼然前，鄉品不及四品，其在獲得賜官時，可能是得到鄉品五品左右之等級。由此亦可推，賜官（錫官）乃取得任官資格的途徑之一，鄉品五品者亦得任中郎、郎中。〔註 253〕

（五）山簡之例

據《北堂書鈔・設官部・從事中郎》山簡不拘品位條引〈鎮東大將軍司馬伷表〉云：

從事中郎缺，用第二品。中散大夫河內山簡，清精履正，才識通濟，品儀第三也。〔註 254〕

按《晉官品》，鎮東大將軍官品第二，鎮東大將軍從事中郎官品不詳，而《魏官品令》將四征四鎮將軍從事中郎與上佐長史、司馬同列爲官品第六，故晉四征四鎮將軍從事中郎可能仍爲官品第六。至於中散大夫，爲官品第七。由此條史料可知，縱使從事中郎爲將軍府屬吏，但因府主品秩極高，且從事中郎在府中地位又高，故至西晉，中央諸公府及二品將軍、都督府從事中郎之任用，府主雖有辟召權，但可能仍須表請中央核准，最後再由府主任命。山簡此時可能僅有鄉品三品，仕爲中散大夫（官品第七），後爲鎮東大將軍司馬伷賞識，有意任命爲原本常用鄉品二品的從事中郎，故乃表請朝廷，希望能破格錄用。由此可知，諸公府與二品將軍、都督府從事中郎（官品第六）常用鄉品二品者。

〔註 251〕《晉書》，卷 86，〈張軌傳〉，頁 2221。

〔註 252〕唐・杜佑，《通典》卷三十七〈秩品二・晉官品〉，頁 1006。

〔註 253〕關於賜官（錫官）入仕制度，將於日後做較完整的討論。

〔註 254〕多數學者引用此條史料時，第一句多引作「從事中郎缺，用第三品」。細觀本條後案語所記：「今案，陳、俞本伷誤袖，二品作三品，粹作精，第三作第二。」此案語所言有理。因爲本條內容爲「山簡不拘品位」，恐怕意思是指鎮東大將軍司馬伷欲使山簡以鄉品三品擔任常用鄉品二品的從事中郎，故此條曰「不拘品位」。可見明海虞陳禹謨萬曆校本，以及東吳俞羨長萬曆校本，二本多所竄刪。請見隋・虞世南，《北堂書鈔》，卷 68，〈設官部二十・從事中郎一百三十六〉引〈鎮東大將軍司馬伷表〉，頁 299。

可能有人會質疑，山簡爲山濤之子，山濤官至司徒，此時「計資定品」問題日趨嚴重，其子山簡怎會僅有鄉品三品，應當爲鄉品二品，而且《晉書》本傳載山簡初仕爲太子舍人，這與當時太子舍人爲清顯官常用鄉品二品者的情形完全吻合。筆者認爲，此一說法頗値商榷。《晉書・山簡傳》載山簡早年仕宦經歷云：

> 簡字季倫。……年二十餘，濤不之知也。簡歎曰：「吾年幾三十，而不爲家公所知！」……初爲太子舍人，累遷太子庶子、黃門郎，出爲青州刺史。……年六十卒。〔註 255〕

查《晉書・懷帝紀》，山簡卒於永嘉六年（312）。〔註 256〕從引文中可知山簡在三十歲左右尚未入仕，時爲太康三年（282）左右。那麼鎭東大將軍司馬伷表用山簡爲從事中郎的時間可能爲何？據《晉書・武帝紀》、《晉書・宣五王・琅邪王伷傳》所載，司馬伷於泰始五年（269）出爲鎭東大將軍，至太康三年（282）進拜爲大將軍，〔註 257〕可見表用山簡一事最有可能發生在泰始末、咸寧之際，但若依《晉書・山簡傳》所載，則此時期山簡似未入仕，筆者懷疑《晉書》有漏載之嫌。因此，山簡當在任太子舍人之前，可能先任中散大夫，泰始、咸寧之際再爲司馬伷表用爲鎭東大將軍從事中郎。

又魏晉太中、中散、諫議三大夫均屬散職，秩六百石，官品第七，無員，無實際職任，〔註 258〕可能與議郎、中郎、郎中等三散郎一樣，是在不承擔行政職事的情況下，給予地位、身分與俸祿的一種方式，三大夫不過是等級較高罷了。這類散職於官僚政治運作的作用，在於既可用來安頓老邁冗閑人員，又可作爲入仕與遷轉的一階，藉以緩和因大量官僚子弟入仕，所導致的官吏候選人與空缺職事官位間供需失衡的問題。因此，若山簡具有鄉品二品，爲何其初仕官僅爲官品第七且無職事的中散大夫呢？再者，從另一角度來思考，山濤雖爲司馬氏的鄉閭宿望，司馬懿妻張春華更是山濤的從祖姑，但是山濤卻在泰始中得罪當朝聲望最隆的羊祜等人，因此泰始四年（268）出爲冀州刺史，加寧遠將軍（州刺史領兵官品第四），直至泰始八年（272）才入爲

〔註 255〕《晉書》，卷 43，〈山簡傳〉，頁 1228～1230。

〔註 256〕《晉書》，卷 5，〈懷帝紀〉，「永嘉六年四月丙寅」條，頁 124。

〔註 257〕《晉書》，卷 3，〈武帝紀〉，「太康三年冬十二月甲申」條，頁 74；卷 38，〈宣五王・琅邪王伷傳〉，頁 1121。

〔註 258〕《宋書》，卷 39，〈百官志上〉，頁 1230；唐・杜佑，《通典》，卷 37，〈秩品二・晉官品〉，頁 1005。

侍中、尚書。〔註 259〕山簡當時年近二十，多數官僚子弟初獲評品的時間約在此時，此時可能恰逢其父山濤的仕宦黑暗期，在當時「隨世興衰，不顧才實，衰則削下，興則扶上」的評品劣習下，山簡可能因此未被列爲二品，但畢竟山濤仍具有新沓伯的二品爵位，就門資來看，仍應列爲上品，故中正將之評爲三品，不失爲權宜之計。於是山簡便以鄉品三品初仕爲中散大夫，泰始末、咸寧之際才被表爲鎮東大將軍從事中郎。不久後，山濤之勢又逐漸上升，泰始十年（274）任吏部尚書，咸寧四年（278）以尚書左僕射領吏部，〔註 260〕因此山簡可能在鎮東大將軍從事中郎任內，因中正「隨世興衰」，將其鄉品調升爲二品，而在太康三年左右遷爲太子舍人（官品第七），這在時間上與《晉書》本傳所記約吻合。

從山濤曲折的仕宦經歷，似可得出若干結論：第一，二品將軍之上佐及從事中郎（官品第六）、太子舍人（官品第七）常用鄉品二品者；第二，中散大夫（官品第七）等散官常用鄉品三品者；第三，但有時得破例，不拘鄉品是否相當，突顯出當時「計資定品」的選舉問題正處於發展脈絡的急速上坡面，可知當時政治權貴因素之影響甚巨。

（六）溫嶠、紀瞻之例

據《晉書・溫嶠傳》載：

> 溫嶠字太眞，司徒羨弟之子也。父憺，河東太守。……年十七，州郡辟召，皆不就。司隸命爲都官從事。……後舉秀才、灼然。司徒辟東閤祭酒，補上黨潞令。〔註 261〕

按《晉官品令》，司徒府東閤祭酒官品不詳。《宋書・百官志》載：「晉初凡位從公以上，置長史、西閤、東閤祭酒、西曹、東曹掾、戶曹、倉曹、賊曹屬各一人。」〔註 262〕可見東閤祭酒祿秩當介於公府長史與西、東曹掾之間。按《後漢書・百官志》，公府長史秩千石，東西曹掾秩比四百石，餘掾秩比三百石。〔註 263〕再按《晉官品令》，公府長史官品第六，公府掾屬官品未載，但《魏

〔註 259〕《晉書》，卷 43，〈山濤傳〉，頁 1224；清・萬斯同，《晉方鎮年表》，收入《二十五史補編》第三冊（北京：中華書局，1955），頁 3385～3386。

〔註 260〕《晉書》，卷 3，〈武帝紀〉，「咸寧四年三月辛酉」條，頁 68；清・萬斯同，《晉將相大臣年表》，頁 3329～3331。

〔註 261〕《晉書》，卷 67，〈溫嶠傳〉，頁 1785。

〔註 262〕《宋書》，卷 39，〈百官志上〉，頁 1222。

〔註 263〕《續漢書志》，志第 24，〈百官一〉，頁 3558。

官品令》、《宋官品令》中諸公府掾屬均爲官品第七，可知晉制公府掾屬可能亦爲官品第七。因此，公府東閤祭酒官品可能爲第六或第七。

從例四鄧攸之例可知，舉灼然後可得鄉品二品，故溫嶠亦應得鄉品二品，可知溫嶠是以鄉品二品被辟爲司徒府東閤祭酒。又如丹陽紀瞻，「永康初，州又舉寒素，大司馬辟爲東閤祭酒」，〔註264〕前面例二已說明舉寒素可得鄉品二品，故可知紀瞻是以鄉品二品被辟爲大司馬府東閤祭酒。由此二例可知，諸公府東、西閤祭酒（官品第六或第七）常用鄉品二品者。

（七）仇勃、郭貞之例

據《晉書・劉弘傳》載：

> 時荊部守宰多闕，弘請補選，帝從之。……乃表曰：「被中詔，敕臣隨資品選補諸缺吏。……南郡廉吏仇勃，母老疾困，賊至守衛不移，以致拷掠，幾至隕命。尚書令史郭貞，張昌以爲尚書郎，欲訪以朝議，遁逃不出，昌質其妻子，避之彌遠。勃孝篤著於臨危，貞忠厲於強暴，雖各四品，皆可以訓奬臣子，長益風教。臣輒以勃爲歸鄉令，貞爲信陵令。皆功行相參，循名校實，條列行狀，公文具上。」〔註265〕

此事是發生在鎮南將軍・荊州都督・領荊州刺史劉弘平定張昌之亂後，由於荊州經歷動亂導致地方長官多缺，故劉弘主動上請朝廷選補地方長官。引文之首所言，所謂的「隨資品選補」，正是指正常官吏遷轉，有一定的資格限制，包括仕官資次與鄉品。〔註266〕這裡可知仇勃、郭貞在升遷前均爲鄉品四品，而從劉弘語氣上來看，顯然一般情形下鄉品四品者很難被選補爲縣長令，否則無須特別強調二人之特殊事蹟。因此可反推，承平時期官吏的正常遷轉，縣令（秩千石縣令官品第六，秩六百石縣令官品第七）可能常用鄉品三品以上者。

筆者此一推測，西晉時期史料並無他證，但東晉南朝則有確證。據《晉書・王彪之傳》載：

> （王彪之）轉吏部尚書。簡文有命用秣陵令曲安遠補句容令，殿中

〔註264〕《晉書》，卷68，〈紀瞻傳〉，頁1819。

〔註265〕《晉書》，卷66，〈劉弘傳〉，頁1764～1765。

〔註266〕官吏選補的審查條件，除鄉品之外，尚要考量仕官資次，這部分的說明請見本論文第五章第二節第二目。

侍御史奚朗補湘東郡。彪之執不從，曰：「秣陵令三品縣耳，殿下昔用安遠，談者紛然。句容近畿，三品佳邑，豈可處卜術之人無才用者邪！湘東雖復遠小，所用未有朗比，談者謂頗兼卜術得進。殿下若超用寒悴，當令人才可拔。朗等凡器，實未足充此選。」〔註 267〕

《晉官品令》所載縣令長有三級，秩千石者第六品，秩六百石者第七品，最低者爲第八品，〔註 268〕可見王彪之論述中的三品縣應指擔任縣令所需之鄉品。又這裡的「三品佳邑」可能爲「二品佳邑」之誤。據《太平御覽・職官部・縣尉》載宋武帝詔曰：「百里之任，總歸官長，縣尉實效甚微，其費不少。二品縣可置一尉而已，餘悉停省。」〔註 269〕按《宋官品令》，縣長令之等級分劃與晉制同，二品縣與前舉三品縣具有相同含意，指最高等級之縣，縣令秩千石，常用鄉品二品者，故稱爲二品縣。而句容縣屬丹陽郡，爲京師建康所在郡，《晉書・地理志》載丹陽郡統縣十一，戶五萬一千五百，〔註 270〕句容縣地近京畿，當相當繁榮，戶數當不至於低於各縣平均戶數五千，此戶數遠超過《晉令》所規定的千戶標準，〔註 271〕故句容縣可能爲二品縣。因此，筆者以爲，曲安遠鄉品恐怕不及三品，卻受簡文帝寵任，出任秣陵令此一常用鄉品三品者之縣令，已破壞中央遷除地方長吏之正常用人原則，導致「談者紛然」，爲眾所非議，現在更欲將曲安遠升爲近畿之句容令，即以鄉品不及三品

〔註 267〕《晉書》，卷 76，〈王彪之傳〉，頁 2007。

〔註 268〕據嚴耕望先生研究，魏晉以下各朝皆承漢制，縣大者置令，小者置長，其縣爲國者曰相。漢制，縣萬户以上爲令，萬户以下爲長，是大小之別以户數爲準，但不盡然。至於晉制，可能是依户口數、地理位置等因素劃分。《晉令》載：「縣千户已上，州郡治五百以上，皆爲令；不滿此爲長。」表示户口千户以上，或者該縣爲州郡治所，則户口條件限制降爲五百户，滿足二種狀況之縣，均設縣令，不符合者設縣長。顯然晉制之縣級等級區劃，除户數外，亦與地理位置有關。至於最低級之縣長，東漢有四百石與三百石二級，魏晉祿秩不詳，惟《三國職官表》言魏制縣長爲三百石，而宋制縣長爲五百石。因此，魏晉最低級之縣長祿秩可能範圍爲三百至五百石。請參見嚴耕望，《中國地方行政制度史乙部——魏晉南北朝地方行政制度》上冊（臺北：中央研究院歷史語言研究所，1997），頁 318～319；隋・虞世南，《北堂書鈔》，卷 78，〈設官部三十・縣令〉引《晉令》，頁 341；《續漢書志》，志第 28，〈百官五〉，頁 3622；清・洪飴孫，《三國職官表》，頁 295；《宋書》，卷 40，〈百官志下〉，頁 1259。

〔註 269〕宋・李昉等，《太平御覽》，卷 369，〈職官部六十七・縣尉〉，頁 1260。

〔註 270〕《晉書》，卷 15，〈地理志下・揚州〉，頁 459～460。

〔註 271〕隋・虞世南，《北堂書鈔》，卷 78，〈設官部三十・縣令〉引《晉令》，頁 341。

者出任二品縣，況且曲安遠本無才學，此一任命實在破壞制度過甚，故爲吏部尚書王彪之據正以拒。

由此例可檢證前例中的歸鄉、信陵二縣當爲三品縣，常用鄉品三品者，而仇勃、郭貞二人的資品不符，亦即二人選補不符詔書「隨資品選補」之基本原則，因此劉弘乃特別條列二人特殊功績之行狀，上呈中央，希望能超用二人以資獎勵。

綜上所論，秩千石縣令（官品第六）常用鄉品二品者，秩六百石縣令（官品第七）常用鄉品三品者；或可進一步推論，最低等級的縣長（官品第八）殆常用鄉品四品者。此一推論最有力的證據爲吳甫自乞減品一事，據《太平御覽．人事部．孝下．祿養》載：

> 黄恭《廣記》曰：「南吳甫舉茂才，累年不遷。甫有老母，年九十有餘，乃上書自乞減品，爲四百石長，庶得其奉以養母，詔聽，除補南陽新蔡長，遂以甫爲准率，減交趾茂才皆爲四品也。」〔註272〕

按茂才即秀才，爲察舉科目名稱。此段史料中《北堂書鈔》引作黃義恭《交州記》，南吳甫作吳甫。〔註273〕此事所言乃交州之風土人事，且魏晉南北朝時人關於各地風土民情軼事的作品，多以州爲記事單位，如荀綽《冀州記》、裴淵《廣州記》、任豫《益州記》、諸葛穎《揚州記》、張資《涼州記》等，故《北堂書鈔》所引似較爲確。又《太平御覽》引《交州記》，繫於《後漢書》、謝承《後漢書》與《晉書》、《世說新語》之間，可知此事應爲兩晉之事。引文中有「四百石長」，從前述兩晉縣令長等級來看，四百石當爲最低級的縣長。再者，從文意來看，一般情形，舉秀才後可能可得鄉品三品以上。司馬氏本以孝立國，朝廷對吳甫「自乞減品」一事，顯然欲表彰吳甫之孝行，才會特別規定交州秀才以四品爲準率，不能超過吳甫。由此可證，秩四百石之縣長（官品第八）常用鄉品四品者。

（八）李含之例

前面六例除了例四鄧攸之例外，餘者均僅能呈現鄉品與官職、官品的靜態關連，無法進一步的看出動態關連，即二者間的變動關係。至於鄧攸之例，雖能透過鄉品與官職間的變動關係，來說明中正評品制度所具有的升品機

〔註272〕宋．李昉等，《太平御覽》，卷414，〈人事部五五．孝下．祿養〉引黄恭《廣記》，頁1913。

〔註273〕隋．虞世南，《北堂書鈔》，卷79，〈設官部三十一．秀才〉，頁348。

制，但僅有單向的上升對應關係，而未能看出彼此的升降對應關係。至於李含之例，則是難得一見的明確實例，以下將詳論之。據《晉書・李含傳》所載：

> 李含字世容，隴西狄道人也。僑居始平。少有才幹，兩郡並舉孝廉。安定皇甫商州里年少，少恃豪族，以含門寒微，欲與結交，含距而不納，商恨焉，遂諷州以短檄召含爲門亭長。會州刺史郭奕素聞其賢，下車擢含爲別駕，遂處群僚之右。尋舉秀才，薦之公府，自太保掾轉秦國郎中令。司徒選含領始平中正。秦王柬薨，含依臺儀，葬訖除喪。尚書趙浚有內寵，疾含不事己，遂奏含不應除喪。本州大中正傅祇以名義貶含。中丞傅咸上表理含曰：「臣州秦國郎中令始平李含，忠公清正，才經世務，實有史魚秉直之風。……尚書郭奕臨州，含寒門年少，而奕超爲別駕。太保衛瓘辟含爲掾。……又含自以隴西人，雖户屬始平，非所綜悉。自初見使爲中正，反覆言辭，說非始平國人，不宜爲中正。後爲郎中令，又自以選官引臺府爲比，以讓常山太守蘇韶，辭意懇切，形于文墨。含之固讓，乃在王未薨之前，葬後躊躇，窮於對罰而攝職耳。臣從弟祗爲州都，意在欲隆風教，議含已過，不良之人遂相扇動，冀挾名義，法外致案，足有所邀，中正龐騰便割含品。……」帝不從，含遂被貶，退割爲五品。歸長安，歲餘，光祿差含爲壽城邸閣督。司徒王戎表含曾爲大臣，雖見割削，不應降爲此職。詔停。後爲始平令。〔註274〕

〔註274〕這段史料，筆者認爲有兩處記載有誤。其一，「司徒選含領始平中正」此一敘述的位置恐讓人以爲李含是在任秦國郎中令之後才領始平國中正。一般多認爲李含是在出任秦國郎中令時兼領始平國中正，筆者認爲此說可疑。正文引文中傅咸曾說：「含自以隴西人，雖户屬始平，非所綜悉。自初見使爲中正，反覆言辭，說非始平國人，不宜爲中正。後爲郎中令，又自以選官引臺府爲比，以讓常山太守蘇韶。」從文字語氣看來，李含在出任秦國郎中令以前，司徒已選含領始平國中正，最可能的時間應是任太保掾期間。又武帝太熙元年（290）元月衛瓘始任太保，惠帝元康元年（291）六月被殺，李含便轉任秦國郎中令，可知李含任太保掾時間爲290～291，之後又續以秦國郎中令兼領。故可知李含在任太保掾時已領始平國中正，《晉書》之敘述實有不妥。其二，這裡的「蘇韶」或爲「蘇紹」之誤。據王隱《晉書》，中牟令蘇韶亡於咸寧初（275～276），除非當時有兩位蘇韶並存於世，否則李含初以太保掾領始平國中正時，蘇韶已亡，如何可能將中正讓與蘇韶？竊以爲此蘇韶當是蘇紹之誤。何以爲證？查《三國志・蘇則傳》蘇紹乃蘇則孫，蘇則爲扶風武功人，

首先釐清李含仕宦各階段的鄉品與官職、官品對應情形。從引文之末可知李含遭貶品後爲鄉品五品，暫無官居家；歲餘改授壽城邸閣督。按《晉官品令》，王國郎中令官品第六，至於邸閣督一職大概是督管都城倉廩的小吏，〔註275〕而壽城則無考，故此職隸屬於何層級政府不詳，而官品亦不詳，可能是官品第九，亦可能不列入正式品官之列。〔註276〕又《通典》載此事錄有傅咸之語，稱「中正龐騰無所據仗，貶含品三等」，〔註277〕可見李含被貶品前具有鄉品二品。由此可知，經過這次事件，李含的鄉品從二品降爲五品，而其官職亦從秦國郎中令（官品第六）降爲壽城邸閣督（官品不詳，可能第九）。縱使後來經過司徒王戎的建議，李含調升爲始平令（官品第七），仍低於降品前的秦國郎中令。因此，仍可見鄉品下降，則官職、官品就隨著調降。再者，這裡可明顯確定，鄉品對於官職、官品的作用當不限於初任官，對於現任官吏的遷轉，中正評品制度仍有其影響力，故中正評品機制當不限於未入仕者的資格審核，也包含了表現現任官吏的遷轉考課的性質。

那麼李含在轉任始平令之前，鄉品有無調升？從上面引文確難肯定。但是筆者欲提出幾點證據，說明有此可能性：其一，爲何是王戎出面建議？筆者認爲這就十分可疑，畢竟司徒府正是中正評品的主管機關，由司徒建議，

又泰始二年，武功被劃入始平國，故蘇紹本籍始平當無誤。如此，李含方可能讓本籍始平的蘇紹出任始平國中正。故可知「蘇韶」當爲「蘇紹」之誤。本文引文請參見《晉書》，卷60，〈李含傳〉，頁1641～1643；餘者考證史料請見《晉書》，卷3，〈武帝紀〉，「太熙元年元月己巳」條，頁80；卷4，〈惠帝紀〉，「元康元年六月」條，頁91；宋・李昉等，《太平御覽》，卷373，〈人事部十四・髮〉引王隱《晉書》，頁1720；《三國志》，卷16，〈蘇則傳〉裴注案語，頁493；《晉書》，卷14，〈地理志上〉，頁431。

〔註275〕魏正元二年文欽、毋丘儉叛於淮南，王基統許昌軍與司馬師會於許昌，王基獻計，其中曾言：「軍宜速進據南頓，南頓有大邸閣，計足軍人四十日糧。保堅城，因積穀，先人有奪人之心，此平賊之要也。」可見邸閣爲城池儲糧之處。《文獻通考》亦稱：「邸閣者，倉稟之異名歟，魏晉以來多稱之。」請分見《三國志》，卷27，〈王基傳〉，頁753；元・馬端臨，《文獻通考》，卷25，〈國用三・漕運〉，頁240。

〔註276〕多數學者引用此條史料時，均毫無考證，便直接認定壽城邸閣督爲官品第九，如：宮崎市定、矢野主稅、毛漢光等。請分見宮崎市定，《九品官人法の研究》，頁109；矢野主稅，〈魏晉中正制の性格について一考察——鄉品と起家官品の對應を手掛りとして——〉，頁40；毛漢光，〈從中正評品與官職之關係論魏晉南朝之社會架構〉，《中央研究院歷史語言研究所集刊》，第46本第4分（1975，臺北），頁596。

〔註277〕唐・杜佑，《通典》，卷88，〈禮四十八・沿革四十八・凶禮十〉，頁2421。

已隱含調整鄉品的可能性。因此，就鄉品與官品的變動關係來看，或許司徒王戎建言之後，得到惠帝的同意，可能先提升李含的鄉品，再送往吏部進行新官職銓選。其二，就時間上來說，亦有成立的可能性。秦王柬薨於晉惠帝元康元年（291）九月，〔註 278〕李含依「藩國之喪，既葬而除」的國制，「如令除服，葬後十七日乃親中正職」。〔註 279〕設若晉制依「諸侯五月而葬」的周制，〔註 280〕則可知李含遭貶品之事當在元康二年中左右。李含之後「歸長安，歲餘，光祿差含爲壽城邸閣督」，設若歲餘加上返長安的交通時間時間共計二年，則任壽城邸閣督約爲元康四年（294）中。又王戎是在元康七年（297）九月從尚書右僕射遷爲司徒，〔註 281〕這中間又已過了三年，距離上次的貶品已有五年，差不多是州郡中正重新清定九品的時間，加上司徒王戎支持的立場，筆者以爲李含很可能在王戎請示惠帝得到同意後，便將李含鄉品提升，可能爲三品或四品，以三品的機會較高。因爲一方面李含曾爲大臣，另一方面，始平令至少秩六百石（官品第七），據例七可知秩六百石縣令常用鄉品三品者，故李含鄉品可能調爲三品。

其次，究竟當初李含如何得到鄉品二品？汪徵魯以爲李含是因爲出任始平國中正，才因此獲得鄉品二品。〔註 282〕但筆者認爲此說僅是一種可能。筆者欲提出其他可能性。追溯李含出身與仕宦經歷，李含父祖無官爵，家世屬寒門當無問題，而太康年間前後計資定品的選舉問題日趨嚴重，〔註 283〕對一個出身寒門的白衣士人，除非能夠透過舉寒素升品機制，否則若要憑個人才行得到鄉品二品，機會恐不大。故可知其鄉品二品有其他獲取管道。再從其仕宦經歷來看，其過程如下：

> 兩郡並舉孝廉→州辟別駕→州舉秀才→太保掾（官品第七）〔註 284〕領始平國中正→秦國郎中令（官品第六）領始平國中正→貶歸→壽城邸閣督（無品或官品第九）→始平令（官品第七）

〔註 278〕《晉書》，卷 4，〈惠帝紀〉，「元康元年九月甲午」條，頁 91。

〔註 279〕唐・杜佑，《通典》，卷 88，〈禮四十八・沿革四十八・凶禮十〉，頁 2420。

〔註 280〕唐・杜佑，《通典》，卷 87，〈禮四十七・沿革四十七・凶禮九〉，頁 2371。

〔註 281〕《晉書》，卷 4，〈惠帝紀〉，「元康七年九月」條，頁 94。

〔註 282〕汪徵魯，《魏晉南北朝選官體制研究》，頁 347。

〔註 283〕關於「計資定品」的選舉問題，將詳論於第五章第二節。

〔註 284〕《魏官品令》與《宋官品令》均列公府掾屬爲官品第七，《晉官品令》缺載。然《宋書・禮志》云：「按晉令，公府長史，官品第六，銅印，墨綬，朝服，進賢兩梁冠。掾、屬，官品第七，朝服，進賢一梁冠。晉官表注，亦與令同。」顯然晉諸公府掾屬應爲官品第七。請參見《宋書》，卷 18，〈禮志五〉，頁 511。

分析此歷程，從例三得知舉孝廉至多可得鄉品三品，無法得到鄉品二品，且州上佐之用人與縣令相當，三品已可爲縣令，今刺史郭奕辟李含爲別駕，既言「擢」、「超」，可推知李含即使舉孝廉，恐怕鄉品仍不及三品，若有鄉品三品，則辟爲別駕當不至於仍言「擢」、「超」。〔註 285〕因此，李含取得鄉品二品的機會可能有二，第一是舉秀才後，出任太保掾前，第二是出任太保掾後，擔任秦國郎中令前。筆者以爲，最有可能爲第一階段，理由有二：第一，從例一劉卞之例得知，官品第八的吏部令史且須用鄉品四品者，則官品第七的太保府掾至少會用鄉品三品者；第二，從例七吳甫「自乞減品」一事得知，舉秀才後應可得鄉品三品以上；故李含可能是在舉秀才之後就直接得到鄉品二品，〔註 286〕或者僅得到鄉品三品，之後復又調升爲鄉品二品。正因如此，才會被薦爲太保掾，而又被司徒選爲始平國中正。是則李含應非是擔任中正而獲得鄉品二品，而是舉秀才後、爲太保掾前，已經獲得鄉品二品，此調升可能與三年一清定之制有關。

筆者將前列八例整理成【表 4－2】，除實例結論外，另包含通例推論，以資參考。綜上所論，鄉品不但與起家官職、官品有對應關係，而且與入仕後的官職、官品遷轉亦有關連，前者的作用對象爲未入仕者，表示中正評品制度具有入仕前的資格審核機制，後者的作用對象爲現任官吏，表示中正評品制度具有入仕後的遷轉考課機制。惟後者的表現形式，例八李含之例僅呈現出貶官機制，就是貶割鄉品而導致官職、官品必須黜退。

〔註 285〕鄉品對於州郡辟召的制約力雖不及對吏部銓選的制約力，但魏晉南北朝時期，州爲最高地方行政單位，別駕爲州之上佐，此職多爲郡級地方豪族壟斷，且如嚴耕望先生所言，州吏自別駕以下仍由刺史自辟用本土人士爲之，然別駕治中地位日高，至南朝地位更崇，爲中等之品官。汪徵魯則以爲魏晉州之上佐品級可能已在六、七品之間。因此，筆者以爲，魏晉州之上佐品級可能約與縣令相當，一般情形，縣令用人最少爲鄉品三品者，故州別駕的用人可能也略與縣令相當。由此可知，咸寧年間郭奕擢用李含爲別駕時，這種超擢非一般狀況，李含的鄉品應不及三品。請見嚴耕望，《中國地方行政制度史乙部——魏晉南北朝地方行政制度》，上冊，頁 163；汪徵魯，《魏晉南北朝選官體制研究》，頁 118～120。

〔註 286〕吳慧蓮則承襲宮崎市定之說，舉秀才後例授鄉品三品，故以爲李含舉秀才後獲得鄉品三品，但卻未說明李含又是如何得到鄉品二品，理由恐怕是欲符合宮崎市定鄉品與官品相差四品的理論。請參見吳慧蓮，〈六朝時期的選任制度〉，頁 207。

二、從鄉品與授任官職、官品之關係看制度運作機制

前面八例均呈現入仕前後，鄉品與官職、官品均有相當程度的對應關係。那麼筆者有疑問，中正評品的理想項目爲德與才，但是這種個人特質短時間之內很難有明顯的改變，若加上家世因素，由於父祖官爵本身變動性不大，甚至在當事人入仕時已經達到仕宦高峰而不會變動，或者父祖本無官爵而無變動，這二種影響評品等第的因素均無太大變動的情形下，那麼不就表示鄉品實際上在初評之後就難有變動的可能性嗎？如此一來，清定九品又有何意義呢？而且若是最初鄉品僅有三品至六品的中品，僅與初仕官職、官品對應，那麼日後逐漸升遷，不就可能造成無法對應的情形？

這可從幾個方面來說，對於現任官吏而言，若其本身已具鄉品二品（無論何時取得、如何取得），則中正評品最大的功能恐怕是清議機制。正如李含之例，清議主要功能正在維護名教價值體系的優越性，對於違禮犯義的現任官吏，能有監督懲戒的作用，而其所利用的也正是鄉品與官職、官品間所存有的緊密關係，通過貶割鄉品，來進一步達到黜退官職、貶降官品的功能；不過，若是僅具有鄉品三品至六品的中品（無論是最初狀態，或是仕宦過程中遭清議貶品），日後仕進過程亦無嚴重疏失，那麼其鄉品恐怕也會隨著官職、官品的遷轉而調整，此種調整的運作基礎，便是三年一清定之制的實施。這就是計資定品的另一項意涵，也就是中正評品會隨著官人職位、職務官品的升降，而作爲現任官吏的定品依據，姑且將這種個人仕宦資歷稱爲「身資」，以與父祖官爵的「門資」相區隔。中正定品的對象若是現任官吏，其最主要的依據便是個人的「身資」，正是衛瓘所言「遂計資定品，使天下觀望，唯以居位爲貴」現象的一個側面，〔註 287〕而《通典》則將衛瓘語修飾爲「遂計官資，以定品格，天下惟以居位者爲貴」，〔註 288〕這比原語更能清楚指出「身資」對入仕後鄉品之調升的關鍵作用。

茲以前舉實例做進一步說明。例七中的仇勃、郭貞二人升爲縣令前，前者爲郡國廉吏，後者爲尚書令史，兩人被選補爲縣令之前，均具有鄉品四品。那麼其鄉品四品是在何時取得？筆者以爲，從三年一清定的角度來思考，應該考慮到一種可能性，即二人在舉廉吏與擔任尚書令史之後，鄉品才變爲四品。這種可能性的合理之處，正由於郡國廉吏爲察舉科目之一，察舉後通常

〔註 287〕關於「計資定品」的「資」之意涵，將詳論於第五章第二節。
〔註 288〕唐・杜佑，《通典》，卷 14，〈選舉二・歷代制中〉，頁 330。

有鄉品上升的情形，察舉本是入仕途徑之一，通過察舉亦因而可取得鄉品。再者，例一的劉卞後來再從左民尚書令史（官品第九）遷爲吏部尚書令史（官品第八），而從前面討論中已得知後者常以鄉品四品者擔任，可見劉卞的鄉品從六品升爲四品，也就是說劉卞是在擔任左民尚書令史後，鄉品升爲四品。同理可知，郭貞亦是擔任常用鄉品六品的尚書令史（官品第九）後，鄉品才升爲四品。因此，仇勃與郭貞二人可能是分別在舉爲廉吏與出任尚書令史之後，才取得鄉品四品。

因此，筆者以爲現任官吏的鄉品之所以會有變動的情形，可能是三年一清定制度執行的結果。對於鄉品二品者而言，三年一清定最大的作用在於清議貶品；而對於鄉品三品以下者，則三年一清定最大的作用在於根據仕官表現與資次，進行鄉品調升，像是前舉劉卞與郭貞的例子，二人可能是在擔任尚書令史一段時間後，鄉品從六品升爲四品。這種以仕官功勞資次作爲仕進資格審評依據的途徑，可稱之爲「積累資次」，這便是鄉品與官職的另一種變動關係。換言之，一方面鄉品之升降會造成官職、官品之升降，另一方面「積累資次」亦可能造成鄉品的調升。但是這種積累資次所造成的鄉品上升，最常發生在官品七品至九品的下層官吏，畢竟像是官品七品的六百石縣令常用鄉品三品者，而官品七品的公府掾屬已是常用鄉品二品者，鄉品的上升空間所剩無幾，但官職之官品仍低，擔任官品七品之官職後，日後的仕官功勞資次對鄉品已無太大作用，可見此種積累資次對上層士人層與上層官僚較無作用，僅對下層士人層與下層官吏影響較大。故前引杜佑所言「計官資以定品格」一語，主要是指吏部對於現任官品七品以上官吏的遷轉，乃是以仕官功勞資次作爲官職遷轉選補的主要依據，這就是「身資」對於吏部銓選的作用。而且，此又足見鄉品對於士人起家的作用較大，至於起家之後的遷轉，除了下層官僚外，仕官功勞資次的影響還是大些。

總而言之，從這裡已約略可看出鄉品可能不僅是入仕的資格等第或條件，亦對入仕後的官職遷轉有所作用，故可說明中正評品制度可能亦具有類似考課的機制。中正清定的工作以三年爲週期，而傳統「三載考績，三考黜陟」的考課制度不也是以三年爲週期嗎？三年一清定的制度設計與傳統考課制度的關連性，或許從中正評品制度的準考課機制來思考，便可得到較合理的說明。中正清定九品的對象爲現任官吏時，影響定品的理想因素應該就是「身資」，誠如毛漢光先生所言：「已入仕者之中正評品，隨著官職之上升而上升，這種依附官資而作中正評品之調整的對應關係，在當時除了發生特殊事件之外，可能是政治社會體系的常態。」〔註289〕相對於「官職、官品隨著鄉品升降而升降」的正向關係而言，這便是鄉品與官職、官品的逆向關係。

從以上諸例討論中，又可知除了中正評品外，尚有其他取得仕官資格的途徑。從例一劉卞之例可知，太學試經爲一途。從例四鄧攸與張軌之例可知，賜官（錫官）爲一途。從例二霍原等舉寒素，例三王遜舉孝廉，例六溫嶠舉灼然、紀瞻舉寒素，例七吳甫舉秀才，例八李含舉秀才等諸例可知，察舉制度又爲一途。若是從州郡縣屬吏仕起，而成爲中央敕授官，且未經過包含中正評品在內的上述諸途者，則屬於「積累資次」一途，如例七中的郭貞，其任尚書令史之前未經其他途徑而取得任職尚書令史之資格，則正是循「積累資次」一途，取得入仕資格。馬端臨曾對魏晉入仕途徑提出己見，「按魏晉以來雖立九品中正之法，然仕進之門則與兩漢一而已。或公府辟召，或郡國薦舉，或由曹掾積累而升，或由世冑承襲而用，大率不外此三四途轍」。所謂世冑承襲而用，即是以中正評品或賜官（錫官）等方式取得入仕資格，由吏部直接銓選入仕。曹掾積累是指士人先由州郡縣長官辟召，逐漸累積功勞資次，而取得仕爲朝廷敕授官的資格；其累積功次期間，似三年一考績，而同時亦由中正三年一清定，以作升降之依本。郡國薦舉則是透過漢代察舉制度取得入仕資格。至於公府辟召是指先爲公府辟召，累積功勞資次，再爲吏部銓選任官。馬端臨所忽略者僅有太學試經一途。

綜上所述，中正評品制度有兩大機制，資格審核與準考課機制。入仕前，欲循此途徑入仕者須受資格審核機制制約，而入仕後，無論循何途徑入仕，現任官僚均受準考課機制規範。正因鄉品對於仕途有如此關鍵作用，故有「天下篙篙，但爭品位」、「人人望品，求者奔競」、「爭多少於錐刀之末」等激烈的競爭現象。〔註290〕再者，從此一角度思考，便可瞭解爲何魏正始、嘉平年間夏侯玄批判中正評品制度時，對於「分敘參錯」的選舉問題，將矛頭指向「中正干銓衡之機」。正由於中正評品制度的機制並不限於

〔註289〕請參見毛漢光，〈從中正評品與官職之關係論魏晉南朝之社會架構〉，頁601。

〔註290〕請分見《晉書》，卷45，〈劉毅傳〉，頁1273；南朝梁・蕭統編，唐・李善注，《文選》，卷46，〈任彥昇王文憲集序〉注引傅暢《晉諸公讚》，頁2080；《晉書》，卷36，〈衛瓘傳〉，頁1058。

未仕者的資格審核，主要還是因其運作具有遷轉考課機制，干擾了行政長官考課與吏部銓選的正常官僚行政運作，使得「天爵外通」、「機權多門」的問題擴大，更進一步導致官吏飾眞離本、士風不靜的問題。故夏侯玄建議的改革重點便是明辨吏部、行政長官與中正的職權分工，強調前面二者對於考課權的有效掌握，主張中正「唯考其行跡，別其高下，審定輩類，勿使升降」，讓行政長官有充分的考功校否之權，吏部尚書能專銓衡之權。〔註 291〕由此可知，夏侯玄欲矯正的弊端正是中正評品制度的遷轉考課機制，顯見夏侯玄所論當非無的放矢。正如錢賓四先生所言：「中正評語，連做官人未做官人通體要評，而吏部憑此升黜，如是則官吏升降，其權操之中正，而不操於本官之上司，這是把考課銓敘與選舉混淆了。於是做官的必各務奔競，襲取社會名譽，卻不管本官職務與實際工作，而其上司也無法奈何他。」〔註 292〕可見曹魏選舉問題中的浮華問題，除了與京官兼任中正的設計有關外，中正評品制度所具有的準考課機制，恐怕也是造成浮華問題的制度性因素之一。

【表 4－1】東漢三公府組織與職權結構表

	太尉府	司徒府	司空府
（首長）公	太尉	司徒	司空
本府職司	掌四方兵士功課，歲盡即奏其殿最而行賞罰。	掌人民事，凡教民孝悌、遜順、謙儉，養生送死之事，則議期制，建其度。凡四方民事功課，歲盡則奏其殿最而行賞罰。	掌水土事。凡營城起邑、浚溝洫、修墳防之事，則議其利，建其功。凡四方水土功課，歲盡則奏其殿最而行賞罰。
三府合作業務	郊祀之事，掌亞獻 大喪則告謚南郊。	郊祀之事，掌省牲視濯 大喪則掌奉安梓宮。	郊祀之事，掌掃除樂器 大喪則掌將校復土。
三公共同職權	凡國有大造大疑，則與司徒、司空通而論之。國有過事，則與二公通諫爭之。		
長史	一人，千石，署諸曹事		

〔註 291〕《三國志》，卷 9，〈夏侯玄傳〉，頁 295～296。

〔註 292〕請參見錢穆，《中國歷代政治得失》（臺北：東大圖書，1993，九版），頁 53。

<table>
<tr><td colspan="2"></td><td>太尉府</td><td colspan="2">司徒府</td><td>司空府</td></tr>
<tr><td rowspan="14">諸曹掾史屬</td><td>人數</td><td>二十四人</td><td colspan="2">三十一人</td><td>二十九人</td></tr>
<tr><td>西曹</td><td colspan="2" rowspan="2">掾比四百石，屬比二百石</td><td colspan="2">主府史署用</td></tr>
<tr><td>東曹</td><td colspan="2">主兩千石長吏遷除及軍吏</td></tr>
<tr><td>戶曹</td><td colspan="2" rowspan="11">掾比三百石，屬比二百石</td><td colspan="2">主民戶、祠祀、農喪</td></tr>
<tr><td>奏曹</td><td colspan="2">主奏議事</td></tr>
<tr><td>辭曹</td><td colspan="2">主辭訟事</td></tr>
<tr><td>法曹</td><td colspan="2">主郵驛科程事</td></tr>
<tr><td>尉曹</td><td colspan="2">主卒徒轉運事</td></tr>
<tr><td>賊曹</td><td colspan="2">主盜賊事</td></tr>
<tr><td>決曹</td><td colspan="2">主罪法事</td></tr>
<tr><td>兵曹</td><td colspan="2">主兵事</td></tr>
<tr><td>金曹</td><td colspan="2">主貨幣、鹽鐵事</td></tr>
<tr><td>倉曹</td><td colspan="2">主倉穀事</td></tr>
<tr><td>黃閣</td><td colspan="2">主簿錄省眾事</td></tr>
</table>

【表 4－2】官職銓選與仕官資格等第諸例表

<table>
<tr><td>例序</td><td>當事人</td><td>資格取得途徑</td><td>資格等第</td><td>除授官職</td><td>官品</td><td>附註</td></tr>
<tr><td rowspan="3">1</td><td rowspan="3">劉卞</td><td>太學試經</td><td>四品</td><td>吏部尚書令史</td><td>八品</td><td></td></tr>
<tr><td>中正評品</td><td>六品</td><td>尚書令史</td><td>九品</td><td></td></tr>
<tr><td>積累資次</td><td>四品</td><td>吏部尚書令史</td><td>八品</td><td>據例七補充推論</td></tr>
<tr><td rowspan="2">2</td><td rowspan="2">霍原等</td><td>舉寒素</td><td>二品</td><td>祕書郎</td><td>六品</td><td></td></tr>
<tr><td>舉寒素</td><td>二品</td><td>諸王文學</td><td>不明</td><td>魏爲七品，宋爲六品</td></tr>
<tr><td rowspan="2">3</td><td>趙穆</td><td>舉孝廉</td><td>三品</td><td>不明</td><td>不明</td><td></td></tr>
<tr><td>王遜</td><td>舉孝廉</td><td>四品</td><td>吏部令史</td><td>八品</td><td>據例一補充推論</td></tr>
</table>

例序	當事人	資格取得途徑	資格等第	除授官職	官品	附註
4	鄧攸	賜官	五品	中郎或郎中	八品	
		舉灼然	二品	諸王文學	不明	魏爲七品，宋爲六品
	張軌	錫官	五品	中郎或郎中	八品	
5	山簡	不明	三品	中散大夫	七品	疑由中正評品取得資格
			三品	鎮東大將軍從事中郎	不明	官品疑爲六品；因才超用
			二品	四征四鎮將軍從事中郎	不明	官品疑爲六品；通例推論
		不明	二品	太子舍人	七品	疑由中正評品取得資格
6	溫嶠	舉灼然	二品	司徒府東閤祭酒	不明	官品疑爲六品至七品
	紀瞻	舉寒素	二品	大司馬府東閤祭酒	不明	官品疑爲六品至七品
			二品	諸公府東、西閤祭酒	不明	官品疑爲六品至七品；通例推論
7	仇勃	察廉吏	四品	六百石縣令	七品	因功超遷
	郭貞	積累資次	四品	六百石縣令	七品	因功超遷
	曲安遠	不明	不及三品	千石縣令	六品	因寵超遷
	奚朗	不明	不及三品	六百石縣令	七品	因寵超遷
			二品	千石縣令	六品	通例推論
			三品	六百石縣令	七品	通例推論
	吳甫	舉秀才	四品	四百石縣令	八品	舉秀才後自乞減（鄉）品
		舉秀才	二品或三品	不明	不明	通例推論

例序	當事人	資格取得途徑	資格等第	除授官職	官品	附註
8	李含	舉秀才	二品或三品	太保掾	不明	疑爲七品
		不明	二品	秦國郎中令	六品	疑由中正評品審核資格
		中正評品	五品	壽城邸閣督	不明	官品疑爲無品或九品
8	李含	中正評品	三品	六百石縣令	七品	
			二品或三品	諸公府掾屬	七品	通例推論
			二品	諸王國郎中令	六品	通例推論

【表4－2】說明：魏晉南北朝實施九品官人法，選舉制度運作時與兩種等第體系相關，一是官品九品制，另一爲任官資格等第，兩者均劃分九品等第，前者純屬官職品秩，後者爲人才等第性質。「資格等第」欄之所以不以「鄉品」爲欄名，是由於中正評品並非取得入仕資格的唯一途徑，尚有太學試經、賜官（錫官）、積累資次、察舉等諸途，經由中正評品取得入仕資格者，則其所得之資格等第可稱作「鄉品」，爲了含括其他途徑所取得的資格等第，故仍以「資格等第」作爲統稱，而不以「鄉品」爲名。

第五章　九品官人法的精神轉變

第一節　以清議質變、禮的法制化、官品等級序列質變爲中心的考察

第四章第四節探討中正評品制度的運作機制時，曾提到所謂的準考課機制，而這種準考課機制通常又是通過清議程序來維繫。那麼清議制度運作實態如何？再者，鄉論與清議在漢末有兩大特質，其一乃是漢末選舉中「以名取士」因素的運作基礎，其二，名教乃士大夫社會自律性秩序之中心，清議正是維繫名教的核心機制之一。原本鄉論與清議乃中正評品制度的淵源之一，在制度運作之初，主要是以「人才資訊管道」的形式而存在，也就是第一特質較爲突出，爲何進入西晉，特別是晉武帝太康年間以後，清議逐漸成爲中正行使貶品之權的主要運作機制，即第二特質較爲明顯？故第一目將考察若干清議貶品實例，瞭解制度運作程序，並探討清議機制之質變與強化的制度意義。而第二目則以此爲基礎，進一步從禮的法制化脈絡，探討九品官人法的精神轉變。

再者，就中古時期文官等級制度的發展來看，漢代以祿秩等級制度爲主，朝位等級制度爲輔，前者從屬於官職職位，後者從屬於官資階次，而隋唐爲官階等級制度，包括職事官品與官人散階。整體而言，漢代屬於職位分類類型，隋唐屬於品位分類類型，前者爲秩位職位合一制，後者爲階官職事分立制。〔註 1〕漢代文官等級制度重視職位等級，故具有官人資望階次成分

〔註 1〕閻步克，〈論漢代祿秩之從屬於職位〉，《北京大學學報（哲學社會科學版）》，1998 年第 6 期（北京），頁 46～47。

的朝位等級制度，乃依附於祿秩等級制度而存在，而隋唐則是透過「品位」爲紐帶，讓職官等級的官品與官資等級的散階在獨立運作時，仍能有所關連。至於魏晉時期的官品九品制，其與漢代朝位等級制度可能較有源流關係，〔註 2〕但朝位制度與祿秩制度並非絕對無關，只是兩者有輕重之別、本質之異，因此官品九品制兼具二者特質，爲漢代與隋唐兩種等級制度的轉型過渡型態。

就本質而言，官品九品制等級區分標準，是官員職務在國家組織中的作用，而官品乃在官職分類的基礎上，呈現某官職所需的官才之品，故官品與鄉品兩種等級秩序有部分精神相通，即二者最初均從屬於官職所需的官人之才，〔註 3〕這與魏初選舉制度的官才本位主義精神有關。但魏末西晉以降，官品九品制所彰顯的等級序列開始從官職過渡到官人，使得官品等級秩序表現爲官人身分等級秩序，這也使得從屬於官職職位的祿秩等級制度，有其存在的功能，於是官品與祿秩二種等級制度能並存，但文官等級制度顯然朝向以官資階次爲主，官職位次爲輔的局面而發展。這種本質轉變發展，導致官僚政治運作時，官人階次優於官職位次，開始從「以事爲中心」的等級序列，轉向「以人爲中心」的等級序列，而這種轉變最重要的特徵之一便是官品等級序列的二層分化。此特徵的出現，實與勢族與寒素的階層分化有密切關連。

〔註 2〕安作璋、熊鐵基二人以爲兩漢以後的官品之制，即由朝位制度發展而來。閻步克亦以爲在漢代，由於中二千石以上的官位及將軍、列侯無法以祿秩以別高下，那麼在祿秩的這個空白區中，朝位的作用簡直就可以視同官品，它很可能就是魏晉官品的來源之一。而較之祿秩，朝位對官品的影響顯然要大得多。在「以優劣爲前後」上，官品與朝位顯然一脈相承；祿秩等級卻不具有這個特點，相同祿秩的官職並無高下之分，不能通過前後排序確定官位尊卑。官品只有九級，祿秩卻有十七、八各級差，假若官品來自祿秩的話，不當驟然變得如此疏簡。而且祿秩等級與官品並不對應，同品之中含有不同祿秩，同一祿秩又可能出現於官品的不同等級。故可知朝位的排序與官品的排序，具有密切的相關性。請參見安作璋、熊鐵基，《秦漢官制史稿》（濟南：齊魯書社，1985），下冊，頁 462；閻步克，〈魏晉的朝班、官品和位階〉，《中國史研究》，2000 年第 4 期（北京），頁 50～51。

〔註 3〕陳長琦將鄉品視爲一種資格等第，但鄉品僅是通過中正評品取得入仕資格的途徑之一，這種品第可特稱之鄉品，但整體而言，鄉品僅是資品的一種。而資品與官品的統一性，則是建立在官才等級秩序的共通精神之上。但筆者以爲，資品當包含仕官資次與鄉品，鄉品並非是特殊途徑下的資品，而是「資品」的內涵之一，僅能將鄉品視作某種仕官資格等第。請參見陳長琦，〈魏晉南朝的資品與官品〉，頁 39～42。

因此，第三部分將從官品等級序列的二層分化，來觀察九品官人法的精神轉變。

一、從清議機制之強化與質變看九品官人法的精神轉變

第四章第四節在論證中正評品制度的兩大運作機制時，可以發現當中有一共同的懲戒機制，那就是清議。未仕之士人若遭鄉閭清議，輕者遺滯鄉里，重者廢棄終身；而現任官僚遭司徒府或州郡中正提出清議，輕者貶降鄉品，重者免官除名，足見清議在中正制度中的重要地位。筆者利用《晉書》與《通典》，整理魏末西晉諸清議實例成【表 5－1】，以下將以此表爲基礎，進行相關議題的討論。

第一，就當事人遭清議理由來看，當時最重要的清議項目幾乎集中在違反居喪期間的相關規範，像是陳壽、阮咸、阮簡等三人四例，乃因居父喪或母喪期間，有違禮悖孝之言行，因而遭致清議。復如晉惠帝元康二年，司徒王渾主動發動全國性的清議活動，「下十六州推舉」所轄本籍人士之「冒喪婚娶，傷化悖禮」行爲，而遭清議的虞濬等人，均是違反「周喪不可嫁女娶婦」之規範。〔註 4〕此外，元康中分遭南陽中正張輔及梁州中正清議的韓預與楊俊二人，則是違反「居喪不得嫁姊妹或娶妻」的規範。〔註 5〕以上諸例都僅與私人家禮範疇相關，至於楊旌與李含之例，主要是涉及國家官僚的身分禮法規範，當中的關鍵則是國家法令禮典與士人家禮、儒家倫理間的衝突。關於楊旌之例，按照當時參與討論的博士祭酒劉喜的說法，當時《泰始律令》規定「無以喪廢舉之限」，但楊旌居喪應察舉，仍爲部分儒家官僚依禮經提出清議案，最後似因正反意見相當而無所裁決。〔註 6〕李含雖按晉《喪葬令》中藩國之喪「葬迄除服」的規定，〔註 7〕於秦王柬葬迄後除服，但西晉士大夫社會有

〔註 4〕唐・杜佑，《通典》，卷 60，〈禮二十・沿革二十・嘉禮五〉，「周喪不可嫁女娶婦議」條，頁 1689～1690。

〔註 5〕唐・杜佑，《通典》，卷 60，〈禮二十・沿革二十・嘉禮五〉，「降服大功末可嫁姊妹及女議」條，頁 1696。

〔註 6〕唐・杜佑，《通典》，卷 101，〈禮六十一・沿革六十一・凶禮二十三〉，「周喪察舉議」條，頁 2672～2673。

〔註 7〕所謂葬迄除服之制，即晉《喪葬令》所載：「王及郡公侯之國者薨，其國相官屬長史及內史下令長丞尉，皆服斬縗。……以喪服視事，葬迄除服。」請參見唐・杜佑，《通典》，卷 88，〈禮四十八・沿革四十八・凶禮十〉引晉《喪葬令》，頁 2420。

踰越國家禮制的習俗，雍州大中正傅祗便以此爲準，以爲喪服禮事關名教甚鉅，按《儀禮・喪服禮》，「臣爲君斬縗三年」；〔註 8〕《禮記》有「與諸侯爲親服斬」的規範，〔註 9〕秦王柬無後，身爲秦國郎中令的李含爲「喪主」，「王未有廟，主不應除服」，故李含當爲秦王柬服斬且不應既葬除服；況且李含曾舉孝廉，又身爲中正，更應該要以身作則，不應在秦王柬葬後即除喪服，不依禮經行臣爲君之喪服禮，實有違君臣之義。於是，傅祗乃提案清議，貶含鄉品。期間雖有御史中丞傅咸站在國家法制優先的立場爲申理李含，但最後則是從二品貶爲五品。楊旌之例爲晉初泰始中，李含之例已進入西晉中晚期的惠帝元康初，前者國家法制與士人家禮的地位相當，可是後者卻是士人家禮與儒家名教優於國家法制，就連代表國家最高統治者的晉惠帝，最後也按士人家禮與儒家名教通過此一清議案。從此一發展可推知，西晉晚年儒家名教與士人家禮的位階已高於國家法制，〔註 10〕國家官僚政治運作已受到更大的箝制。

第二，就這二十例當事人遭清議時的身分而言，除三例狀況不明外，餘者有七例爲白衣（含三例以喪或以憂去官者），而有十例爲現任官吏。這十例當中，官品第六者四例（秦國郎中令李含、鎮東司馬陳湛、征西長史牽昌、車騎長史韓預），官品第五者四例（太子家令虞濬、上庸太守王崇、國子祭酒鄒湛、〔註 11〕給事中王琛），官品第四者一例（并州刺史羊暨），〔註 12〕官品

〔註 8〕晉泰始中，荀顗表云：「禮，臣爲君斬縗三年，與子爲父同。」傅祗與荀顗所依據的均是禮經條文。請參見唐・杜佑，《通典》，卷 90，〈禮五十・沿革五十・凶禮十二〉，「齊縗三月」條，頁 2478。

〔註 9〕唐・杜佑，《通典》，卷 88，〈禮四十八・沿革四十八・凶禮十〉引魏司空陳群議語，頁 2419。

〔註 10〕請參見甘懷眞，〈中國中古時期制禮觀念初探〉，收入國立臺灣大學歷史學系編，《史學：傳承與變遷學術研討會論文集》（臺北：國立臺灣大學歷史學系，1998），頁 31～32。

〔註 11〕國子祭酒之官品，《晉官品令》無載，而《魏官品令》載爲官品第五。而國子祭酒一職之設置時間，據《晉書・職官志》載：「晉初承魏制，置博士十九人。及咸寧四年，武帝初立國子學，定治國子祭酒、博士各一人、助教十五人，以教生徒。」可知曹魏無國子祭酒一職，顯然《通典》將此職列入《魏官品令》之記載，極有可能將晉制誤爲魏制，故晉國子祭酒應爲官品第五。請參見唐・杜佑，《通典》，卷 37，〈秩品二・魏官品〉，頁 992；《晉書》，卷 24，〈職官志〉，頁 736。

〔註 12〕【表 5－1】的羊暨之例，乃據《通典》所載羊暨因居兄喪爲息娶婦而遭清議一事，時間約爲惠帝元康初，羊暨時任并州刺史。據《晉書・羊祜傳》所載，

第三者一例（少府夏侯駿）。〔註 13〕這可說明，其一，清議對象包含未仕者與現任官僚，其所發揮的作用正與中正評品制度的兩種機制相配合。其二，現任官僚遭清議者，多集中在官品序列中的中層，以五品與六品官最多，這當中的政治意義爲何？筆者以爲，這突顯出司徒府中正系統即使是執行清議，仍舊與定九品一樣，均染上勢族門閥色彩，不願得罪當朝權貴，說明當時的政治力仍與社會力相抗衡，甚至淩駕其上，與東晉士族能支配政治運作的強大社會力相比，西晉以皇權爲中心的官僚政治力量仍強。再者，此一情形的出現，或可從官品等級秩序之質變來解釋，這部分詳論於本節第三目。

第三，就這二十例當事人的家世狀況而言，除七例狀況不明外，餘者父祖皆無官爵者有三例，父無官爵、祖有官爵者有一例，父有官爵、祖無官爵者有五例，父祖皆有官爵者有四例。通常家世不明者，恐怕正因當事人本身無特殊事蹟，故其家世可能屬寒門，至多爲地方縣級豪族，而父祖皆無官爵者屬寒門無疑，將這家世不明的七例與父祖皆無官爵者合計達十例，佔總數一半。父或祖有官爵與父祖皆有官爵的其他十例中，夏侯駿祖夏侯淵爲曹魏開國功臣，官至征西將軍（魏官品第二），王琛父王覽官至光祿大夫（晉官品第三），從父王祥官至太保（晉官品第一），羊暨父羊發官至都督淮北護軍（晉官品第四），從父羊祜官至征南大將軍（晉官品第二），且羊祜爲景獻羊皇后同產弟，泰山羊氏與皇室有姻戚關係，除了這三例家世屬中央級官僚大族外，餘者七例父祖多半官至四品或六品，以州刺史與郡國守相居多，家世僅能算是郡級大姓豪族。由此可知，清議對象大半家世屬寒門，其次爲地方郡級大姓豪族，中央級官僚大族甚少，比例僅有 15%。從這裡可看出，主持清議的

泰山羊暨乃晉初功臣羊祜異母兄發子，官至陽平太守，然《通典》卻載其遭清議時任并州刺史，與《晉書》所載最高官職不符，未審《通典》這段史料的來源爲何？但查《晉方鎭年表》，元康二年并州刺史無載，或許羊暨該年曾任并州刺史。又晉世單車刺史甚少，故將羊暨視爲帶有將軍號之刺史，官品第四。

〔註 13〕《通典》原作「俊」，但《三國志．夏侯淵傳》注引《世語》、《晉書．周處傳》等均作「駿」，故改之。又《通典》載夏侯俊遭清議一事，未載其當時所任官職，但據《晉書．傅咸傳》所載，元康元年汝南王司馬亮輔政，御史中丞傅咸上疏諫其專權一事時，曾提及司馬亮任用夏侯駿爲少府。故夏侯駿隔年遭清議時可能正任少府。請分見唐．杜佑，《通典》，卷 60，〈禮二十．沿革二十．嘉禮五〉，「周喪不可嫁女娶婦議」條，頁 1689；《三國志》，卷 9，〈夏侯淵傳〉注引《世語》，頁 273；《晉書》，卷 58，〈周處傳〉，頁 1570；卷 47，〈傅咸傳〉，頁 1327。

司徒府與中正，畏懼政治權貴，如此一來，清議恐有淪為中央級官僚大族打擊寒門、地方豪族的政治工具。

第四，清議也逐漸產生部分附屬政治功能，就小範圍而言，清議容易成淪為中正挾私報復、籠絡求官士子的政治工具，像是何岐因得罪豫州中正袁粲，險遭貶品，〔註 14〕還有劉疇代傅宣定九品，竟造成士人奔競的求品熱潮，都是很好的實例。因此，劉毅〈九品八損議〉便稱：「今之九品，所下不彰其罪，所上不列其善，廢褒貶之義，任愛憎之斷，清濁同流，以植其私，故反違前品，大其形勢，以驅動眾人，使必歸己。」〔註 15〕再擴大則如前面所論，當朝勢族權貴以清議作為打擊寒門、地方豪族的政治工具。因此，衛瓘認為漢末魏初本有之「鄉邑清議，不拘爵位，褒貶所加，足為勸勵」的鄉論餘風，進入西晉以後逐漸消失，〔註 16〕其要抨擊的正是清議逐漸成為政治工具的現象。

但是還有更高層級的附屬政治功能，即作為打壓或籠絡新附的蜀國或吳國地方人士的工具。從【表 5－1】清議事例表的本籍來看，除去四例本籍不明之例，餘者十六例有五例為巴蜀士人，比例為 31％，以《晉書・地理志》所載武帝太康中全國戶數為準，蜀國舊土戶數所佔比例約 12.4％，〔註 17〕蜀國舊土人士遭清議之比例遠高於戶數比例，顯然中朝士大夫有利用清議，以

〔註 14〕《晉書・何劭傳》云：「（何）劭初亡，袁粲弔岐，岐辭以疾。粲獨哭而出曰：『今年決下婢子品。』王詮謂之曰：『知死弔死，何必見生！岐前多罪，爾時不下，何公新亡，便下岐品，人謂中正畏強易弱。』粲乃止。」袁粲以尚書領豫州中正，時何岐父劭初亡，因何岐拒絕其慰問，乃欲藉由其中正之權，予以清議貶品，時陳國何氏政治權勢漸衰，袁粲才有機可乘。可見劉毅所言中正「隨世興衰」、「衰則削下，興則扶上」的現象，實有所據。此乃中正評品與清議的私權化、政治工具化之最佳寫照。請參見《晉書》，卷 33，〈何劭傳〉，頁 999；卷 5，〈懷帝紀〉，「永嘉五年六月丁酉」條，頁 123；卷 45，〈劉毅傳〉，頁 1274。

〔註 15〕《晉書》，卷 45，〈劉毅傳〉，頁 1277。

〔註 16〕《晉書》，卷 36，〈衛瓘傳〉，頁 1058。

〔註 17〕筆者將《晉書・地理志》所載晉武帝太康中全國户數，以萬户為單位，條列各州户數如下：司州 47.57，兗州 8.33，豫州 11.68，冀州 32.6，幽州 32.6，平州 1.81，并州 5.93，雍州 9.95，涼州 3.07，秦州 3.21，梁州 7.63，益州 14.93，寧州 8.3，青州 5.3，徐州 8.12，荊州 35.75，揚州 31.14，交州 2.56，廣州 4.31，合計全國户數為 248.11 萬户，其中蜀國舊土梁、益、寧三州户數為 30.86 萬户，故可知蜀國舊土户數佔全國户數的 12.43％。請參考《晉書》，卷 14，〈地理志上〉、卷 15，〈地理志下〉，頁 415～468。

壓抑新附的蜀國地方人士的嫌疑。〔註 18〕此外，太康元年平吳之後，清議也被當作綏靖吳人的政治工具。《通典・沿革・凶禮》載毘陵內史論江南貢舉事：

> 江表初附，未與華夏同，貢士之宜，與中國法異。前舉孝廉，不避喪孝，亦受行不辭以爲宜。訪問餘郡，多有此比。按天水太守王孔碩舉楊少仲爲孝廉，有周之喪而行，甚致清議。今欲從舊，則中夏所禁，欲不舉，則方士所闕。闇塞意淺，甚以爲疑。〔註 19〕

這裡所列舉的周喪察舉之例，就是泰始中天水太守王頎舉前太常楊旌爲孝廉之例。西晉有周喪不得察舉的禮法風尚，而吳國則承襲東漢舊制，即文中所言「前舉孝廉，不避喪孝，亦受行不辭以爲宜」。但太康元年平吳之後，晉武帝採取綏靖政策，乃欲從舊，打破原本西晉周喪不得察舉之慣例，讓新附的吳國士人可依江表舊習，察舉可以不避喪孝，企圖藉此收攬人心。可見清議既然可作爲懲戒士人之手段，當然亦可逆向操作，成爲籠絡吳國士人的政治工具。不過，時值全國一統未久，此作法恐有迅速吸納降臣加入統治階層，加速對江東地區的有效統治之政治考量。但是在中朝士大夫眼裡，吳國士人畢竟和蜀國士人一樣，均是亡國之後，對蜀吳士人仕進處處限制，即使像是吳郡陸機、陸雲兄弟，祖陸遜、父陸抗均貴爲吳國執政，陸機「少有異才，文章冠世，服膺儒教，非禮不動」，陸雲「性清正，有才理」，無論家世或個人才學條件都當屬上品，但二陸一直到太康末爲太常張華引薦，惠帝時期才被辟爲公府掾。〔註 20〕連吳士家世名望最重的二陸，仕進都不甚順利，更何況其他士人。因此，陸機稱「揚州無郎，而荊州江南乃無一人爲京城職」，〔註 21〕正能反映吳國士人在仕途上所受到的打壓。

綜上所述，魏末西晉清議活動多集中太康年間以後，其目的在維繫儒家名教的優越性，當中已呈現出士人家禮對國家法制的制約。〔註 22〕此時期的清議與漢末魏初的清議相較，呈現的風貌與型態已有所轉變。漢末清議本是名士層對於士人言行進行褒貶的清正議論，其本質屬於人物評價，例如當時

〔註 18〕關於此一觀點，另可參考宮川尚志，《六朝史研究：政治社會篇》，頁 277。

〔註 19〕唐・杜佑，《通典》，卷 101，〈禮六十一・沿革六十一・凶禮二十三〉，「周喪察舉議」條，頁 2673。

〔註 20〕《晉書》，卷 54，〈陸機傳〉，頁 1467、1473；卷 54，〈陸雲傳〉，頁 1481～1482。

〔註 21〕《晉書》，卷 68，〈賀循傳〉，頁 1824～1825。

〔註 22〕神矢法子嘗透過兩晉的清議事例，探討士人家禮與國家王法間的關係。請參氏著，〈晉時代における王法と家禮〉，《東洋學報》，第 60 卷第 1 號（1978，東京），頁 19～53。

在評價鄭玄、邴原二人時，稱「是時海內清議，云青州有邴、鄭之學」。〔註23〕這樣的人物評價對於國家用人而言，雖有干國家用人之機於下的負面作用，但在政社失序之秋，若能有效控管，則不失爲掌握人才資訊的有效機制，這便是清議在中正評品制度初立時的運作機制。但是魏末西晉以降，清議在中正評品制度中的功能開始擴大，不再侷限於人才資訊管道的功能，而是以獎懲機制爲主，成爲中正升降士人鄉品時最主要的運作型態。而且由於勢族權貴的不肖動機，使得清議染上部分政治色彩，成爲維持既得優勢，打擊寒門、地方豪族的政治工具，國家亦以清議來強化對蜀吳新土的有效統治，這些均是清議的附屬政治功能。因此，從清議的強化與質變過程來看，可發現清議本以作爲貫通中央與地方、國家與社會間的人才資訊管道爲主要作用，但隨著勢族門閥與儒家名教因素的作用，清議的運作逐漸轉向監督、制約士大夫官僚的準考課功能，這實與九品官人法從官才本位主義到勢族門閥主義的精神轉變過程，有著密不可分的關連。

二、從禮的法制化看九品官人法的精神轉變

從前面討論可知，士人家禮與儒家名教制約力有逐漸凌駕國家法制的趨勢，漢末魏初已有禮、律並舉的情形出現，〔註24〕至晉武帝泰始中庾純以父老不求供養，何曾、荀顗、齊王攸等人乃「據禮典以正其臧否」，即所謂「凡斷正臧否，宜先稽之禮、律」之意。〔註25〕此一觀念爲漢代所未見，這表示

〔註23〕《三國志》，卷11，〈邴原傳〉注引《原別傳》，頁353。

〔註24〕漢獻帝建安十八年潘勗作〈冊魏公九錫文〉，文中曾有「經緯禮律」之語，顯然至晚在漢末魏初已有禮律並舉的情形，但眞正普及可能至魏末晉初。請參見《三國志》，卷1，〈武帝紀〉，「漢獻帝建安十八年五月丙申」條，頁37～40。

〔註25〕然此事或不單純，因爲庾純不久前在河南尹任內，與任愷疾賈充奸佞，後在賈充宴請朝士的場合裡，雙方出現嚴重對峙，庾純甚言：「高貴鄉公何在？」此乃觸及司馬氏奪權之不義與醜態，於是遭朝廷免官。然開國功臣、官僚大族何曾、荀顗等人，又繼續追究庾純「父老不求供養」的悖孝行爲，朝廷不得已只好「下五府依禮典正其臧否」，司徒石苞甚至建議「除名、削爵土」，可見爲維護政權統治之正當性與穩定性，那些參與魏晉禪代的功臣，無一不使出渾身解數，以嚴禮重刑來懲戒這類冒犯國家尊嚴或違反士人家禮的官僚。顯見此次事件，實與當權勢族與政治地位上升中的地方大族或名士間的對抗有關。當中或有不滿司馬氏而同情曹氏舊政權的政治因素，當然這就涉及西晉初期政治派系的鬥爭，這部分請參見徐高阮，〈山濤論〉，頁95～125；曹文柱，〈西晉前期的黨爭與武帝的對策〉，《北京師範大學學報（社會科學

禮、律逐漸結合，禮的精神和規範已大量爲國家律法所吸收，這與漢代禮、律往往區爲二途，按儒家經典決獄與按法律斷案截然分開的情形迥然不同。〔註26〕可見西晉已開始著手將部分禮制予以法典化，禮律並重，〔註27〕甚至在法制體系中禮的位階逐漸高於律令，而具有指導地位。

再者，西晉納禮入令，再規定違令入律，〔註28〕逐步邁向禮刑合一之法制體系的完成。〔註29〕以喪服禮爲例，兩漢喪服無定制，〔註30〕然《晉令》已有〈喪葬令〉來規範官人間的喪服禮，〔註31〕若未遵守依禮而制之令，則以清議形式進行違禮的處分，此即「違令有罪則入律」之意。復如魏咸熙元年（264）釐革典憲，裴秀主定官制，其中包括五等爵制，此實仿《周官》而作，而負責定律令的賈充等，以《漢九章律》與《魏律》爲基礎制訂《泰始律令》，當中便增加《諸侯律》，即所謂以「周官爲諸侯律」，〔註32〕此亦爲「以禮入律」的典型。〔註33〕晉武帝世《晉禮》的編修與頒佈，〔註34〕正是建構

版）》，1989年第5期（北京），頁44～51；王曉毅，〈司馬炎與魏晉禪代的歷史遺留問題〉，《孔孟月刊》，第36卷第9期（1998，臺北），頁40～45。正文載庾純事，請見《晉書》，卷50，〈庾純傳〉，頁1397～1401。

〔註26〕請參見祝總斌，〈略論晉律之儒家化〉，《中國史研究》，1985年第2期（北京），頁112。

〔註27〕進入西晉以後，禮律並稱的情形屢見不鮮，故可知晉世已有禮律並重的情形。請參見程樹德，《九朝律考》（北京：中華書局，1963，新一版），卷3，〈晉律考上〉，頁237～238。

〔註28〕關於律與令之關係，漢代以前原本二者混同，漢代爲令與律分離之過渡期，但令尚依附於律之下，至西晉《泰始律令》，令始與律對等而立。此時二者範疇之分界，在於「不入律，悉以爲令」，且「實行制度，以此設教，違令有罪則入律」，兩者之關係爲杜預所稱之「律以正罪名，令以存事制」。請參見高明士，〈中國律令與日本律令〉，《臺大歷史學報》，第21期（1997，臺北），頁111～112；《晉書》，卷30，〈刑法志〉，頁927；隋・虞世南，《北堂書鈔》，卷45，〈律令〉引杜預《律序》，頁175。

〔註29〕神矢法子曾以兩晉違禮事例爲基礎，探討禮的規範性之逐步法制化發展。兩晉「禮教嚴峻」之風，正與禮之法制化發展有密切關連。請參見神矢法子，〈晉時代における違禮審議——その嚴禮主義的性格——〉，《東洋學報》，第67卷第3、4號（1986，東京），頁49～79，特別是頁63～75。

〔註30〕請參見清・趙翼，《二十二史札記》，卷3，「兩漢喪服無定制」條，頁41～43。

〔註31〕關於〈喪葬令〉的大致內容與條目，請參見張鵬一編著，《晉令輯存》（陝西：三秦出版社，1989），卷3，〈喪葬令〉，頁179～192。

〔註32〕《晉書》，卷30，〈刑法志〉，頁927。

〔註33〕請參見楊光輝，《漢唐封爵制度》（北京：學苑出版社，1999），頁183。

〔註34〕關於《晉禮》成立的過程與制度沿革上的意義，請參見甘懷眞，〈中國中古時期制禮觀念初探〉，頁23～27。

禮、律、令合一之法制體系的里程碑。而本節第一目所論之清議機制的強化，正是此發展脈絡中的一環，因爲清議正是以維繫儒家倫常與名分秩序爲其核心內涵，國家透過清議得以懲處悖禮犯義之平民或現任官僚，藉以建立一套監督官民實踐儒家道德的強制性機制。因此司徒王渾對於虞濬等八人居喪嫁女娶婦之行，便奏彈他們「虧違典憲，宜加貶黜，以肅王法」，〔註 35〕可見清議具有若干維護國家統治與人間名分秩序的法制功能。總而言之，從國家法制律令與士人禮法名教的關係來看，清議機制的轉變，及其與士人家禮間密切的表裡關係，實與禮學的興盛、〔註 36〕泰始律令的儒家化有關，〔註 37〕此乃傳統禮治文化對國家法制進一步滲透，〔註 38〕以及政治秩序與文化秩序趨向統合發展的結果。

若進一步再從國家典制改革來看，魏晉禮制與律令改革主要涉及鄭玄與王肅二家之爭，鄭玄學說強調專制王權，王肅學說強調宗法社會下的王權。〔註 39〕魏初，鄭玄章句較佔優勢，〔註 40〕至魏末，王學與鄭學並列爲學官，〔註

〔註 35〕唐・杜佑，《通典》卷六十〈禮二十・沿革二十・嘉禮五〉周喪不可嫁女娶婦議條，頁 1690。

〔註 36〕藤川正數曾利用《隋書・經籍志》與後人所作東漢至南朝的藝文志，統計各朝經部著述中各經傳分佈，三國時代禮學居第四位，約佔總部數的十分之一，兩晉則高居第一，約佔總部數的五分之一，足見兩晉時期禮學研究的興盛。請參見藤川正數，《魏晉時代における喪服禮の研究》（東京：敬文社，1960），頁 62～64。

〔註 37〕所謂的儒家化，主要指晉律的制訂乃遵循並吸收儒家經典中「禮」的精神和規範。關於晉律儒家化的內容，請參見祝總斌，〈略論晉律之儒家化〉，頁 111～118。

〔註 38〕關於禮治文化對國家法制的滲透，最好的例子便是官吏父母喪葬禮的演變。漢末魏初，官吏有父母喪，有葬迄除服的規定，不行三年喪服之制。然魏末西晉以降，司馬氏本以孝治天下，泰始元年（265）便下詔「諸將吏二千石以下遭三年喪，聽歸終寧」，至咸寧年間（275～279）因鄭默之例，乃「改法定令，聽大臣終喪」，表示二千石以上之大臣亦可守三年之喪。顯然至遲至晉武帝太康年間，現任官吏已行三年喪服之禮，可見國家法制逐漸爲儒家禮法所滲透。請參見《宋書》，卷 15，〈禮志二〉，頁 391；《晉書》，卷 44，〈鄭默傳〉，頁 1252。

〔註 39〕關於鄭、王二家學說性格的比較，請參見藤川正數，《魏晉時代における喪服禮の研究》，頁 181～192；同氏著，《漢代における禮禮の研究》（東京：風間書房，1968），頁 1～2。

〔註 40〕東漢中後期，儒家兼通律令，東漢末馬融、鄭玄等十餘家大儒爲漢代律令作章句，至魏明帝太和初制訂魏律之際，乃下詔「但用鄭氏章句，不得雜用餘家」。即使是崇獎儒術的魏明帝，仍舊選擇強調專制王權的鄭氏章句，可見漢

41〕魏帝高貴鄉公曹髦幸太學問諸經義時，帝之立場是較傾向鄭氏經義，但部分博士們則以認爲王義長於鄭義，〔註 42〕可見國家在律法經術立場上雖仍宗本鄭學，但學術界已出現擁王之聲。考究其因，就學術淵源言，王肅「從宋忠讀《太玄》」，〔註 43〕宋忠乃漢末荊州學派核心人物，〔註 44〕曾「刪劃浮辭，芟除煩重」，撰定《五經章句》，〔註 45〕故其特色爲輕枝節、重義理，王肅注經便承此風，〔註 46〕而鄭玄則以傳統訓詁起家，此乃鄭王二學最大歧異點之一。而時值經學地位面臨挑戰之際，思想界需要的是具有整體性的義理體系，王學對學術界而言比鄭學更具開創性，故王學漸與鄭學並駕齊驅。就政治環境言，魏晉禪代之際，王肅政治立場黨同司馬氏，其女又適司馬昭，〔註 47〕在司馬氏取得絕對優勢之後，王學自然能迅速與鄭學抗衡，甚至有凌駕之勢，可知鄭王二學之爭仍帶有政治色彩。〔註 48〕

因此，至魏末咸熙（264～265）年間釐革憲司時，從禮制、律法、官制

末魏初強調專制王權之法家學說的盛行。請參見《晉書》，卷 30，〈刑法志〉，頁 923。

〔註 41〕《三國志》，卷 13，〈王肅傳〉，頁 419。

〔註 42〕《三國志》，卷 4，〈三少帝紀・高貴鄉公〉，「甘露元年四月丙辰」條，頁 135～138。

〔註 43〕《三國志》，卷 13，〈王肅傳〉，頁 414。

〔註 44〕關於漢末荊州學派興起的政治、社會與學術環境，及其學風特色，請參見唐長孺，〈漢末學術中心的南移與荊州學派〉，收入谷川道雄編，《地域社會在六朝政治文化上所起的作用》（東京：玄文社，1989），頁 138～144。

〔註 45〕又《後漢書・劉表傳》云：「關西、兗、豫學士歸者蓋有千數，（劉）表安慰賑贍，皆得資全。遂起立學校，博求儒術，綦毋闓、宋忠等撰立五經章句，謂之後定。」所謂「後定」，係指破除傳統經注而立新意，可知這是比鄭玄以訓詁章句爲本，整合諸家經注的作法，更具有開創性意義，更能滿足學術界突破傳統、開創經學新境的心態，這或與玄學之興具有相同的學術氛圍。請分見清・嚴可均輯，《全上古三代秦漢三國六朝文》（北京：中華書局，1958），《全三國文》，卷 56，〈劉鎮南碑〉，頁 1362；《後漢書》，卷 74 下，〈劉表傳〉，頁 2421。

〔註 46〕關於王肅與荊州學派之淵源關係，及其學風之傳承，請參見湯用彤、任繼愈，《魏晉玄學中的社會政治思想略論》（上海：上海人民出版社，1956），頁 9～10；汪惠敏，《三國時代之經學研究》（臺北：漢京文化，1981），頁 241～252。

〔註 47〕請分見《三國志》，卷 13，〈王肅傳〉，頁 418～419；《晉書》，卷 31，〈后妃傳上〉，頁 950。

〔註 48〕請參見清・皮錫瑞，《經學歷史》（臺北：漢京文化，1983），頁 159～160；牟鍾鑒，〈魏晉南北朝時期的經學〉，收入《中國經學史論文選集》（臺北：文史哲出版社，1992），上冊，頁 454～457。

等，王肅學說已較佔上風。〔註 49〕晉武帝泰始二年（266），有司奏置七廟，其禮便依王肅之說。〔註 50〕又晉武帝太康（280～289）初，尚書郎虞摯奏稱「喪制鄭王各有異同，可依準王景侯（肅）所撰喪服變除」，後惠帝元康初「詔可其議」，〔註 51〕至此國家制訂禮典顯然以王肅學說爲宗本。鄭玄、王肅二說地位的興衰，說明典制改革與政權性格的變動關係。魏初刑名法術主義盛，強調尊尊的鄭玄學說符合專制王權的建立；然魏晉禪代以降，以司馬氏爲首的各中央級官僚大族（以及依附其下的地方大族與名士）取得執政地位，政權性格轉向儒家名教，強調親親的王肅學說自然能配合宗法社會的王權之建立。清議機制的轉變實與前述變動發展軌跡有若干程度之關係。正因魏初治術以刑名法術爲主，國家官僚法制優於士族宗法禮教，故清議尚停留在爲國家提供人才資訊的管道機制。然魏晉以降，治術以儒家禮法爲主，士族宗法禮教當然優於國家官僚法制，故清議逐漸轉爲維護名教禮法的工具機制。國家嚴厲執行清議，主要是欲強化國家禮典的的正當性與規範力，而自魏咸熙元年（264）便開始編修的《晉禮》終於在元康元年（291）正式頒佈實施，〔註 52〕隔年（元康二年）就出現由司徒府發動的全國性清議，這當中的政治意義就不言自喻了。

又清議機制的轉變，導致中正評品制度的準考課機制愈益發達，使得吏部的官僚黜陟權受到一定程度的干擾。而原本吏部用人多站在國家法制層次，以行政績效作爲考核、黜陟官吏的基礎，藉以穩定官僚政治運作。但清議機制與士人禮法強大的結果，導致吏部用人較不易發揮以官才爲核心的銓選理念，於是九品官人法逐漸遠離魏初的官才本位主義，此乃清議機制與選舉精神轉變之關係。再者，隨著清議機制地位的提升與法制化，國家對鄉論清議的支配更爲牢固，從鄉論清議的階層分化發展脈絡來看，顯示中央級士

〔註 49〕《晉書・文帝紀》咸熙元年秋七月條載：「帝奏司空荀顗定禮儀，中護軍賈充正法律，尚書僕射裴秀議官制，太保鄭沖總而裁焉。」這次的釐革憲司之所以需要鄭沖「總而裁焉」，正由於這三部分乃統屬於整體國家法典的部分，其共通精神與指導原理正是儒家經典，故需有人將之統合。再就國家官制與儒家經典之關係來說，魏末咸熙元年復五等爵制，表示《周官》乃釐革政制的法源依據。請分見《晉書》，卷 2，〈文帝紀〉，「魏元帝咸熙二年七月」條，頁 44；卷 35，〈裴秀傳〉，頁 1038。

〔註 50〕《晉書》，卷 19，〈禮志上〉，頁 602～603。

〔註 51〕《晉書》，卷 19，〈禮志上〉，頁 581～582。

〔註 52〕《晉書》，卷 19，〈禮志上〉，頁 581～582。

人層與鄉里輿論漸行漸遠，鄉論清議不再作爲在野士人的人物評價而存在，轉而作爲鞏固勢族權貴的政治工具。

三、從官品等級序列的二層分化與質變看九品官人法的精神轉變

官品九品制主要在呈現某官職所需的官才之品，例如西晉以後仍有臺四品吏、二品縣、三品縣、錫官五品等名稱出現，這種將官職品位與官人資格等第合用的情形，正顯示官品最初與鄉品均在呈現官才之品，即使在制度精神轉變之後，這種習慣仍存，故可知官品九品制原本在反映官才等級秩序，此爲九品官人法最初的制度精神。但進入魏末西晉，制度精神逐漸遠離官才等級秩序，而轉向官人身分秩序與權力名位秩序。例如西晉太康初年（280）平吳之後，頒佈《占田令》，規定「官品第一至于第九，各以貴賤占田」，另有蔭親屬制，「各以品之高卑，蔭其親屬，多者及九族，少則三世」，而蔭客制亦是依官品高卑規範蔭客戶數。〔註 53〕這說明晉武帝太康（280～289）以後，官品秩序已被國家明確定位爲官人身分與權力名位等級秩序，官人與平民成爲社會結構中的兩大階級，也就是有官爵者與白衣庶民之別，統治階級與被統治階級之別，簡言之，即爲「士庶之別」。〔註 54〕

那麼官品九品制等級秩序當中，是否存在明顯的上下或高卑之別，即統治階級中是否有簡單的階層分化？以下將先從中央官學系統的二層分化，次從官制與禮制的相應關係，探討官品等級序列存在的二層分化界線，透過這種分化界線所代表之等級序列的「質變」，以瞭解九品官人法的精神轉變。

〔註 53〕《晉書》，卷 26，〈食貨志〉，頁 790～791。

〔註 54〕周一良則從君子與小人之別，說明士庶之別，以爲不論門閥高低，凡九品以上官皆得稱君子，而非品官者爲小人，士庶之別乃以九品官爲界限。關於這一點，楊光輝亦從封爵與官位之有無，朝服之有無，中正品評對象等角度，得出相同結論。而這裡用「士庶之別」一語，乃取歷史中的通則意義，至於東晉南北朝時期的「士庶之別」，已專指士族（勢族）與庶族（寒門）之別，此乃門閥制度發達，統治階級內部階層區隔森嚴所致，唐長孺已有所辨析，中村圭爾更有大篇幅的專論。請分見周一良，《魏晉南北朝史札記》（北京：中華書局，1985），「君子小人」條，頁 68；楊光輝，《漢唐封爵制度》，頁 203、221～222；唐長孺，〈九品中正制度試釋〉，頁 121～126；中村圭爾，《六朝貴族制研究》（東京：風間書房，1987），第二章「士庶區別」小論，頁 91～138，特別是頁 102～113。

（一）從中央官學系統看官品等級序列的二層分化與質變

第三章第三節在討論州大中正制成立的過程中，已提到關於地方大族階層分化的問題，當時已出現中央士人層與中央級官僚大族，基於此已可看出統治階級內部確有階層分化的現象。從鄉品的角度來看，鄉品二品正是這種階層分化的分界，也就是勢族與寒素之別。《宋書・恩倖傳》沈約所論最具代表性：

> 漢末喪亂，魏武始基，軍中倉卒，權立九品，蓋以論人才優劣，非爲世族高卑。因此相沿，遂爲成法。自魏至晉，莫之能改，州都郡正，以才品人，而舉世人才，升降蓋寡。徒以馮藉門資，用相陵駕，都正俗士，斟酌時宜，品目少多，隨事俯仰，劉毅所云「下品無高門，上品無賤族」者也。歲月遷言爲，斯風漸篤，凡厥衣冠，莫非二品，自此以還，遂成卑庶。周、漢之道，以智役愚，臺隸參差，用成等級；魏晉以來，以貴役賤，士庶之科，較然有辨。〔註 55〕

這裡的「九品」指中正九品制，包含中正評品制度與鄉品九品制，此用法爲承襲晉人之習慣。沈約乃從中正九品之制的角度，說明統治階級的內部分化。然而，鄉品既與官職、官品有所關連，這種士庶階層分化又是如何反映在官品九品制當中呢？換言之，官品九品等級序列中，是否存在某個區別政治權位等級序列的簡單分界線？《宋書・禮志一》與《南齊書・禮志》各有一條重要史料，可爲吾人解此疑惑。《宋書・禮志一》載曹魏與晉初太學制度云：

> 魏文帝黃初五年，立太學於洛陽。齊王正始中，劉馥上疏曰：「黃初以來，崇立太學，二十餘年，而成者蓋寡。……依遵古法，使二千石以上子孫，年從十五，皆入太學。明制黜陟，陳榮辱之路。」不從。晉武帝泰始八年，……詔：「已試經者留之，其餘遣還郡國。大臣子弟堪受教者，令入學。」〔註 56〕

魏初立太學之初意在崇獎儒業，重振儒學的地位，故凡有才識願習經者便可由中央或地方官吏推薦進入太學，如魏文帝黃初年間（220～226），雁門太守牽招便曾「簡選有才識者，詣太學受業」，〔註 57〕顯然魏初進入太學並無身分資格的限制，因此齊王正始中（240～249）劉馥上疏欲令「二千石以上子孫，

〔註 55〕《宋書》，卷 94，〈恩倖傳〉，頁 2301～2302。
〔註 56〕《宋書》，卷 14，〈禮志一〉，頁 356。
〔註 57〕《三國志》，卷 26，〈牽招傳〉，頁 732。

年從十五，皆入太學」，此一建議恐怕有違官才本位主義的「唯才所宜」精神，可能會進一步導致官僚大族壟斷文化學習大權，以及太學試經入仕途徑，故爲當時執政的曹爽集團所否決。但是進入西晉之後，泰始八年（272）詔卻賦予大臣子弟有進入太學的權利，恐怕與先前劉馥的建議有若干程度的繼承關係。而這裡的大臣或許正是指二千石以上之現任官吏，轉換成官品來看，二千石官吏中官品最低者爲官品五品的郡國守相。從這裡可以約略看出官品五品在官品等級秩序中的「分界」特性。而此一推論可從《宋書》與《南齊書》中得到進一證實。《宋書・禮志一》載晉世國子學之設置云：

> 咸寧二年，起國子學，蓋周官國之貴遊子弟所謂國子，受教於師氏者也。〔註 58〕

此一發展與泰始八年詔有承襲關係。這裡已揭示太學與國子學之分立發展，在於兩者建制本質的差異，即國子學具有古代封建體制下的貴族色彩，專爲貴遊子弟而設。而這裡的「貴遊子弟」或與先前的「大臣子弟」相通，其官品序列上的身分認定，可能正是官品五品。《南齊書・禮志》載晉世國子學之沿革建制：

> 晉初太學生三千人，既多猥雜，惠帝時欲辯其涇渭，故元康三年始立國子學，官品第五以上得入國學。天子去太學入國學，以行禮也。太子去太學入國學，以齒讓也。太學之與國學，斯是晉世殊其士庶，異其貴賤耳。〔註 59〕

縱使國子學設置時間，《南齊書》、《宋書》與《晉書》所載有所牴牾，〔註 60〕但這裡已明確指出國子學從太學分立出來，其基本目的之一在「殊其士庶」、「異其貴賤」，從另一個角度來說，就是爲因應統治階級內部分化的趨勢，才進一步調整國家教育機構，予以等級區劃。因此，東晉孝武帝時國子祭酒殷茂稱「公卿子弟，並入國學」，並言「國子生皆冠族華胄，比列皇儲」，〔註 61〕

〔註 58〕《宋書》，卷 14，〈禮志一〉，頁 356。

〔註 59〕《南齊書》，卷 9，〈禮志上〉，頁 145。

〔註 60〕《南齊書》繫於惠帝元康三年（293），《宋書》繫於武帝咸寧二年（276），又《晉書・職官志》繫於咸寧四年（278），而《晉書・武帝紀》亦繫於咸寧二年。未審何說爲是？《南齊書》與《宋書》部分請參考前注。《晉書》部分請分見《晉書》，卷 24，〈職官志〉，頁 736；卷 3，〈武帝紀〉，「咸寧二年五月」條，頁 66。

〔註 61〕《宋書》，卷 14，〈禮志一〉，頁 365。

表明國子學正是專爲上層統治階級、上層官僚大族子弟而設。再者，從先前的發展脈絡來看，引文中的「官品第五以上」，顯然就是指「官品五品以上之子弟」，足見在官品等級序列下，官品五品乃區別勢族與寒素的分界。

（二）從官制的「古今相況」看官品等級序列的二層分化與質變

以上所論乃從學校教育制度的角度，探討官品九品制的二層分化界線。然而，前面所引史料均出自正史禮志，再者，本節第二目討論禮的法制化時，已可看出西晉時期國家對儒家經典與禮教的重視，這讓人不得不懷疑官品九品制之等級序列與國家禮制之間，存在某種關連性。最明顯之例，如前所舉官學系統等級分化，國子學之立，「蓋周官國之貴遊子弟所謂國子，受教於師氏者也」，其理論依據正是《周官》。因此，以下將再從官制與禮制之相應關係，論證此一分化界線的存在，並進一步探討九品官人法的精神轉變。

就官制與禮經的關係而言，早在西漢末王莽篡漢期間，便曾大行託古改制，所依者便是《周官》，或言《周官》一書實乃劉歆等漢儒所作，其目的在建構一「法天道」的政治理想藍圖，並具有爲政權鼎革飾以正當性外衣的現實目的。東漢末經學大儒鄭玄注《周官》時，已明顯呈現出欲將漢朝典制與《周官》理想結合的特色，此乃恢復周制的復古主義路線，宗旨爲標榜漢制與周制的承襲關係。〔註 62〕下至魏末晉初編修並制訂晉禮、律令、官制，亦是承襲此一路線的發展。誠如陳寅恪先生所言：「中國儒家政治理想之書如《周官》者，典午之前，固已尊爲聖經，而西晉以後更爲國法矣。」〔註 63〕《泰始律令》與《晉禮》的陸續頒佈，揭示了《周官》所具有的國法位階。〔註 64〕《周官》中的政治等級秩序主要是諸侯、大夫、士三層，那麼官制九品制如何與此種等級制度配合呢？東晉初太常賀循曾言：

> 古者六卿，天子上大夫也，今之九卿、光祿大夫、諸秩中二千石者當之。古之大夫亞於六卿，今之五營校尉、郡守、諸秩二千石者當之。上士亞於大夫，今之尚書丞郎、御史及秩千石、縣令在官六品

〔註 62〕其實從漢武帝以降，官制的沿革已逐漸有模仿《周官》的傾向。關於此部分學者已多所論述，可參見西川利文，〈『周禮』鄭注所引の「漢制」の意味——特に官僚制を中心として——〉，收入小南一郎編，《中國古代禮制研究》（京都：京都大學人文科學研究所，1995），頁 339～358。

〔註 63〕請參見陳寅恪，〈崔浩與寇謙之〉，頁 129。

〔註 64〕請參見甘懷眞，《唐代家廟制度研究》（臺北：臺灣商務印書館，1991），頁 115。

> 者當之。古之中士亞於上士，今之東宮洗馬、舍人、六百石、縣令在官七品者當之。古之下士亞於中士，今之諸縣長丞尉在官八品九品者當之。〔註65〕

賀循爲「當世儒宗」，時「朝廷疑滯皆諮之」，〔註 66〕其所論當別具代表性。上文顯然將古今官制相互類比，當中雖雜用官品與祿秩，但將上述官職對照《晉官品令》仍可得知，原則上三品官相當上大夫，四、五品官相當大夫，六品官相當上士，七品官相當中士，八、九品官相當下士。

賀循這番比附，應有所據。《魏書・禮志》載北魏宣武帝永平四年（511），朝廷詔議喪服禮，國子博士孫景邕等議云：

> 案晉官品令所制九品，皆正無從，故以第八品準古下士。〔註67〕

孫景邕稱「第八品準古下士」，亦是古今官制類比的說法，且其論述所據者爲《晉官品令》，這可能是魏末至晉初裴秀所定《晉令》中的《官品令》，可信度極高。故可證明賀循的比附之論所言不差。

但賀循所論，並未提及官品一、二品，而從周代封建體制等級秩序而觀，可能與諸侯類比。魏明帝時博士張敷等議云：「諸王公大將軍縣亭侯以上有爵土者，依諸侯禮皆稱薨。」〔註 68〕西晉姜輯議諸侯大夫降服禮稱「三公爵命雖尊，班重諸侯」，故宜「依卿大夫降之服」。〔註 69〕東晉謝沈議諸侯廟禮稱「特進位高，似諸侯也」，故當立五廟。〔註70〕綜觀張敷等人所言，諸王、三公、大將軍、特進等官職在魏晉官品令中，官品皆爲二品以上，至於縣、鄉、亭侯雖爲官品三品至五品不等，但可能因有爵土，依禮當比古代諸侯，故與官品一、二品者同類比諸侯，此乃魏末晉初五等爵制對官人等級秩序的特殊作用，是以姜輯乃言：「大晉又建五等，憲章舊物，雖國有大小，輕重不侔，

〔註65〕唐・杜佑，《通典》，卷 48，〈禮八・沿革八・吉禮七〉，「諸侯大夫士宗廟」條，頁 1341。

〔註66〕《晉書》，卷 68，〈賀循傳〉，頁 1830。

〔註67〕北齊・魏收，《魏書》（臺北：鼎文書局，1997，九版），卷 108 之 4，〈禮志四〉，頁 2795。

〔註68〕唐・杜佑，《通典》，卷 83，〈禮四十三・沿革四十三・凶禮五〉，「初喪」條，頁 2245。

〔註69〕唐・杜佑，《通典》，卷 93，〈禮五十三・沿革五十三・凶禮十五〉，「三公諸侯大夫降服議」條，頁 2529。

〔註70〕唐・杜佑，《通典》，卷 48，〈禮八・沿革八・吉禮七〉，「諸侯大夫士宗廟」條，頁 1342。

通同大體，其義一也。故詔書亭侯以上與王公同。又以爲列侯以上策命建國者，皆宜依古諸侯，使絕周服。」〔註71〕

從這裡已可看出在此等級序列中，官品五品爲一重要界線，在此之上類比諸侯、大夫，在此之下類比爲士。按《周官》，諸侯世國，大夫世家，政治權力與利祿延伸至子弟，但士之權益僅及本人。以此爲基礎，再與前面中央官學系統的等級分化發展合觀，可得知西晉官品五品以上者相當於古代諸侯、大夫，諸侯與大夫具世官特權，就此脈絡言，世家與士族意義相通，均指世代居官，故子弟之身分爲「士」，家世屬於「士族」；官品六品以下者相當古代的士，士之身分不世襲，不具世官特權，故子弟身分爲「庶」，家世屬於「庶族」、「寒門」。因此，官品五品以上者之子弟便可因其父兄之政治地位而獲得入國子學特權，至於官品五品以下者之子弟僅能進入太學，以此作爲國家培育儲備官吏候選人，並期以崇獎儒家經術來鞏固並維繫儒家名教的優越地位。

（三）從官品等級序列的二層分化與質變看九品官人法的精神轉變

總而言之，從官學系統的等級分化發展，以及古今官制相況的情形來看，官品五品乃是官僚體系二層等級分化之界線。〔註72〕此外，毛漢光先生更是利用此時期可見的史書，對四千多名官品五品以上官吏進行統計，而得出官品五品爲劃分士庶的標誌之一。〔註73〕然而，這種以官品第五爲界線的二層分化，其在文官等級制度的發展上，意義爲何？從禮制的角度而觀，這種界線無疑具有古代封建貴族之部分特質。再從勢族門閥的發展脈絡來看，居官五品以上者爲當世的官僚大族，其政治身分之「貴」乃依附官位而存，其社會身分之「貴」則仰仗族望而顯，此雙重身分各有所恃，然二者確有相互回饋機制，在「計資定品」作用下，官爵品位愈高者愈能保障子弟，子弟則愈有機會續父兄之高位，三世以降迨成鄉里族望，亦具有社會身分之貴。反之，族望愈高者，在「計資定品」作用下，仕途將獲得保障，換言之便可取得政治身分之貴。顯然「計資定品」在當中具有關鍵作用，而其能作爲政治與社

〔註71〕唐・杜佑，《通典》，卷93，〈禮五十三・沿革五十三・凶禮十五〉，「三公諸侯大夫降服議」條，頁2530。

〔註72〕請參見楊光輝，〈官品、封爵與門閥士族〉，《杭州大學學報（哲學社會科學版）》，1990年第4期（杭州），頁90～93。

〔註73〕此外的主要標準之一則是累官三世。請參見毛漢光，《兩晉南北朝士族政治之研究》，頁3～13。

會身分的回饋機制，正在其具有的雙重性格。計資定品中的資包含家資，指父祖官爵，可知家資包含族姓因素與官位性質，顯見計資定品本身便具有族姓與官位雙重性質，由此可看出二因子間的循環關係。然此循環機制之關鍵，則在於是否能取得庇蔭子弟之政治特權，如此則此雙重身分方足以產生交互作用的可能。關於計資定品的形成過程、詳細內容及其對選舉制度的影響，將詳論於本章第二節。

綜上所論，可知官品九品制的二層分化，具有濃厚的官人身分等級序列色彩，顯見官品九品制之本質，已從魏初的官才等級序列，轉向魏末西晉的官人等級序列，而此一發展脈絡，與九品官人法從官才本位主義到勢族門閥主義的精神轉變，兩者實爲魏晉官吏等級制度與選舉制度發展的一體兩面。

第二節　以西晉選舉問題的發展脈絡爲中心的考察

最後回到選舉制度的現實問題來觀察九品官人法的精神轉變。魏末西晉以降，最讓人側目的選舉問題不外乎是「計資定品」的問題，其次則是延續漢魏以來的浮華士風，而二者同爲破壞國家選賢任能、侵蝕官僚政治運作的「利刃」。故以下將先後以西晉浮華士風與「計資定品」問題爲中心，探討西晉選舉問題的發展脈絡，以此爲基礎，釐清魏至西晉九品官人法精神轉變的軌跡。

進入西晉以後，選舉問題陸續出現。大體而言有二大問題，其一，魏晉禪代之後，批判中正評品制度的撻伐之聲不斷，共通點在於衛瓘等人所言之「計資定品」的問題。其二，官人仕進逐漸有「清途」與「非清途」之別，此乃與「計資定品」問題相伴而生，而且與之相關的還包括官吏遷轉流徙頻繁之弊、官人重內官輕外官等問題。因此，本節將從西晉選舉問題出發，透過「身資」與「門資」兩大因素，探討浮華士風與計資定品兩大選舉問題。

一、選舉問題的核心——浮華爭競士風與「計資定品」問題

（一）浮華爭競士風的蔓延

魏晉禪代之後，晉廷就不斷出現批判選舉制度的聲音，這些批判多集中在中正評品制度，包括段灼、李重、劉毅、衛瓘、司馬亮、潘岳、孫楚等，

當中以劉毅的〈九品八損議〉最爲完整，學者已做過相當多的討論，〔註 74〕這裡不擬再詳論。另外，旁及其他選舉問題和對策的相關言論者，則先後有傅玄、劉寔、郤詵、杜預、石苞、張載、李胤、劉頌、王沈等。

就西晉的選舉問題而言，多數學者均集中在九品官人法的門閥化進行討論。然筆者以爲，若從選舉問題的源頭與根本影響而言，士風問題亦不可忽略。晉武帝即位之初，初置諫官，「廣納直言，開不諱之路」，散騎常侍傅玄與皇甫陶共掌諫職，傅玄以魏末「政教頹弊，風俗不淳」，〔註 75〕乃上疏力陳虛鄙士風之弊。《晉書·傅玄傳》載傅玄上疏云：

> 臣聞先王之臨天下也，明其大教，長其義節；道化崇於上，清議行於下，上下相奉，人懷義心。亡秦蕩滅先王之制，以法術相御，而義心亡矣。近者魏武好法術，而天下貴刑名；魏文慕通達，而天下賤守節。其後綱維不攝，而虛無放誕之論盈於朝野，使天下無復清議，而亡秦之病復發於今。……唯未舉清遠有禮之臣以敦風節，未退虛鄙以懲不恪也。〔註 76〕

傅玄此疏之重要性，在於其明確指出士風頹敝乃西晉選舉問題根源，而此風又根源於魏武、文二世天下貴刑名、賤守節之風。此與漢季以前重名節之風相較，有極大轉變，明末大儒顧亭林對此有精闢之論。〔註 77〕而傅玄之論正可說明，浮華士風問題乃魏晉二代選舉問題的源流脈絡。這從後來劉寔、李重、劉毅、衛瓘等人的上疏中便可得到進一步證實。

當然此風在正始玄學出現前後，開始以京師爲中心向整個士人層擴散，使得士風逐漸加入了鄙功實、好清言、尚清簡因素，這點傅玄已有提及。下至太康年間，情況日趨嚴重，劉弘《教》云：「太康以來，天下共尚無爲，貴談莊老，少有說事。」〔註 78〕而此士風本從上層士人層開始蔓延，上層士人

〔註 74〕請分見楊筠如，《九品中正與六朝門閥》，頁 55～62；宮崎市定，《九品官人法の研究》，頁 161～163；宮川尚志，《六朝史研究：政治·社會篇》，頁 289～292；矢野主稅，《門閥社會成立史》，頁 544～547；鄭欽仁，〈九品官人法——六朝的選舉制度〉，頁 245～246。

〔註 75〕宋·司馬光，《資治通鑑》，卷 79，〈晉武帝紀〉，「泰始元年十二月」條，頁 2494。

〔註 76〕《晉書》，卷 47，〈傅玄傳〉，頁 1317～1318。

〔註 77〕請參見清·顧炎武，《日知錄》（蘭州：甘肅人民出版社，1997），卷 13，「兩漢風俗」條，頁 590～592。

〔註 78〕南朝梁·蕭統編，唐·李善注，《文選》，卷 49，〈史論上·晉紀總論〉注引干寶《晉紀》引劉弘《教》，頁 2186。

層多居朝中勢位，對政風之影響更劇。誠如干寶《晉紀・總論》所言：「朝寡純德之士，鄉乏不二之老。風俗淫僻，恥尚失所。學者以莊老爲宗，而黜六經；談者以虛薄爲辯，而賤名檢；行身者以放濁爲通，而狹節信；進仕者以苟得爲貴，而鄙居正；當官者以望空爲高，而笑勤恪。」〔註 79〕此虛薄爭競之士風嚴重浸蝕西晉政風，儼然是西晉選舉問題的底層毒瘤。正如西晉末陳頵與王導書所云：「中華所以傾弊，四海所以土崩者，正以取才失所，先白望而後實事，浮競驅馳，互相貢薦，言重者先顯，言輕者後敘，遂相波扇，乃至陵遲。加有莊老之俗傾惑朝廷，養望者爲弘雅，政事者爲俗人，王職不恤，法物墜喪。」〔註 80〕然上層士人尚清簡，一般士人尚爭競，此種士風的內在分化脈絡爲何？與漢末以降士大夫思想之反動的關連結構爲何？此已與本文所論稍遠，且非筆者目前學力所能解決，故暫存而不論。

然爲何日後選舉問題焦點轉而集中到「計資定品」上？這種轉變與浮華士風之關係又是如何？在諸上疏當中，最能看出選舉問題核心及其內部變化者，爲劉寔的〈崇讓論〉。此文冗長，故僅於茲節錄與本文論述關係最密切之片段。《晉書・劉寔傳》載劉寔〈崇讓論〉云：

> 古之聖王之化天下，所以貴讓者，欲以出賢才，息爭競也。……推讓之風行，則賢與不肖灼然殊矣。此道之行，在上者無所用其心，因成清議，隨之而已。……在朝之人不務相讓久矣，天下化之。自魏代以來，登進辟命之士，及在職之吏，臨見受敘，雖自辭不能，終莫肯讓有勝己者。夫推讓之風息，爭競之心生。……。能否混雜，優劣不分，士無素定之價，官職有缺，主選之吏不知所用，但案官次而舉之。同才之人先用者，非勢家之子，則必爲有勢者之所念也。非能獨賢，因其先用之資，而復遷之無已。遷之無已，不勝其任之病發矣。觀在官之人，政績無聞，自非勢家之子，率多因資次而進也。向令天下貴讓，士必由於見讓而後名成，名成而官乃得用之。諸名行不立之人，在官無政績之稱，讓之者必矣，官無因得而用之也。所以見用不息者，由讓道廢，因資用人之有失久矣。故自漢魏以來，時開大舉，令眾官各舉所知，唯才所任，不限階次，如此者甚數矣。……夫如此，愚智咸知進身求通，非修之於己則無由矣。

〔註 79〕南朝梁・蕭統編，唐・李善注，《文選》，卷 49，〈史論上・晉紀總論〉，頁 2186。
〔註 80〕《晉書》，卷 71，〈陳頵傳〉，頁 1893。

游外求者，於此相隨而歸矣。浮聲虛論，不禁而自息矣。……〔註81〕

劉寔撰〈崇讓論〉時間爲晉武帝泰始初，〔註82〕其論述重點旨在批判「世多進趣，廉遜道闕」的華競士風。華競士風的產生，最初是由於「推讓之風息」所致。然爲何會出現「推讓之風息」之現象呢？關鍵在於國家選舉失實，使得「能否混雜，優劣不分」。而從「同才之人先用者，非勢家之子，則必爲有勢者之所念」一語來看，當時的浮華士風是與「勢族權貴」侵蝕國家選舉制度之弊有密切關連。但是再從「官職有缺，主選之吏不知所用，但案官次而舉之」一語來看，顯然除了勢族權貴因素外，當時選舉制度確實存在「案官次銓選官職」之常態運作。這裡的「官次」，毛漢光先生以爲是父兄之官職。〔註83〕然劉寔所論那些「因資次而進」者，指的是「非勢家之子」，「官次」若是僅指父兄官職，則這些非勢家之子又如何得以「因資次而進」？若「官次」僅指父兄官職，主選之吏僅案父兄官職銓選，則非勢家之子不就很難有昇進的空間？非勢家之子又何須汲汲營營、浮華爭競？劉寔又何必倡言「貴讓」？若「官次」包括父兄官職與個人仕官資次，吏部可依父兄官職高低與個人資次銓選官職，則父兄官職高者雖擁有起家優勢，但父兄官職低者卻仍能憑個人資次的累積，而逐步攀至高位。故筆者竊以爲，這裡的「官次」除了指父兄官職外，或應將個人仕官資次包含在內。

因此，劉寔所要批判的選舉問題當有兩個層面，其一爲重官人家世之弊，即勢族權貴因素；另一則是重官人仕次之弊，即任官資次因素。二者合觀即劉寔所言「觀在官之人，政績無聞，自非勢家之子，率多因資次而進」。簡言之，劉寔謂曹魏以來選舉「因資用人」，這裡的「資」便有兩種面向，一爲「門資」，一爲「身資」。從官僚政治運作角度檢視，在缺乏健全的考課制度下，無論「門資」或「身資」，均非以「才能功實」決定仕進秩序，此正如劉頌所言「登進者自以累資及人間之譽耳，非功實也」。〔註84〕正因國家選舉「因資用人」，導致「能否混雜，優劣不分」，簡言之，即選舉「不辨官才」、「不審名實」之弊，故有浮華爭競之士風。

〔註81〕《晉書》，卷41，〈劉寔傳〉，頁1192。

〔註82〕《晉書》將此段文字置於劉寔魏景元四年（263）伐蜀之役之後，又續以劉寔「泰始初，進爵爲伯，累遷少府」之事，且從文中所稱「自曹魏以來」、「自漢魏以來」云云，可知劉寔撰〈崇讓論〉時間爲晉武帝泰始初。

〔註83〕請參見毛漢光，〈從中正評品與官職之關係論魏晉南朝之社會架構〉，頁601。

〔註84〕《晉書》，卷46，〈劉頌傳〉，頁1303。

劉寔所論晉初選舉問題核心爲華競士風，而斯風又起於選舉「因資用人」問題，故主張「貴讓」以進賢能、去華競。而約與劉寔〈崇讓論〉同時，泰始中，詔天下舉賢良直言之士，濟陰郤詵應舉，對策論古今選舉優劣與士風美惡，其語曰：

> 今之官者，父兄營之，親戚助之，有人事則通，無人事則塞，安得不求爵乎！賢茍求達，達在修道，窮在失義，故靜以待之也。爵茍可求，得在進取，失在後時，故動以要之也。動則爭競，爭競則朋黨，朋黨則誣調，誣調則臧否失實，眞僞相冒，主聽用惑，姦之所會也。靜則貞固，貞固則正直，正直則信讓，信讓則推賢，推賢不伐，相下無曆，主聽用察，德之所趣也。……若欲善之，宜創舉賢之典，峻關梁之防。其制既立，則人甚其舉而不茍，則賢者可知。知賢而試，則官得其人矣。〔註85〕

觀郤詵所論，「爭競朋黨」爲當時選舉問題核心，而關鍵則在政治權貴因素對士風的侵蝕，解決之道則是釐革士風，崇靜貴讓，則國家自然能官賢得人。郤詵關於選舉問題與對策的論述理路，幾與劉寔如出一轍，更可確認政治權貴因素對士風造成的腐化，乃當時選舉問題的癥結所在。

（二）「計資定品」問題的成立

綜上所論可知，劉寔所論政治權貴因素對選舉制度的作用，在於「因資用人」問題，就制度運作而言，主要有二種型態，一爲「身資」，一爲「門資」。然究竟制度運作上是如何地「因資用人」，〈崇讓論〉中未有明確說明，這或由於此問題正處於急速發展過程，而未達到高峰成爲制度運作慣例使然。然而到了太康中，衛瓘與司馬亮的上疏當中，已清楚呈現「因資用人」的制度運作型態，即筆者於第四章第四節一再提到的「計資定品」，故先就此段上疏的核心部分進行討論。《晉書・衛瓘傳》載司空衛瓘、太尉汝南王司馬亮等上疏語云：

> 瓘以魏立九品，是權時之制，非經通之道，宜復古鄉舉里選。與太尉亮等上疏曰：「……魏氏承顚覆之運，起喪亂之後，人士流移，考詳無地，故立九品之制，粗且爲一時選用之本耳。其始造也，鄉邑清議，不拘爵位，褒貶所加，足爲勸勵，猶有鄉論餘風。中間漸染，

〔註85〕《晉書》，卷52，〈郤詵傳〉，頁1441～1442。

遂計資定品，使天下觀望，唯以居位爲貴，人棄德而忽道業，爭多少於錐刀之末，傷損風俗，其弊不細。……」〔註86〕

這段文字大致可分作二部分來看，前面敘述九品官人法之精神流變，後面則提出「復鄉舉里選」的改革議案。觀第一部分，論述重點在比較魏初與魏末以降九品官人法運作之差異，所謂的「中間漸染，遂計資定品，使天下觀望，唯以居位爲貴」，正是與「鄉邑清議，不拘爵位，褒貶所加，足爲勸勵，猶有鄉論餘風」作對照比較之用，而當中的關鍵便是「計資定品」問題。從二語對照而觀，可知「計資定品」問題與選舉重政治權貴因素有密切關連，「資」之內涵應與官爵品位有關。

不過，值得注意的是，比較劉寔與衛瓘、司馬亮的論述，二者有其異同。所同者，在於二改革方案有其共同宗旨，即解決魏末西晉以降的華競士風。所異者有二，其一，二改革方案的精神取向有所差異。劉寔所重者爲「區辨能否」與「在官政績」，本質上偏向強化官僚政治運作而立論，而衛瓘、司馬亮所重者則爲「善惡褒貶」與「道業學行」，本質上偏向維護社會倫理風教而立論。其二，二者對選舉問題內部之認識，重點似有所轉移。劉寔於泰始中所撰之〈崇讓論〉，對於「因資用人」問題內涵，明確指涉「身資」與「門資」兩種因素，且對於「身資」因素多所強調，可想見文中所謂「因資用人」的「資」，當中「身資」的成分恐怕要大一些。但是到了太康中，衛瓘與司馬亮的上疏，卻將問題總結爲「計資定品，使天下觀望，唯以居位爲貴」，對於作用於問題內部的二種因素，已未顯著區辨。這種對選舉問題描述的差異，可能隱含西晉選舉問題內部的演化脈絡，故以下將先後以此二因素爲中心，進行選舉問題、對策以及官制問題的考察，以釐清西晉選舉問題及其對策的發展脈絡。

二、選舉問題的發展脈絡（一）——以「身資」爲中心的討論

就整個政治與社會結構而言，高級官位與勢族權貴畢竟是少數，顯然「因資次而進」反倒是官僚政治之常態，這就顯見「身資」的重要性了！若要探討國家官僚政治與選舉制度中下層結構之問題，當要釐清這種「因資次而進」的選舉運作。

〔註86〕《晉書》，卷36，〈衛瓘傳〉，頁1058。

就「身資」與中正評品制度的關係而言，「身資」對入仕後鄉品調升的關鍵作用，已於第四章第四節末做過初步討論。然而，除了鄉品受官職、官品之作用，而形成所謂的計「身資」定品的問題，此外，從吏部人事權運作的角度來看，由於「身資」乃吏部銓選官職時的主要依據，故計「身資」定品的第二種主體便是吏部，而第一種計「身資」定品的主體則爲中正官。若計「身資」定品僅和中正官有關，則西晉勢族與東晉以降的世族僅需壟斷對中正官的支配即可，又何必再透過對吏部人事權的壟斷來鞏固其政治權位呢？況且鄉品與官職、官品間的關係，並非單線的作用關連，而是一種雙向的迴授機制，既然鄉品與官職、官品有對應關係，則所謂的計「身資」定品恐怕亦需從吏部銓選的角度來檢視。此外，入仕後鄉品之評定既受現任官職、官品作用，可見入仕後之仕進，當受吏部銓選制度本身的運作原理主導，此即中村圭爾所指出的，入仕後的人事進退，鄉品的作用力降低，吏部銓選未受鄉品制約，而是依據獨立的官制原理進行官職選舉。〔註 87〕這種原理便是按資次仕進的官吏遷轉原則。故以下先對「身資」與中正評品制度之關係進行補充，再將焦點集中至「身資」與吏部銓選制度之關係。

（一）「身資」與中正評品制度之關係

配合中正清定九品的三年一清定制度來看，筆者以爲現任官吏的新鄉品，可能隨著該任官職之高低而調整，若非如此，僅將「計資定品」之「資」解釋爲「門資」，然士人之「門資」在三、五年期間並不會改變，且個人言行又無嚴重觸犯名教倫理，表示被品評者的新鄉品與舊鄉品，其受評品的條件因素相同，則三年一清定僅依「門資」而定，這有何意義呢？因此，此「資」應該是依被評品時的官職勞考，來定出新鄉品。除非遇到特殊狀況，如遭清議貶品，否則現任官吏新鄉品的決定，恐怕受到官職、官品的作用要大些。此乃官職與官品對鄉品的作用。那麼恐怕《通典》所言以「言行修著」、「道義虧缺」爲鄉品升降的標準，〔註 88〕當中所指的制度運作，當是入仕後透過舉寒素、淹滯、清能等升品機制，以及清議貶品機制等特殊情形而言。多數情形則如毛漢光先生所言，中正評品可能是依附被評品

〔註 87〕請參見中村圭爾，〈初期九品官制における人事について〉，收入川勝義雄、礪波護編，《中國貴族制社會の研究》（京都：京都大學人文社會科學研究所，1987），頁 98。

〔註 88〕唐・杜佑，《通典》，卷 14，〈選舉二・歷代制中〉，頁 327～328。

者的個人官資，進行鄉品之調整。〔註 89〕至於因官僚行政疏失而被貶官，或者自行請辭等特殊情形，是否依照此一運作模式而進行鄉品之降貶，以使鄉品能與官職、官品能有所對應，現存史料未有直接證據得以證實，故先存而不論，待來日再考。

因此，從中正評品制度的角度來看，所謂的計「身資」定品，乃指中正評品會隨著官人之官職品位的升降，而作爲現任官吏的定品依據，其主要作用對象爲僅具有鄉品三品至六品的現任官吏。

（二）「清途」、「非清途」之分途發展與「身資」之關係

從劉寔所論「非勢家之子，率多因資次而進」，其實反過來說，不就指勢家之子仕進可不受「資次」之規範，與非勢家之子的仕進歷程有異乎？這正是干寶所言「世族貴戚之子弟，陵邁超越，不拘資次」。〔註 90〕然筆者之意，並不意味著勢家之子在入仕之後就不受「身資」因素制約。姑且將勢家之子的仕進之途稱爲「清途」，而非勢家之子的仕進之途稱作「非清途」。〔註 91〕這樣的差異性說明勢家之子的仕進，正逐漸脫離舊仕進資次規範，而逐漸自成體系，此乃「清途」與「非清途」分途發展的指標。

「清途」與「非清途」的分途發展，最初是始於起家官職的差異，如《宋書・謝弘微傳》載：「晉世名家身有國封者，起家多拜員外散騎侍郎。」〔註 92〕且清途起家與「門資」很有關係，據宮崎市定研究，勢家之子的起家官品約與父官爵品位差四品，〔註 93〕而起家官多從漢制皇帝及太子的侍從官發展而來，如門下系統的散騎侍郎（五品）、黃門侍郎（五品）、通直散騎侍郎（五品）、員外散騎侍郎（可能爲六品），另有中書省的中書侍郎（五品），尙書臺的尙書郎（六品），祕書臺的祕書丞（六品）、祕書郎（六品）、著作郎（六品）、佐著作郎（六品），學官系統的博士，東宮系統的太子中庶子（五品）、太子庶子（五品）、太子門大夫（六品）、太子洗馬（七品）、太子舍人（七品），諸王府系統的友（六品）、文學（七品）等。九品官人法下以五、六、七品官

〔註 89〕請參見毛漢光，〈從中正評品與官職之關係論魏晉南朝之社會架構〉，頁 599。

〔註 90〕南朝梁・蕭統編，唐・李善注，《文選》，卷 49，〈史論上・晉紀總論〉，頁 2187。

〔註 91〕關於清途與非清途兩大任官體系的分途發展，可先參考張旭華，〈論魏晉時期的清途與非清途兩大任官體系〉，《許昌師專學報（社會科學版）》，1995 年第 4 期（許昌），頁 15～20。

〔註 92〕《宋書》，卷 58，〈謝弘微傳〉，頁 1591。

〔註 93〕請參見宮崎市定，《九品官人法の研究》，頁 111～120。

起家的制度，大概是參照東漢六百石、比四百石起家之制，再根據社會變化而稍加修改形成的。〔註 94〕

至於起家之後的仕進，從身資的角度來看，清途遷轉的資次規範，大致從東漢仕進資次規範中分化而出。如漢代三署郎為國家儲備人才訓練所，至魏初，中央郎官部分員額與功能已分別為尚書臺、門下散騎、中書省所吸收並取代，所餘之三署郎漸成冗散，僅作為察舉秀孝後緩和官職實缺不足的暫時安頓之用，或者作為賜官榮寵功臣子弟之用。漢代三署郎多遷為縣令長，然魏文帝時已開始建立黃散出據州郡的仕官資次慣例，僅保留冗散之三署郎遷為縣令長的舊仕官資次規範。故發展過程中，二途所共循之資次規範的重疊面是逐漸縮小，但並非在西晉一朝便已完成，即使在東晉初年仍有共同資次規範存在。

然門資因素滲透甚速，以黃散二職為例，自魏及晉，黃散二職「並清華」，在魏初雖多「以高才英儒充其選」，然觀曹魏任黃散之職者，「多貴戚子弟」，如荀俁、荀顗、鍾毓、鍾會、王肅、華表、何曾、陳泰、杜恕、裴秀、王沈、桓纂、李豐、袁侃、王渾、司馬孚、司馬亮、司馬晃、司馬珪之輩，均為曹操時期以來三品或中二千石以上高官子弟或功臣子弟，而曹爽、夏侯玄、夏侯惠、孟康、何晏、毛曾等則具宗室或外戚身分，且這些人多從父輩襲得爵位，此為勢位因素與門資因素滲入之始。然當時仍有非勢家之子以個人才學仕為黃散的情形，如董遇、劉劭、王昶、畢軌、顏裴、傅嘏、盧毓、任嘏、桓範、王象、朱整等，足見清途尚處發展初期，正如南朝宋裴子野所言：「有晉以來，其流稍改，草澤高士，猶厠清塗」，〔註 95〕說明曹魏晉初清途均處上升發展過程。因此，干寶所言之「不拘資次」，可能正是相對於非勢家之子所循之舊有仕進資次規範而言，故言「不拘資次」。此正可說明魏末以降，勢位與門資因素逐漸破壞舊有仕進資次規範，使勢位與門資因素已逐漸凌駕官僚身資因素，而取得仕進的優勢地位，「清途」與「非清途」二途分化加速發展，二途各自的仕進資次規範逐漸形成。

舉例言之，晉懷帝永嘉五年（311）太尉司馬越薨，眾共推太傅軍司王衍為元帥，然王衍以賊寇鋒起，懼不敢當，辭曰：「吾少無宦情，隨牒推移，遂

〔註 94〕請參見上田早苗，〈貴族的官制の成立——清官の由來とその性格——〉，收入中國中世史研究會編，《中國中世史研究：六朝隋唐の社會と文化》（東京：東海大學出版會，1970），頁 237。

〔註 95〕唐・杜佑，《通典》，卷 16，〈選舉四・雜議論上〉引裴子野論，頁 389。

至於此。今日之事，安可以非才處之？」〔註96〕所謂的「隨牒」，據《漢書·匡衡傳》顏師古注：「隨牒，謂隨選補之恆牒，不被超擢者。」〔註97〕可見「牒」乃指吏部登錄官人仕官經歷的人事資料，就是王衍的「身資」。魏明帝時傅嘏難劉劭考課法，曾有「按品狀則實才未必當，任薄閥則德行未爲敘」之語，其實簿閥就是官簿，即記載官人仕官經歷與治績表現的官方文書，爲吏部所掌管。而前所言之「牒」正是指符合諸官職遷轉條件之官人的選補人名冊與基本資料，其基礎正是「簿閥」。故可知所謂「隨牒推移」，正是指官人根據諸官職轉遷原則，累積「身資」，而逐漸升遷，即使具勢家背景的王衍亦需隨牒推移，說明在「清途」與「非清途」分化發展期間，勢家之子的仕進仍受身資規範。

再如王彪之的例子。東晉初年，王彪之初除佐著作郎、東海王文學，從伯王導謂曰：「選官欲以汝爲尚書郎，汝幸可作諸王佐邪！」彪之曰：「位之多少既不足計，自當任之於時。至於超遷，是所不願。」王彪之遂爲尚書郎。〔註98〕綜觀王彪之的仕進歷程，起家任佐著作郎，再遷爲諸王文學，此一仕進資次規範乃太康以後清途典型仕進序列。但尚書郎一職在魏晉二世更是清要之官，當時選官因王彪之爲琅邪王氏子弟，故欲超遷他爲尚書郎。王導似欲避嫌，乃問王彪之是否願根據原有的仕進資次，出任諸王佐。可見縱使是第一高門琅邪王氏，基本上仍尊重仕進資次規範，但有時可能會因選官欲討好勢族，致使仕進資次規範因而受到破壞，這與正是清途形成之初，勢位與門資因素破壞舊仕進資次規範的翻版。

綜合王衍與王彪之二例來看，縱使「清途」與「非清途」分途已明，但無論何途，「身資」因素仍是尊重國家行政法令之官僚所需奉守者。

（三）按「身資」仕進的普遍性

最能說明這種「按資次而進」的官人仕進普遍模式者，爲張載的〈榷論〉。《晉書·張載傳》載此文，其要云：

> 況夫庸庸之徒，少有不得意者，則自以爲枉伏。莫不飾小辯、立小善以偶時，結朋黨、聚虛譽以驅俗。進之無補於時，退之無損於化。而世主相與雷同齊口，吹而呴之，豈不哀哉！今士循常習故，規行

〔註96〕《晉書》，卷43，〈王衍傳〉，頁1238。
〔註97〕《漢書》，卷31，〈匡衡傳〉顏師古注語，頁3333。
〔註98〕《晉書》，卷76，〈王彪之傳〉，頁2006～2007。

> 矩步，積階級，累閥閱，碌碌然以取世資。若夫魁梧儁傑，卓躒倜儻之徒，直將伏死嶔岑之下，安能與步驟共爭道里乎！至如軒冕黻班之士，苟不能匡化輔政，佐時益世，而徒俯仰取容，要榮求利，厚自封之資，豐私家之積，此沐猴而冠耳，尚焉足道哉！〔註 99〕

〈榷論〉主在批判當世庸庸俗士「結朋黨」、「聚虛譽」的現象，俗士得以「碌碌然以取世資」，其關鍵正在「積階級，累閥閱」。所謂「閥閱」，已於第四章第二節討論過，指功勞資次，〔註 100〕至於「階級」，《漢書・匡衡傳》顏師古注：「階，謂升次也。」〔註 101〕故「階級」當指仕官階次。因此，「階級」與「閥閱」，並非門地性質，因爲勢家之子本有門資可依，毋需如斯辛苦地結黨營譽。正因爲非勢家之子仕進並無「清途」優勢，故才需要戰戰兢兢地積累資次，以「厚自封之資，豐私家之積」。而此文撰述時間可能在泰始末，〔註 102〕足見魏末西晉以降，身資因素在選舉制度中的關鍵地位，及其對非勢家之子仕進的重要性。此文與劉寔〈崇讓論〉所反映的選舉問題吻合，除浮華爭競士風之弊外，國家選舉不盡人才又爲一弊，關鍵在俗士得以透過「按資次而進」模式，「循常習故，規行矩步」，競逐官位利祿，再利用「門資」因素於選舉制度的作用，便可逐步將自身的「身資」累積爲子弟的「世資」。當然此種仕進之途的有效性，僅有在門資因素未全然支配選舉制度運作，以及清途與非清途仕進之途分化未完全之前，才有成立的可能性。亦即士族與寒門間的階層流動尚存，否則這些俗士的努力豈不白費？

（四）「身資」與吏部銓選制度之關係

就「身資」與吏部銓選制度的關係而言，「身資」實爲吏部行人事進退時最重要的依據。《晉書・賀循傳》載陸機上疏薦賀循、郭訥一事云：

> 伏見武康令賀循德量邃茂，才鑒清遠，服膺道素，風操凝峻，歷試二城，刑政肅穆。前蒸陽令郭訥風度簡曠，器識朗拔，通濟敏悟，才足幹事。循守下縣，編名凡悴；訥歸家巷，棲遲有年。……至於

〔註 99〕《晉書》，卷 55，〈張載傳〉，頁 1518。

〔註 100〕關於「閥閱」意涵的討論，請參見本文第四章第二節。

〔註 101〕《漢書》，卷 31，〈匡衡傳〉顏師古注語，頁 3333。

〔註 102〕張載的若干作品如〈榷論〉、〈濛汜賦〉等，司隸校尉傅玄見而嗟歎，於是爲之延譽，遂知名。而傅玄任司隸校尉時間爲晉武帝咸寧元年（275）至咸寧四年（278），故張載此論恐作於泰始末。請分見《晉書》，卷 55，〈張載傳〉，頁 1518；清・萬斯同，《晉將相大臣年表》，頁 3329～3330。

才望資品，循可尚書郎，訥可太子洗馬、舍人。此乃眾望所積，非但企及清塗，苟充方選也。謹條資品，乞蒙簡察。〔註 103〕

陸機薦舉賀循、郭訥二人分任尚書郎與太子洗馬、舍人，最關鍵者爲「資品」，此乃吏部進行官職選補時，資格審格的要件，故最後陸機尚須附上二人「資品」，以作爲吏部銓選的客觀依據。而從陸機所陳的內容來看，「資品」應包括兩部分，其一爲任官資歷、功績，即「身資」，其二爲德行品第與才能狀語，即鄉品與品狀。這與曹魏傅嘏所言相吻合，「身資」來自簿閥，鄉品則敘官人德行，品狀則總才能之所長。

又《晉書・劉弘傳》載荊州都督劉弘選補諸缺吏一事云：

時荊部守宰多闕，弘請補選，帝從之。弘迺敘功銓德，隨才補授，甚爲論者所稱。乃表曰：「被中詔，敕臣隨資品選補諸缺吏。……臣輒以徵士伍朝補零陵太守，……臣以不武，前退於宛，長史陶侃、參軍蒯恒、牙門皮初，……侃恒各以始終軍事，初爲都戰帥，忠勇冠軍，漢沔清肅，實初等之勳也。……臣以初補襄陽太守，侃爲府行司馬，使典論功事，恒爲山都令。詔惟令臣以散補空缺，然泝鄉令虞潭忠誠烈正，首唱義舉，舉善以教，不能者勸，臣輒特轉潭補醴陵令。南郡廉吏仇勃，母老疾困，賊至守衛不移，以致拷掠，幾至隕命。尚書令史郭貞，張昌以爲尚書郎，欲訪以朝議，遁逃不出，昌質其妻子，避之彌遠。勃孝篤著於臨危，貞忠厲於強暴，雖各四品，皆可以訓獎臣子，長益風教。臣輒以勃爲歸鄉令，貞爲信陵令。皆功行相參，循名校實，條列行狀，公文具上。」〔註 104〕

原本地方長吏是由吏部統一選補除授，但時值張昌之亂，政局動盪不安，朝廷不得已乃直接授權荊州都督劉弘代表吏部選補諸缺吏，此爲權宜之計。又引文更明確指出選補官吏的法定程序是檢核「資品」。第四章第四節曾提及，縣令長有三等，從文意來看，可能因歸鄉令與信陵令常用鄉品三品者，故劉弘特別強調仇勃與郭貞二人的功績義行，亦即希望吏部銓選時能多考慮其「身資」，勿因二人鄉品不符慣例而抹煞其功績義行。最後中央同意此項人事任命，足見「身資」因素於吏部銓選中的關鍵性。因此，衛瓘所言「計資定品」，《通典》改書爲「計官資以定品格」，從身資與吏部銓選制度的關係來看，正是指對於官人仕進，吏部是根據身資決定遷轉官職的品位階次。

〔註 103〕《晉書》，卷 68，〈賀循傳〉，頁 1824～1825。
〔註 104〕《晉書》，卷 66，〈劉弘傳〉，頁 1764～1765。

事實上，吏部銓選官職時所重者在身資而非鄉品，有若干具體實例可供檢證。例一，魏文帝詔曰：「……今便以參散騎之選，方使少在吾門下知指歸，便大用之矣。天下之事欲使先歷散騎，然後出據州郡，是吾本意也。」〔註105〕可知魏初散騎侍郎乃擔任刺史守相的身資條件中的一類，足見自魏初以來，吏部銓選官職便重視「身資」因素。而且就「清途」的典型官吏黃門與散騎侍郎之轉遷來看，曹魏黃散近半數遷為州郡長官，〔註106〕此正是魏文帝使天下士人先「少在門下知指歸」，「然後出據州郡」之意，顯然清途之仕進資次規範大致源於曹魏若干慣例的發展。例二，《通典・職官・縣令》：「晉制，大縣令有治績，官報以大郡。不經宰縣，不得入為臺郎。」〔註107〕可知縣令當有治績，方能入為尚書郎，此為五品以下之外官轉為內官之遷轉原則，且此原則具有法制效力。例三，泰始元年詔曰：「若縣令有缺，掾屬才堪治民者，當以參選。」〔註108〕此為中央公府掾屬遷轉原則，可知吏部銓選縣令時，公府掾屬為符合「身資」條件中的一類。而且此一銓選原則，恐是魏明帝時杜恕考課議之法制化。〔註109〕例四，晉惠帝太安年間（302～303）成都王司馬穎以大將軍執政，中央人事權轉至大將軍府，司馬穎晚節政衰，「孟玖欲用其父為邯鄲令，左長史盧志等並阿諛從之」，時陸雲任大將軍右司馬，固執不許，曰：「此縣皆公府掾資，豈有黃門復居之邪？」〔註110〕可見邯鄲令一類之大縣令（官品第六），通常為具有公府掾之身資者，方有遷轉資格，此實為前引泰始元年詔之落實。

綜上所論，吏部主要是根據鄉品與身資銓選官職，傳統論述中多強調鄉品與官職、官品的相應關係，而逕以為鄉品是銓選官職的決定性因素，然由前所論述，可知「身資」因素實在不容忽視。然陳長琦卻將資品直接等同於

〔註105〕《三國志》，卷24，〈崔林傳〉注引《魏名臣奏》，頁680。

〔註106〕請參見閻步克，《察舉制度變遷史稿》，頁121～122。

〔註107〕唐・杜佑，《通典》，卷33，〈職官十五・縣令〉，頁918。

〔註108〕隋・虞世南，《北堂書鈔》，卷78，〈設官部三十・縣令〉引劉道薈《晉起居注》，頁341。

〔註109〕魏明帝景初年間大議考課之制，杜恕上疏曰：「……其欲使州郡考士，必由四科，皆有事效，然後察舉，試辟公府，為親民長吏，轉以功次補郡守者，或就增秩賜爵，此最考課之急務也。……」以公府掾屬參加縣令選補，乃杜恕之建議項目之一，顯然正文所引泰始元年詔可能正承襲杜恕所議而制。請參見《三國志》，卷16，〈杜恕傳〉，頁500～1。

〔註110〕《晉書》，卷54，〈陸雲傳〉，頁1484。

鄉品，並且以爲「資品」乃一種基於被品評者門資家格的任官「資格品第」。〔註 111〕經過前所論述，可知資品實應含括「身資」與「鄉品」，若不包含「身資」因素，吏部僅依「門資」銓選，那某官職有缺，吏部面對眾多具相同門資或鄉品之官人，又該如何決定何人可補此官職？而且若吏部僅依門資銓選，則門資低者不就永無翻身機會？那世俗之士又何苦要汲汲營營地「積階級」、「累閥閱」？顯然若依陳氏所言，則有許多地方均說不通。因此，筆者仍以爲資品包含身資與鄉品，而且「身資」爲銓選官職的要素。

三、選舉問題的發展脈絡（二）——以「門資」爲中心的討論

（一）「門資」的具體意涵

先論「門資」的具體意涵，這可先從中正評品制度運作程序來說明。從第四章的討論可知，中正清定九品的對象有兩類，一爲未入仕者，二爲現任官吏，而中正評品的基本項目最初爲德與才。然此二種標準極爲抽象，德行與經術乃源於儒家德治思想的選舉標準，經術屬於才能的一種，出身地方儒門大族子弟在這方面本具有環境優勢，復加上魏晉禪代期間，地方大族的橫向擴張與縱向階層化發展，德行因素與才能中的經術因素開始擴大而並體化成爲家世因素，這就是「門資」。那「門資」之具體形式爲何？從本節第一目的討論可知，「資」之內涵與官爵品位有關，而劉毅上表云：「吏部選用，猶下中正，問人事所在、父祖位狀」，〔註 112〕《通典．選舉二》則作「若吏部選用，必下中正，徵其人居及父祖官名」，〔註 113〕則「門資」當指「父祖官爵」，即唐長孺先生所言：「中正所據的門資，實際上即是當代的官爵」。〔註 114〕就「門資」於選舉制度中的作用而言，其主要對象應爲未入仕者。因爲從中正評品的標準來思考，就家世因素而言，由於父祖官爵的變動性不大，甚至在當事人入仕時已經達到仕宦高峰而不會變動，或者父祖本無官爵而無變動，因此中正評品的對象若是現任官吏，則家世因素幾無變動性，當然無法對現任官吏之品評有所影響，故可知「門資」主要作用對象當是未入仕者。

〔註 111〕請參見陳長琦，〈魏晉南朝的資品與官品〉，頁 39～40。

〔註 112〕唐．杜佑，《通典》，卷 32，〈職官十四．中正〉引劉毅上表語，頁 892。

〔註 113〕唐．杜佑，《通典》，卷 14，〈選舉二．歷代制中〉，頁 328。

〔註 114〕請參見唐長孺，〈士族的形成和升降〉，收入氏著，《魏晉南北朝史論拾遺》（北京：中華書局，1983），頁 63。

補充說明，杜佑將劉毅上表語中的「父祖位狀」改作「父祖官名」，詞義可能有誤差，事實上官品九品制雖以官職爲主，但仍含括「封爵」，「父祖位狀」指的是父祖官爵品位，但「父祖官名」僅指官位而無爵位，此爲杜佑之疏失，然此疏失不可謂不重。「爵」具有「世襲」本質，若有封爵者不兼任官職，則僅具利祿而無實權，故對官僚政治僅具有賞功之正面作用；可是一旦封爵者及其襲爵之子弟兼任官職，則其既有威望利祿又有政治實權，在官與爵透過官品制而整合於同一體系後，其世襲本質將滲透於選舉制度，並進一步擴大到整個政治與社會制度，從勢族政治向士族政治過渡，最後完成士族政治格局的發展。此爲治史者較易疏忽之處，特於此說明。

（二）計資定品問題的內部流變
——從「身資」因素到「門資」因素的過渡發展

然而，從本節第一目討論可知，在魏末晉初的「因資用人」問題中，「門資」因素的作用與弊端似尚小於「身資」因素。以下便結合段灼、劉毅、衛瓘等人的上疏，以及潘岳、孫楚、王沈等人的論述合觀，從「計資定品」問題的內在變化當中，探討計「門資」定品問題的發展脈絡。

首先，光是計「門資」定品一事，即使在魏正始嘉平年間，亦未成爲中正定品的運作慣例。若說計「門資」定品已是中正定品慣例，那爲何當時夏侯玄〈時事議〉論中正評品制度之弊時，怎未曾提及此一問題？其次，若當時已有計「門資」之定品慣例，則具相同「門資」的同胞兄弟，理當獲得相同鄉品。可是即使當時最高權門司馬氏，司馬懿子孫初仕官三品至七品均有，司馬懿諸弟子孫初仕官從三品至八品皆有，〔註 115〕從鄉品與官職、官品的對應關係來看，司馬氏子孫的鄉品可能從二品至四品均有。可能魏正始嘉平年間中正對於初仕者之評品，未全然計「門資」定品，魏初評品的理想標準「德」與「才」仍發揮一定程度的作用，方導致司馬氏兄弟初仕官品有如此大之差異。這代表至少在魏嘉平年間以前，計「門資」定品尚未成爲中正定品慣例，顯然計「門資」定品尚未成爲選舉問題的重心。

〔註 115〕關於司馬氏子孫起家官與鄉品之關係，矢野主稅曾作過縝密的統計與分析，縱使在魏末作爲準宗室的司馬氏子孫，起家官確較一般家族來得高，但司馬氏子孫具相同門資，起家官品卻有如此大落差，此一情形仍能說明計門資定品在當時尚未成爲定制甚至連慣例都還談不上。請參見矢野主稅，〈魏晉中正制の性格について一考察——鄉品と起家官品の對應を手掛りとして——〉，頁 10～16。

不過，魏甘露三年（258）秋七月，司馬昭「奏錄先世名臣元功大勳之子孫，隨才敘用」，〔註 116〕既是元功大勳，當具高官厚爵，詔令受益者爲元功大勳之子孫，配合鄉品制的成熟，鄉品與官職、官品產生緊密關連，〔註 117〕已和計「門資」定品無太大差異，此一詔令實爲「計資定品」從不成文慣例走向成文規定發展的里程碑，恐怕衛瓘所言中正評品初有的鄉論精神「中間漸染」，正是始於此一詔令。在此之前，「身資」的作用原本在「門資」之上，但此詔之頒佈，揭示了選舉「因資用人」內在變化正在加速當中，計「門資」定品的問題可能漸與計「身資」定品的問題並駕齊驅，甚有凌駕之勢。《晉書・段灼傳》載段灼上疏議選舉之弊云：

> ……宜疇咨博采，廣開貢士之路，薦巖穴，舉賢才，徵命考試，匪俊莫用。今臺閣選舉，塗塞耳目，九品訪人，唯問中正。故據上品者，非公侯之子孫，則當塗之昆弟也。二者苟然，則華門蓬户之俊，安得不有陸沈者哉！〔註 118〕

段灼上疏時間爲泰始中，〔註 119〕而「公侯」指的是封爵，「當塗」指的是當權之高官。段灼此論之重點，在於明確指出當時中正定品的慣例，即「據上品者，非公侯之子孫，則當途之昆弟」，亦即那些有封爵者或當權高官子孫昆弟壟斷「上品」，此現象幾乎就是計「門資」定品。

（三）「門資」因素與「勢位」因素的融合發展

太康中，尚書左僕射劉毅上疏陳〈九品八損議〉，〔註 120〕當中便提及「上品無寒門，下品無勢族」，〔註 121〕這裡的「勢族」具體內涵正是段灼所言之「公侯子孫」與「當塗昆弟」，簡言之，中正定品是根據官人之家世而定，若其父

〔註 116〕《晉書》，卷 2，〈文帝紀〉，「魏高貴鄉公甘露三年七月」條，頁 35。

〔註 117〕關於鄉品與官職、官品間的對應關係，請參見本文第四章第四節第一目。

〔註 118〕《晉書》，卷 48，〈段灼傳〉，頁 1347。

〔註 119〕段灼上此疏之前曾上疏追理鄧艾，時值晉武帝即位之初，故此上疏可能在泰始中。請參見《晉書》，卷 48，〈段灼傳〉，頁 1336。

〔註 120〕從《晉書》記事順序判斷，劉毅上疏是在任尚書左僕射任內，據《晉將相大臣年表》載，劉毅任尚書左僕射時間爲太康四年（283）十一月至太康六年（285）正月，故保守估計九品八損議當陳於太康中。《資治通鑑》繫此事於太康五年（284），而宮川尚志則繫於太康六年，未審其所據爲何？請分見《晉書》，卷 45，〈劉毅傳〉，頁 1273；清・萬斯同，《晉將相大臣年表》，頁 3331；宋・司馬光，《資治通鑑》，卷 81，〈晉武帝紀〉，「太康五年春正月」條後，頁 2587；宮川尚志，《六朝史研究：政治・社會篇》，頁 289。

〔註 121〕《晉書》，卷 45，〈劉毅傳〉，頁 1274。

祖有封爵或者是當權高官，則其家世爲勢族，故可獲得上品，而家世爲寒門者僅能得到上品以下品第。而在劉毅上疏後不久，司空衛瓘等亦「共表宜省九品，復古鄉議里選」，〔註 122〕上疏當中對於中正評品之弊，僅概括統稱爲「計資定品」，「資」與政治權貴因素有關，已不再強調「身資」因素，可見從泰始初到太康中，正是計「門資」定品的蓬勃發展期。因此，太康末，「少有俊才，出於寒素」的高平王沈，「不能隨俗沈浮，爲時豪所抑」，便作〈釋時論〉。《晉書・文苑・王沈傳》載王沈〈釋時論〉云：

> ……當斯時也，豈計門資之高卑，論勢位之輕重乎！……百辟君子，奕世相生，公門有公，卿門有卿。指禿腐骨，不簡蚩儜。多士豐於貴族，爵命不出閨庭。四門穆穆，綺襦是盈，仍叔之子，皆爲老成。賤有常辱，貴有常榮，肉食繼踵於華屋，疏飯襲跡於耨耕。談名位者以諂媚附勢，舉高譽者因資而隨形。……〔註 123〕

王沈在此已充分指出，「門資」與「勢位」乃當時選舉問題的兩大要素，二者合言便是所謂勢族權貴，而且已開始出現「公門有公，卿門有卿」的現象，「多士豐於貴族，爵命不出閨庭」，這番景象已接近周代封建貴族統治之政治格局，表示勢族政治有朝向士族政治演化的跡象。

總而言之，泰始初，劉寔謂「因資用人」，雖亦提到勢家之子的仕進優勢，然當時仍強調「身資」因素於選舉問題中的地位，才有筆者前述之一連串以仕進資次爲中心的相關選舉問題與現象。然泰始中，段灼已提出「公侯子孫」與「當塗昆弟」據有上品的現象，可知門資因素與政治權貴因素乃選舉弊端的關鍵因子，段灼所論並開啓西晉一朝批判中正評品制度之先聲。進入太康年間，整個選舉問題內部已有所變化，劉毅已稱「上品無寒門，下品無勢族」，而衛瓘與司馬亮所指「計資定品」問題，已不再強調身資因素之地位，到了太康末，王沈更是直指「公門有公，卿門有卿」的世官現象。

至於這種現象之源頭，正如太康末劉頌上疏所稱：「泰始之初，陛下踐阼，其所服乘皆先代功臣之胤，非其子孫，則其曾玄」，〔註 124〕可見政治權貴因素與門資因素的結合，恐與魏晉禪代有深厚關連。這或可從勢族子弟違法議刑事例，進行側面觀察。《晉書・華廙傳》載朝廷議處華表子華廙罪刑云：

〔註 122〕《晉書》，卷 45，〈劉毅傳〉，頁 1277。

〔註 123〕《晉書》，卷 92，〈文苑・王沈傳〉，頁 2381～2382。

〔註 124〕《晉書》，卷 46，〈劉頌傳〉，頁 1296。

大鴻臚何遵奏廙免爲庶人，不應襲封，請以表世孫混嗣表。有司奏曰:「廙所坐除名削爵，一時之制。廙爲世子，著在名簿，不聽襲嗣，此爲刑罰再加。諸侯犯法，八議平處者，褒功重爵也。嫡統非犯終身棄罪，廢之爲重，依律應聽襲封。」〔註125〕

華廙所涉案件乃泰始末震驚朝野的鬲令袁毅貪瀆賄賂案，當時朝廷的處置是「受貨者皆被廢黜」。〔註126〕不少勢族子弟如何曾子何遵與何劭兄弟、華表子華廙等雖牽涉其中，對於這些功臣名門子弟之處置，或爲皇帝所免，或引起朝廷大臣爭議，華廙之處置即後者之例。朝議本裁定「除名削爵」，但何遵則更進一步欲將之免爲庶民，廢除其襲爵權。何遵兄弟本也涉案其中，初或未遭揭發，但隨即於咸寧初便爲有司所奏，可是其父何曾乃咸寧元年（275）配饗太廟的十二位開國功臣之一，〔註127〕最後晉武帝竟詔曰:「太保（何曾）與毅有累世之交，遵等所取差薄，一皆置之」，〔註128〕顯然父輩是否爲魏晉禪代的有功份子，對其家門地位有極大影響。像華廙祖父華歆雖貴爲魏初三公，然其父華表於魏晉禪代期間並無突出事功，故論勢位便不及何曾。此事例已明顯看出，重勢位權門之風於泰始末便瀰漫朝野，王沈〈釋時論〉嘗云:「京邑翼翼，群士千億，奔集勢門，求官買職」，〔註129〕此番景象不正是袁毅事件的最佳寫照？政風與士風實乃一體，政風略德重勢，士風自然貴名尙爭。魏末晉初以降，浮華爭競、計資定品等選舉弊端，其近因恐怕正是肇始於魏末晉初重勢位之政風。因此，在政風腐化的過程裡，晉廷出現「綱紀大壞，貨賂公行，勢位之家，以貴陵物，忠賢路絕，讒邪得志，更相薦舉，天下謂之互市」之現象，〔註130〕立國之初國家對功臣名門過度寬厚的「姑息主義」應是主因之一，是則晉武帝恐怕難辭其咎。

再者，本段引文有所謂的「名簿」，這恐怕是一種專門登載公卿子弟的檔案資料。公卿子弟用名簿登錄，其目的正是爲優寵權貴，讓其子弟直接入仕。魏甘露三年（258）秋七月，司馬昭曾「奏錄先世名臣元功大勳之子孫，隨才敘用」，既是隨才敘用，負責銓選官職的吏部當有某種登錄功臣子孫名冊的資

〔註125〕《晉書》，卷44，〈華廙傳〉，頁1260～1261。
〔註126〕《晉書》，卷93，〈外戚・王恂傳〉，頁2411。
〔註127〕《晉書》，卷3，〈武帝紀〉，「咸寧元年八月壬寅」條，頁65。
〔註128〕《晉書》，卷33，〈何劭傳〉，頁998。
〔註129〕《晉書》，卷92，〈文苑・王沈傳〉，頁2383。
〔註130〕《晉書》，卷4，〈惠帝紀〉，「史臣曰」條前，頁108。

料，此種資料或許便是名簿的雛形。依此而觀，名簿的出現，最早可能始於魏末。魏初吏部本有記載官人仕官功勞資次的簿閥，名簿可能是簿閥加入家世資料後的人事資料。又南朝陳吏部尚書徐陵曾言：「自古吏部尚書者，品藻人倫，簡其才能，尋其門冑，逐其大小，量其官爵」。〔註 131〕《梁書．武帝紀》亦載魏晉以來吏部選官，「故前代選官，皆立選簿，應在貫魚，自有銓次。冑籍升降，行能臧否，或素定懷抱，或得之餘論」。〔註 132〕東晉南朝以降出現的「選簿」，恐即源自漢魏的「簿閥」與魏末西晉的「名簿」。

又《晉陽秋》云：「陳群爲吏部尚書，制九格登用，皆由於中正，考之簿世，然後受任。」〔註 133〕當中的「簿世」應非中正提供之鄉品品狀，而是前所提及之官吏名簿。因此，孫盛之意是指吏部銓選官職時，乃利用尚書臺所藏之「名簿」，配合中正鄉品資料，進行人事資料審查。而此種運作模式，當是計資定品較成熟時的產物，至少是魏末以後的事。然孫盛將魏末以後的九品官人法運作模式，投射至制度創立之初，筆者以爲不妥，畢竟這與制度精神的發展脈絡有所矛盾。至於傅玄說法顯然較符合制度精神發展脈絡，《傅子》曰：「魏司空陳群始立九品之制，郡置中正，平次人才之高下，各爲輩目，州置都而總其議。」〔註 134〕傅玄撰《傅子》一書時間當在魏末晉初，當時計資定品問題可能尚處初期發展階段，才德因素仍有部分作用，故其能瞭解制度運作之初本在建立人才等級秩序，而非官人身分等級秩序，故能平實反映制度初立精神，未如東晉孫盛將經歷勢族化後的制度運作投射於制度運作之初。

（四）計「門資」定品問題與中正評品制度之關係

以上所論乃以門資因素與勢位因素爲中心進行論述，說明其與選舉問題間的關連性。而從段灼所論「九品訪人，唯問中正」導致勢族藉門資與勢位據上品一事，可知門資與勢位因素結合，當中的關鍵正是中正評品制度。因此，進入太康中以後，批判選舉問題者多從此一角度立論，當中以劉毅〈九

〔註 131〕唐．姚思廉等，《陳書》（臺北：鼎文書局，1997，九版），卷 26，〈徐陵傳〉，頁 332。

〔註 132〕唐．姚思廉等，《梁書》（臺北：鼎文書局，1997，九版），卷 1，〈武帝紀〉，「齊和帝中興二年二月丙寅」條，頁 23。

〔註 133〕宋．李昉等，《太平御覽》，卷 214，〈職官部十二．吏部尚書〉引《晉陽秋》，頁 1020。

〔註 134〕宋．李昉等，《太平御覽》，卷 265，〈職官部六十三．中正〉引《傅子》，頁 1243。

品八損議〉最全面、最精密。其文冗長，歸納其要並結合本文論述，可得二項要點。其一，畢竟中正官乃受國家委任，而非國家官僚編制，職官制度並無監督機制以制衡中正評品，「委以一國之重」，卻「無賞罰之防」，是以「公無考校之負，私無告訐之忌」，中正得以「操人主之威福，奪天朝之權勢」，此問題既有破壞中央集權運作之虞，正如夏侯玄所論「機權多門」之弊，更因「中正不精才實，務依黨利，不均稱尺，務隨愛憎」，配合貴勢位與重門資觀念的擴散與滲透，導致中正評品「隨世興衰」，「高下逐強弱，是非由愛憎」，於是有「上品無寒門，下品無勢族」現象產生。其二，州大中正制與京官兼任中正之制弊端甚重，一州評品工作繁重，「一國之士多者千數，或流徙異邦，或取給殊方」，卻僅由州大中正與郡中正負責，且「重其任而輕其人」，無論中正知或不知，其當品狀，「采譽於臺府，納毀於流言」，未能依才德優劣倫輩首尾，導致「優劣易地，首尾倒錯」，非但遠離創制之初官才本位主義精神，且「既無鄉老紀行之譽，又非朝廷考績之課」，「抑功實而隆虛名」，使進官之人，「棄近求遠，背本逐末」，俗士於是爭名邀譽，驅動風俗，使得「人倫交爭而部黨興，刑獄滋生而禍根結」，正如衛瓘與司馬亮所言，「人棄德而忽道業，爭多少於錐刀之末」，故中正評品實有「上奪天朝考績之分，下長浮華朋黨之士」的嚴重弊端。〔註 135〕

那爲何「門資」會成爲中正定品的關鍵因素呢？一般論述，均認爲與士族政治的發展有密切關連。畢竟東漢中後期以降，士大夫社會已普遍存在「尚官閥」的現實主義心態，〔註 136〕此一因素主要作用在以察舉制度爲首的各種薦舉型態入仕途徑（如徵召、辟召），而中正評品本是從察舉制度改良而來，此一因素乃在魏初選舉中持續發酵，特別是當中正官徇私舞弊之弊漸顯之後，門資因素作用轉強。但是筆者以爲若純就制度發展面向來談，這與曹魏選舉問題中的名實問題仍有很大關連。畢竟名實問題乃漢末魏初所面對的主要選舉問題，從正始嘉平年間夏侯玄的批判當中，可知中正評品一直有「紛紛緬緬，未聞整齊」的問題，其關鍵正在於品狀的產生很容易因中正徇私而失實，因爲德行與才能具有高度抽象性質，以此作爲人物考核的主要內容確

〔註 135〕《晉書》，卷 45，〈劉毅傳〉，頁 1273～1277。

〔註 136〕關於東漢「尚官閥」現象之考證與分析，請參見劉增貴，〈從碑刻史料論漢末士族〉，收入傅樂成教授紀念論文集編輯委員會編，《傅樂成教授紀念論文集：中國史新論》八（臺北：臺灣學生書局，1985），頁 338～348。

實很難根絕名實不符的弊端，但是門資卻是難以更動的事實。可是按門資定品不就完全喪失中正制度品度官才的制度功能乎？其實，門資可能僅是參考依據之一，而不完全放棄對士人德行才能的觀察考核。再者，魏晉之際出身閥閱家族的子弟，其家庭養成教育與人際活動空間，實在比那些出身寒素者更有機會得到質優量高的教化資源，也就是錢賓四先生所言之「門第的家風與家學」，〔註 137〕故純就機率而言，門資愈優者應當愈能培育出政治社會人才，即個人的門資與才行之間存有一定程度的正關係。不過，當時人將門資定位在父祖二代，恐怕與政治權貴因素有關。因此，中正評品逐漸向計門資定品發展，可能亦與減少中正舞弊的制度改革因素有關，這當中或有選舉權的中央集權發展脈絡因素，畢竟具體標準總比抽象標準不易爲人臣所操控，有利於國家公權運作。若從中正組織的發展來說，郡中正以上的州大中正、司徒府，均在魏末以後成爲郡中正之上司，司馬氏所考量因素之一，正是選舉權的進一步中央集權。而且一旦郡中正有了頂頭上司，握有定品實權的層級中央化，因此，魏末晉初中正評品制度的門資因素開始漸佔優勢，除了優寵當朝權貴的政治因素外，恐怕也有制度實踐的便利性與選舉權中央集權化等制度因素。

前面批判九品官人法均集中在「計資定品」問題，特別是帶有政治權貴色彩的門資因素。既然朝野已指出「計資定品」之弊，但欲破舊制則當有新制，即使無具體替代方案，至少有改革理念。當中的理念有二類，一是以劉毅爲代表的事功派，提倡用人唯才唯賢，另一則是以衛瓘爲首的復古派，主張恢復鄉舉里選。劉毅的〈九品八損議〉，開頭就點明「立政者以官才爲本」的官才本位主義精神，以此爲中心立說，並透過中正評品制度脫離官才本位主義之現實弊端，如「上奪天朝考績之分，下長浮華朋黨之士」之弊，及弊端產生之關鍵因素的陳述，來突顯選舉制度改革的迫切性，並彰顯選舉制度革新的主要方向。若從夏侯玄的選舉改革論述，更可看出中正評品制度的立意本在「品度官才」，可見劉毅正是欲回歸官才本位主義的選舉精神而有此疏議。據此可知，劉毅之見解幾與魏正始嘉平年間夏侯玄的論述核心如出一轍。又，夏侯玄論述重點在維護吏部人事權之優越性，劉毅則是以尚書左僕射身分上疏陳中正九品之制的弊端，而尚書臺本是執行國家政策的核心機構，劉

〔註 137〕請參見錢穆，〈略論魏晉南北朝學術文化與當時門第之關係〉，收入氏著，《中國學術思想史論叢（三）》（臺北：東大圖書，1993，四版），頁 171～182。

毅本爲事功派官僚，且尚書系統官員多數較傾向官才本位主義的銓選理念，據此或可進一步推測，劉毅此疏多從吏部考課權的角度論述，應具有確保吏部人事權之支配地位的用意。〔註 138〕即使太康末的王沈，主力在攻擊勢族壟斷選舉之弊，但其核心理念恐怕亦是希望國家唯才是舉，故其〈釋時論〉文末方言：「是時王政陵遲，官才失實，君子多退而窮處，遂終于里閭」。〔註 139〕

綜上所論，魏末西晉以降選舉問題的核心問題有二，其一爲浮華爭競士風，其二爲計資定品問題，當中的兩個因素則是身資與門資。而此二問題仍有密切關連，正由於計資定品問題逐漸侵蝕國家選舉制度，官位愈高所能得到之利祿愈厚，更能庇蔭子孫，致使俗士不擇手段庸庸碌碌地累積身資，並可轉換成子孫之門資。如此一來，魏末以前九品官人法的官才本位精神逐漸消失，而漸爲勢族門閥主義所取代，而且隨著門資因素與權貴因素的緊密結合，選舉問題逐漸轉以門資爲中心，此爲選舉問題從「勢族」門閥轉向「士族」門閥的關鍵。

第三節　以西晉選舉對策的發展脈絡爲中心的考察

從第二節的討論可知，魏末西晉以降，選舉問題的核心有兩大因素，一是身資，一是門資，而隨著時間的推移，門資的作用力逐漸淩駕於身資之上。面對此一選舉問題，士大夫與朝廷陸續提出若干對策與應對措施。對於身資因素，士大夫主要從考課制度、官制改革（包括選例九等之制與九班之制）等方向著手，而朝廷則以「甲午制」的試行來因應。對於門資因素，士大夫主張廢除中正評品制度、實施土斷，進一步恢復鄉舉里選制度，而朝廷則有舉寒素特科的補救措施。以下將分別述論之，釐清西晉選舉對策的發展脈絡，以便從中瞭解九品官人法精神轉變的過程。

一、計「身資」定品問題的對策

（一）考課制度的健全

中正計「身資」定品受制於官人的職位升降，且吏部依「身資」與鄉品銓選官職，這種制度理應利於官僚政治，畢竟「身資」所重者乃功績資次，

〔註 138〕宮崎市定，《九品官人法の研究》，頁 165。
〔註 139〕《晉書》，卷 92，〈文苑・王沈傳〉，頁 2383。

較不違背官才本位主義精神。然據劉寔所論，當時吏部按資次銓選官職，卻造成能否混雜的現象，這恐怕與考課制度的不健全有很大的關係。若考課制度健全，吏部當以歷官治績優劣銓敘資次高低，則官人資次便能反映官人的功績優劣，中正依此身資清定九品，便可闡揚官才本位主義精神。在權貴因素與門資因素逐漸侵蝕選舉制度之際，若能從這角度重新整頓國家選舉制度，恢復對德行與才能的重視，亦不失為改革選舉失實、不以德才選任之風。筆者以為這或許是劉寔強調「身資」因素的用意所在。若因劉寔撰文之標題為「崇讓」，認為其政治思想屬於儒家經術德治路線，將此文定位為鼓吹先王盛世的貴讓士風，那就很難看出〈崇讓論〉內部所揭示的選舉制度改革思想。

事實上，劉寔之外，晉武帝與朝中若干事功派官僚亦深知考課制度的重要。泰始四年（268），守河南尹杜預「以京師王化之始，自近及遠，凡所施論，務崇大體」，晉武帝乃詔杜預為黜陟之課。〔註140〕《晉書・杜預傳》載杜預言考課之要云：

> ……及至末世，不能紀遠而求於密微，疑諸心而信耳目，疑耳目而信簡書。簡書愈繁，官方愈偽，法令滋章，巧飾彌多。昔漢之刺史，亦歲終奏事，不制算課，而清濁粗舉。魏氏考課，即京房之遺意，其文可謂至密。然由於累細以違其體，故歷代不能通也。豈若申唐堯之舊，去密就簡，則簡而易從也。夫宣盡物理，神而明之，存乎其人。去人而任法，則以傷理。今科舉優劣，莫若委任達官，各考所統。在官一年以後，每歲言優者一人為上第，劣者一人為下第，因計偕以名聞。如此六載，主者總集採案，其六歲處優舉者超用之，六歲處劣舉者奏免之，其優多劣少者敘用之，劣多優少者左遷之。今考課之品，所對不鈞，誠有難易。若以難取優，以易而否，主者固當準量輕重，微加降殺，不足復曲以法盡也。己丑詔書以考課難成，聽通薦例。薦例之理，即亦取於風聲。六年頓薦，黜陟無漸，又非古者三考之意也。今每歲一考，則積優以成陟，累劣以取黜。以士君子之心相處，未有官故六年六黜清能，六進否劣者也。監司將亦隨而彈之。若令上下公相容過，此為清議大穢，亦無取於黜陟也。〔註141〕

〔註140〕《資治通鑑》繫此事於泰始四年。請參見宋・司馬光，《資治通鑑》，卷79，〈晉武帝紀〉，「泰始四年正月丙戌」條，頁2505。
〔註141〕《晉書》，卷34，〈杜預傳〉，頁1026～1027。

由引文可知，杜預以爲曹魏考課法因過密而不易行，主張「去密就簡」，具體作法是「委任達官，各考所統」，每歲一考，六考之後，「積優以成陟，累劣以取黜」。就思想脈絡言，杜預關於考課的主張，實承曹魏劉劭、杜恕、夏侯玄、王昶等人的基本理路而來。

曹魏景初中劉劭制考課法、杜恕論考課之局限性、正始中夏侯玄強化吏部考課權等主張，已詳論於第三章第一節，於此不贅。至司馬懿執政之初的嘉平年間，朝廷猶重考課，乃令王昶撰百官考課事。《三國志・王昶傳》載此事云：

> （王）昶以爲唐虞雖有黜陟之文，而考課之法不垂。周制冢宰之職，大計群吏之治而誅賞，又無校比之制。由此言之，聖主明於任賢，略舉黜陟之體，以委達官之長，而總其統紀，故能否可得而知也。其大指如此。〔註 142〕

觀王昶所言，其基本精神仍繼承劉劭、夏侯玄等事功派儒家官僚的政治思想，主張由各機構長官負責僚屬的考課事務，並未因其出身地方儒門，而一味主張恢復鄉舉里選制度。此法具體內容已散佚，所存者僅二條，一是「尚書侍中考課，一曰掌建六材，以考官人。二曰綜理萬機，以考庶績。三曰進視惟允，以掌讜言。四曰出納王命，以考賦政。五曰罰法，以考典刑」，〔註 143〕二是「卿考課，一曰掌建邦國，以考制治。二曰九功時敘，以考事典。三曰經綸國體，以考奏議。四曰共屬眾職，以考總攝。五曰明慎用刑，以考留獄」。〔註 144〕從此殘文來看，均屬於中央官府的考課項目，劉劭考課法僅及地方官府，而杜恕曾建議補充中央官員考課事，故王昶可能以劉劭之法爲基礎，繼承杜恕論述之精神，而撰此百官考課事。然從杜預考課議所稱「己丑詔書以考課難成，聽通薦例」一事，可以大概推測王昶之百官考課法恐怕亦未能有效地全面實施，故方有此「聽通薦例」之詔，而此詔很可能在魏晉禪代前夕所頒佈，其動機恐在籠絡士大夫，透過此一特殊條款，便可突破因資用人之格局，有利於政權鼎革前夕的人事布局。

〔註 142〕《三國志》，卷 27，〈王昶傳〉，頁 749。

〔註 143〕唐・歐陽詢，《藝文類聚》，卷 48，〈職官部四・尚書〉引王昶《考課事》，頁 860。

〔註 144〕隋・虞世南，《北堂書鈔》，卷 53，〈設官部五・諸卿總十六〉引王昶《考課事》，頁 212。

比較魏初至晉初的五次改革方案，面對浮華問題，五者均從健全考課制度的方向思考，企以黜劣敘優之明辨官人優劣作法，革除官界弊端。所異者，劉劭考課法承西漢京房遺意，法密而不易行；夏侯玄所論重在吏部人事權，杜恕所議僅涉考課原則，二者皆乏具體方案；王昶與杜預皆是本杜恕所議，提出具體而簡要之方案，冀能有效實施。總之，從曹魏的劉劭、杜恕、夏侯玄、王昶到晉初的杜預，魏晉之際考課思想與方案的發展實乃一脈相承。

至於杜預倡議的考課之制是否付諸實現，《晉書》未載。然翌年，泰始五年（269）二月丁亥令曰：「古者歲書群吏之能否，三年而誅賞之。諸令史前後，但簡遣疎劣，而無有勸進，非黜陟之謂也。其條勤能有稱尤異者，歲以爲常。吾將議其功勞。」〔註 145〕此詔恐是晉武帝基於對杜預之議的認同而發。

就結果言，丁亥令最後雖落得「事竟不行」，〔註 146〕但這不代表西晉官僚體系毫無考課機制，實際上，當時仍沿用漢代以來的若干制度。如魏文、明二帝時期實施的試守制度，便具有部分考課機制。此外，魏晉時期仍沿用漢代以來對郡縣長官的考課。如解系父修，「魏時爲琅琊太守、梁州刺史，考績爲天下第一」；〔註 147〕又如西晉杜軫遷池陽令，「爲雍州十一郡最」；〔註 148〕復如西晉賀循「舉秀才，除陽羨令，以寬惠爲本，不求課最」。〔註 149〕

但何以丁亥令最後無法全面推動，究其背景，恐與「官職猥多」問題有密切關連。〔註 150〕一方面，魏晉之際，司馬氏屢封功臣元勳，並給予子弟入

〔註 145〕《晉書》，卷 3，〈武帝紀〉，「泰始五年二月丁亥」條，頁 58。

〔註 146〕宋・司馬光，《資治通鑑》，卷 79，〈晉武帝紀〉，「泰始四年正月丙戌」條，頁 2506。

〔註 147〕《晉書》，卷 60，〈解系傳〉，頁 1631。

〔註 148〕《晉書》本傳言十一郡，然臧本《晉書》言十二郡，可是查《晉書・地理志》，西晉於雍州僅設郡國有七，未審這裡十一或十二郡究據何而言？請分見《晉書》，卷 90，〈良吏・杜軫傳〉，頁 2331；隋・虞世南，《北堂書鈔》，卷 78，〈設官部三十・縣令一百七十六〉引臧榮緒《晉書》，頁 342；《晉書》，卷 14，〈地理志上〉，頁 430～431。

〔註 149〕《晉書》，卷 68，〈賀循傳〉，頁 1824。

〔註 150〕泰始初，散騎常侍皇甫陶、傅玄曾先後上疏，以爲「百官子弟不修經藝而務交遊」，「游手多而親農者少」，故建議可「通計天下若干人爲士，足以副在官之吏」，並可「令賜拜散官皆課使親耕」。此外，咸寧五年，傅咸亦上疏，以爲「官眾事殷，復除猥濫，蠶食者多而親農者少」，故建議應「先并官省事，靜事息役，上下用心，惟農是務」，於是乃有朝議「省州郡縣半吏以赴農功」一事。荀勖以爲「省吏不如省官，省官不如省事，省事不如清心」，建議若欲省官，則「九寺可并於尚書，蘭臺宜省付三府」。顯然，官職猥多以致有侵蝕

仕特權，致使具仕宦資格之官人多，於是乃廣設各種虛職，導致官職浮濫；另一方面，非勢家之子本可循「身資」而進，在政治權貴因素誘惑下，更加速爭競士風的蔓延。爲消化這些具仕宦資格或遷轉資歷的士子、官人，官職間的遷轉流徙迅速，導致連漢代以來的試守制度都未能普遍執行，更何況是杜預這種六載一考的考課方案？

約在杜預之議稍晚，亦有局部的考課方案提出。泰始八年（272），司徒石苞上奏曰：

> 州郡農桑未有賞罰之制，宜遣掾屬循行，皆當均其土宜，舉其殿最，然後黜陟焉。詔曰：「農殖者，爲政之本，有國之大務也。……。古者稼穡樹蓺，司徒掌之。……。其使司徒督察州郡播殖，將委事任成，垂拱仰辦。若宜有所循行者，其增置掾屬十人，聽取王官更練事業者。」〔註151〕

縱然石苞奏議宗旨在崇隆作爲爲政之本的農桑播殖之事，而非針對華競士風立論，然此方案亦不失作爲考課地方官吏的良方，且從朝廷予以迅速積極的回應來看，當政者對考課制度的健全仍相當重視。而且若從曹魏尋其源淵，石苞之思維則又承襲同出微賤的鄧艾之議。曹魏高貴鄉公正元二年（255）兗州刺史鄧艾上言曰：

> 國之所急，惟農與戰，國富則兵彊，兵彊則戰勝。然農者，勝之本也。孔子曰「足食足兵」，食在兵前也。上無設爵之勸，則下無財畜之功。今使考績之賞，在於積粟富民，則交游之路絕，浮華之原塞矣。〔註152〕

觀鄧艾之理路，實爲石苞所提方案的前身。值得注意者，鄧艾之議同時又是解決浮華問題的正本溯源之道，則石苞議案恐亦具相同附屬功能。而鄧石二

國本之虞，因此才會引起朝廷大臣之重視。然而除了侵蝕國本外，筆者還以爲官職猥多，冗散官職眾，實起因於晉初不當擴大官吏員額，且配合浮競士風，當然更使考課制度難以實施，畢竟官多職眾、士風浮華，則居官難久；居官不久，又如何有效執行考課？故官職猥多問題，不僅如傅玄、皇甫陶、傅咸等人從蠶食國本的經濟角度入手，更可藉此觀察其與官制以及選舉制度問題之關係。請分見《晉書》，卷47，〈傅玄傳〉，頁1318～1319；卷47，〈傅咸傳〉，頁1324；卷39，〈荀勖傳〉，頁1154～1155；宋・司馬光，《資治通鑑》，卷80，〈晉武帝紀〉，「咸寧五年十二月」條，頁2559～2560。

〔註151〕《晉書》，卷26，〈食貨志〉，頁786；卷33，〈石苞傳〉，頁1003。

〔註152〕《三國志》，卷28，〈鄧艾傳〉，頁777。

人有如斯相近之思路，恐與二人的微賤出身與重功實思想有關。

此外，約在杜預、石苞之議之間，朝臣中亦有從整頓尚書臺的角度，來做全面性的思考。《晉書．裴秀傳》載裴秀關於此一官制改革的構想云：

> 初，（裴）秀以尚書三十六曹統事準例不明，宜使諸卿任職，未及奏而薨。〔註153〕

裴秀薨於泰始七年（271），引文所載當是魏末晉初之事。魏元帝咸熙元年（264）釐革憲司時，負責官制改革者即是裴秀，其又於泰始元年至四年（265～268）擔任尚書令，對於官僚系統的職權分工與運作，特別是尚書臺部分，當有深刻認識。由裴秀的想法來看，當時尚書臺與諸卿寺的職權已出現疊床架屋之現象，故欲使諸卿典管具體事務，而使尚書臺專掌政策的草擬與督導政務之推動。尚書系統乃魏晉時期國家最高行政中心，欲有效執行考課制度，當從革新尚書臺職官分職開始，此實爲國家執行考課的基礎。裴秀曾針對尚書臺人事奏事，其文曰：

> 謹按臺閣簡統萬機，動爲法制，是以特宜精簡良能，以親其職。臺郎皆朝之選當之，處事宜辨正疑滯也。〔註154〕

鄙意以爲，全面推動考課制度的「軟體」基礎在於健全的尚書臺人事，而尚書臺人事又是推動並執行國家政務的關鍵，故裴秀主張需「精簡良能」之士擔任尚書郎，而這種作法可能承襲自其父裴潛。曹魏齊王芳正始初，尚書令裴潛曾有整頓尚書臺諸曹省察文書的若干條文，《三國志．裴潛傳》載此事云：

> （裴潛）入爲尚書令，奏正分職，料簡名實，出事使斷官府者百五十餘條。〔註155〕

裴潛的作法恐怕是欲尚書諸曹各司其職，秉持檢覈名實的態度處理諸官府的行政文書，藉此防範各官府爲博取聲名而捏造治績，其動機恐有肅清政風之目的。此一改革措施的首要工作乃整頓推動國家政務的尚書臺，而稍早的景初中劉劭曾提出都官考課法，由此來看，裴潛可能是欲另以檢覈官吏行政績效的方式，作爲全面推展考課制度的基礎。

從魏明帝晚年劉劭的都官考課法，經杜恕的考課議、夏侯玄的時事議、王昶的百官考課事，到晉武帝泰始初杜預的考課議，就可看出士大夫們已意

〔註153〕《晉書》，卷35，〈裴秀傳〉，頁1041。
〔註154〕隋．虞世南，《北堂書鈔》，卷60，〈設官部十二．尚書郎總七十七〉，頁254。
〔註155〕《三國志》，卷23，〈裴潛傳〉，頁673。

識到中正評品在官才預測機制方面的局限性，因此才會企圖恢復考課制度以考核官吏之功績與才能。誠如元人馬端臨所言：「既曰九品中正之官設之於州縣，是即鄉舉里選之遺意。然未仕者居鄉有履行之善惡，所謂品也。既仕者居官有才能績效之優劣，所謂狀也。品則中正可得而定，狀則非中正可得而知。今欲為中正者以其才能之狀著於九品，則宜其難憑。要知既入仕之後朝廷自合別有考課之法，而復以中正所定之品目第其升沉，拘矣！況中正所定者又未必允當乎！」〔註 156〕更何況中正由京官兼任，中正評品的空間範圍受限於京師，因而有劉毅所言「采譽於臺府，納毀於流言」的弊端，而且「官不同事，人不同能」，中正評品「不狀才能之所宜，而以九等為例」，使品才「不得精於才宜」，〔註 157〕凡此均是中正無法發揮準考課機制的制度因素。總之，中正評品制度創立之初雖並立了德行與才能兩項考核項目，但有實質意義者僅有德行一項，士大夫們當已意識到此一制度內部問題，因而魏明帝景初年間以降先後出現幾波考課之議。

（二）李重、劉頌的官制改革路線

從傅玄、劉寔、郤詵到杜預、石苞，他們所面對的選舉問題，均集中在浮華士風上；就問題對策而言，已有從抽象的士風釐革，轉向具體的選舉制度改革之勢。不過，縱使國家有意健全考課制度，然因當時官職等級繁多，且在浮華士風之下，仕者欲速，致使遷轉流徙問題嚴重，此皆不利於考課制度的實施。因此，在考課制度之外，另有從官制改革的角度思考，前論裴秀的官制改革主張即此一路線之先聲，其後則有繼承裴秀主張的李重，其觀點已從尚書臺擴大到整體官僚結構上。《晉書・李重傳》載始平王文學李重上疏陳九品云：

> 先王議制，以時因革，因革之理，唯變所適。九品始於喪亂，軍中之政，誠非經國不刊之法也。且其檢防轉碎，徵刑失實，故朝野之論，僉謂驅動風俗，為弊已甚。而至於議改，又以為疑。……然承魏氏彫弊之跡，人物播越，仕無常朝，人無定處，郎吏蓄於軍府，豪右聚於都邑，事體駁錯，與古不同。謂九品既除，宜先開移徙，聽相并就。且明貢舉之法，不濫於境外，則冠帶之倫將不分而自均，即土斷之實行矣。又建樹官司，功在簡久。階級少，則人心定；久

〔註 156〕元・馬端臨，《文獻通考》，卷 36，〈選舉九・舉官〉馬端臨按語，頁 342。
〔註 157〕《晉書》，卷 45，〈劉毅傳〉，頁 1276。

> 其事，則政化成而能否著，此三代所以直道而行也。以爲選例九等，當今之要，所宜施用也。聖王知天下之難，常從事於其易，故寄隱括於閭伍，則邑屋皆爲有司。若任非所由，事非所褻，則雖竭聖智，猶不足以贍其事。由此而觀，誠令二者既行，即人思反本，修之於鄉，華競自息，而禮讓日隆矣。〔註158〕

李重〈九品議〉的時間約在咸寧年間（275～279），〔註159〕此疏以爲應透過九品官人法的改革來解決浮華士風的問題，此一思路與泰始年間劉寔〈崇讓論〉、杜預的考課制度等改革方向有所差異。李重言「朝野之論，僉謂驅動風俗，爲弊已甚，而至於議改，又以爲疑」，說明魏晉之際以來浮華士風問題的嚴重。此問題根源之一正是九品官人法之弊，其產生的背景主要是士人流徙之習未革，「郎吏蓄於軍府，豪右聚於都邑」，在這種情形下，實難實施本諸觀察在鄉學行的鄉舉里選制。此想法早爲朝野之共識，但遲遲未有革除其弊的決心。而李重的改革方案主要有二，一爲土斷，二爲「選例九等」之制。這裡先論述後者，前者置於本節第二目說明。

「選例九等」之制，乃從官職等級結構的角度，思考其他配套改革措施。簡單來說，「選例九等」之制的目的，在革除官位遷轉階次繁多之弊，如此便可使任官者久居其任，且「政化成而能否著」，考課也因而得以落實。顯然，浮華問題除了透過土斷與廢除中正評品制度之外，尚有部分官制問題，是無法以方案一來解決。這種針對官制的改革主張，實又承續裴秀之改革方向，不過更全面、更顯著而已。

然而，其實在李重提「選例九等」之制之前，泰始末的吏部尚書李胤已有意朝類似方向進行官制與選舉問題改革。西晉傅暢《晉諸公贊》載李胤事蹟云：

〔註158〕《晉書》，卷46，〈李重傳〉，頁1309～1310。

〔註159〕《晉書．李重傳》記述李重晉惠帝元康年間（291～299）以前的仕官經歷爲：始平王文學，太子舍人，尚書郎，廷尉平，中書郎，尚書吏部郎。晉武帝咸寧三年（277）春元月始立皇子司馬裕爲始平王，然同月即薨，同年八月立皇子司馬瑋爲始平王，太康十年（289）又重新分封。可知李重任始平王文學時間可能在咸寧至太康年間。而在〈九品議〉之後便遷太子舍人、尚書郎，再載二篇奏議。第二篇有「司隸校尉石鑒奏議」，石鑒任司隸校尉有二次，第一次爲泰始四年到六年（268～270），第二次是太康六年到七年（285～286）。第一次時間早於李重任始平王文學，當可排除。故可知〈九品議〉的時間下限爲咸寧年間至太康六年以前，然李重於〈九品議〉後又歷二官，故最有可能的上疏時間爲咸寧年間。

李胤，字宣伯，爲吏部尚書，正身率職，不傾不撓，遂刊定選例，而著於令。〔註160〕

李胤任職吏部尚書時間爲泰始九年至泰始十年(273～274)，〔註161〕這裡的「刊定選例」，具體內容不明，然從前面關於李重「選例九等」之制的論述，可約略推測大抵亦是關於仕官資次規範的彙整與刪定，最後甚至「著於令」，列爲吏部銓選時的基本規範。又李胤早在魏末司馬昭執政時期，便曾任吏部郎，〔註162〕王隱《晉書》稱李胤爲吏部郎，「精愼選舉，號爲廉平」，〔註163〕可見李胤在任吏部尚書前有職務經驗，對吏部銓選工作當不陌生，加上其對選舉業務的「精愼」態度與「廉平」風格，可推知這次「刊定選例」的工作，當是全面性地整頓自曹魏吏部銓選制度成立以來所累積的選舉慣例，予以系統化與法制化，藉以促進選舉制度乃至官僚政治的健全運作。這恐怕更是針對泰始初杜恕所稱「聽通薦例」之制，所進行的全面性改革工作。然而李胤任吏部尚書不及一年，尋轉爲太子少傅，〔註164〕這當中或有內情。至於「刊定選例」的工作可能並未完成，然此卻是攸關官僚政治能否有效運作的關鍵，因此，李重才會在咸寧中（275～279）再度主張「選例九等，當今之要，所宜施用」。然李重與李胤方案內容最大的差異，在於李重更進一步提出「九等」的概念，已觸及到官僚等級結構與銓選制度之關連，此乃「選例九等」之制的價值所在。

總而言之，李胤企圖改革魏末晉初的「聽通薦例」之制，故有「刊定選例」之舉，而李重乃在李胤「刊定選例」的基礎上，提出「選例九等」之制，而此又是元康末（297～300）吏部尚書劉頌所建「九班之制」的基石。由此可見，在西晉選舉制度與官制改革的脈絡中，李重的「選例九等」之制實具有承先啓後的地位。

既然李重認爲「選例九等」之制爲「當今之要，所宜施行」，足見其所面對之官制問題的嚴重性與關鍵性。那麼此問題的具體內涵爲何？前引〈九品議〉並未明言，然可從李重當時提出的相關奏議取得進一步的資訊。《通典》

〔註160〕隋・虞世南，《北堂書鈔》，卷 60，〈設官部十二・吏部尚書七十四〉引傅暢《晉諸公贊》，頁 252、253。

〔註161〕清・萬斯同，《晉將相大臣年表》，頁 3329。

〔註162〕《晉書》，卷 44，〈李胤傳〉，頁 1253。

〔註163〕唐・歐陽詢，《藝文類聚》，卷 48，〈職官部四・吏部郎〉，頁 862。

〔註164〕《晉書》，卷 44，〈李胤傳〉，頁 1254。

與《太平御覽》均有收此文，以下以《通典》爲本，並以《太平御覽》補充《通典》所遺，並以小體字括注，茲錄於下：

> 晉始平王文學李重又以爲等級繁多，又外官輕而內官重，使風俗大弊，宜釐改，重外選，簡階級，使官久。議曰：「……近自魏朝名守杜畿、滿寵、田豫、胡質等，居郡或十餘年，或二十年，或加秩假節而不去郡，此亦古人『苟善其事，雖沒代不徙官』之義也。漢魏以來，內官之貴，於今最崇。（泰始以前，多以散官補臺郎，亦經補黃門中書郎，而今皆數等而後至，眾職率亦如此，陵遲之俗未及，篤尚之風未洽。）而百官等級遂多，遷補轉徙如流，能否無以著，黜陟不得彰，此爲理之大弊也。夫階級繁多而冀官久，官不久而冀理功成，不可得也。《虞書》云：『三考黜陟幽明。』《周官》，三年大計群吏之理，而行其誅賞。漢法，官人或不眞秩。魏初，用輕資以先試守。（不稱，則繼以左遷，然則僞才登進，無能降退，此則所謂有知必試，而使人以器者也。）臣以爲今宜大幷群官等級，使同班者不得復稍遷；又簡法外議罪之制，明試守左遷之例，則官人之理盡，士必量能而受爵矣。居職者日久，則政績可考，人心自定，務求諸己也。」帝雖善之，竟不能行。〔註165〕

李重此議當是〈九品議〉之第二方案「選例九等」制度的具體內容，其理路爲：幷群官等級，使遷轉班次（階次）簡化爲九等，「同班者不得復稍遷」，延長任職時間，解決「遷補轉徙如流」的問題，如斯方得以憑其政績優劣以行黜陟而定才之能否，考課制度方能有效實施，同時透過試守制度的重新推展，或以魏世之輕資試守之制，或以漢制之試守時期不授眞秩的作法，並配合嚴謹的處分措施，如此既可徹底解決浮華士風，又可崇隆外官以矯貴內賤外之弊。

從魏晉選舉問題與對策的發展脈絡來看，其一，李重之議所欲解決的選舉問題，仍是魏晉以來的浮華士風問題，而此議所揭示的改革方針，顯然比劉寔、杜預等人的方案更具體、更全面。其二，李重改革方案雖以〈九品議〉爲題，明顯指向九品官人法，然與太康年間劉毅、衛瓘等人的議案相較，焦點較集中於吏部銓選制度及官制弊端。李重改革官制的基本方針，乃從官職

〔註165〕唐・杜佑，《通典》，卷16，〈選舉四・雜議論上〉引李重奏議，頁386～387；宋・李昉等，《太平御覽》，卷203，〈職官部一・總敘官〉引李重奏議，頁979。

等級結構的根本問題入手，企圖建立新的仕官資次規範，以彰顯國家對地方行政與吏治的重視。顯然此方案的立足點，正是身資因素在吏部銓選時的作用。這與劉寔、杜預等人重視選舉制度中的身資因素，實屬同一改革思維，無論是透過澄清士風、建立考課制度或是官制改革，其共同的核心精神均指向官僚政治效能管理，即李重所言「士必量能而受爵」的「官人之理」，僅不過在具體方案上的方向有別而已。

李重的改革方案與杜預考課方案一樣，均落得「竟不能行」的下場。從典籍記載來看，李重似乎不止一次地反覆提案。臧榮緒《晉書》嘗載：

> 中書郎李重以爲，等級繁多，在職不得久，又外選輕而內官重，以使風俗大弊，宜釐改重外選，簡階級，使官久。〔註166〕

李重於太熙初（290）任廷尉平後，遷爲中書郎，再遷尚書吏部郎，始有元康中奏議霍原舉寒素一事，故李重任中書郎時間當在元康初，此爲李重第二次提出此案。又《晉書・李重傳》載李重第三次提案：

> 重與李毅同爲吏部郎，時王戎爲尚書，……于時內官重，外官輕，兼階級繁多，重議之。〔註167〕

元康元年（291）至元康七年（297），王戎以尚書僕射兼吏部尚書，〔註168〕故吏部郎李重與李毅二人當在元康中提此改革方案。

總而言之，李重改革方案旨在從官僚政治運作的角度，檢討浮華士風的根源。方案包含兩項具體措施：其一爲「土斷」，此案後爲衛瓘與司馬亮所繼承；其二爲「選例九等」之制，即重建新的仕官資次規範，重點在延長居官任職時間，使尚書臺與各級行政長官對官吏任職期間的表現進行考課時，能根據更充分、有效的人事資訊，以別能否、定優劣、行黜陟，特別強化對出任外官的資次要求。而李重議案的改革取向，與劉寔、杜預等人的理路，實一脈相承。

此外，太康中，河內太守劉頌上疏議論時政，涉及層面極廣，實爲總結各類政治問題於一體之作。然其中與選舉問題關係最密切者，亦是以官僚政治運作爲中心。劉頌明確指出晉武帝爲政之弊之一，在「每精事始而略于考終，故群吏慮事懷成敗之懼輕，飾文采以避目下之譴重，此政功所以未善也」。

〔註166〕唐・魏徵，《群書治要》，卷29，《晉書上》引臧榮緒《晉書・百官志》，頁489～490。

〔註167〕《晉書》，卷46，〈李重傳〉，頁1312。

〔註168〕《晉書》，卷4，〈惠帝紀〉，「元康元年四月己巳」、「元康七年九月」條，頁91、94；卷43，〈王戎傳〉，頁1233。

就制度運作言，關鍵在於「下不專事，居官不久，故能否不別」；就官人心態言，關鍵在於「登進者自以累資及人間之譽」之輕功實的心態。因此劉頌乃稱：「今閻閭少名士，官司無高能，其故何也？清議不肅，人不立德，行在取容，故無名士。下不專局，又無考課，吏不竭節，故無高能。」這實直指浮華風尚與考課不彰等問題的核心。劉頌所論與劉寔、杜預、李重等人論述，均屬於同一脈絡。

針對上述問題，劉頌亦提出改革方案，官制改革爲重點之一。其一，爲政綱領有三，其中之一乃「爲政欲著信，著信在簡賢，簡賢在官久」，故關鍵在「官久」，而「官久非難也」，劉頌以爲，「連其班級，自非才宜，不得傍轉以終其課，則事善矣」。其二，劉頌從官僚系統職權分工的合理性，探討考課難行之「硬體障礙」。劉頌以爲，「今尚書制斷，諸卿奉成，於古制爲重，事所不須，然今未能省并。可出眾事付外寺，使得專之，尚書爲其都統，若丞相之爲。惟立法創制，死生之斷，除名流徙，退免大事，及連度支之事，臺乃奏處。其餘外官皆專斷之，歲終臺閣課功校簿而已。」〔註 169〕可知劉頌主張尚書臺當擬漢制宰相，除了司法斷獄、官吏任免、國家財政等要務外，餘者當將事務權全歸九卿寺，此一改革思維實與前舉裴秀思維相近。足見劉頌正是針對職官分工、考課制度等官制的硬體層面，以及官人心態、浮華士風等政風的軟體層面，進行有機性與整體性的反省與建議，可視爲總結西晉前期選舉問題與對策的全盤論述。

（三）「甲午制」的成立與實施

面對事功派官僚長期以來的忠實建言，國家最後以「甲午制」的頒佈作爲回應。關於「甲午制」的記載，據《晉書・王戎傳》所載：

> （王戎）遷尚書左僕射，領吏部。戎始爲甲午制，凡選舉皆先治百姓，然後授用。〔註 170〕

觀「甲午制」內容，「選舉皆先治百姓，然後授用」，魏晉時期國家選舉乃以中央徵拜遷除官員爲主，顯然以「先治百姓」爲出任京官的資歷條件，恐怕正是針對李重、劉頌所言重內輕外之弊而發。又王戎以尚書左僕射領吏部的時間爲元康中，則此制似爲惠帝時期的制度。事實上，晉武帝晚年已有類似內容之詔書頒佈，《晉起居注》載太康八年（287）詔曰：

〔註 169〕本文所引劉頌上疏內容，請見《晉書》，卷 46，〈劉頌傳〉，頁 1294～1307。
〔註 170〕《晉書》，卷 43，〈王戎傳〉，頁 1233。

昔先王御俗，以興至治，未有不先成民事者也。漢宣識其如此，是以歎息良二千石。（今之士大夫，多不樂出宰牧，而好內官。）今欲皆先外郡，治民著績，然後入爲常伯、納言及典兵宿衛、黃門、散騎、中書郎。〔註171〕

括注語爲據《太平御覽》卷二百二十所補。常伯、納言，據典志和魏晉之際的實例可知，當分指侍中、尚書。〔註172〕因此，晉武帝此詔之要旨，在使士大夫先仕外郡治民，然後才能轉任侍中、尚書以及宿衛武官、黃門、散騎、中書侍郎等朝官。這與「甲午制」「選舉皆先治百姓」的內容一致，宗旨均在矯正重內輕外之弊，可見此詔可能就是「甲午制」之法令依據。

其實，同年就有朝官提出類似方案。《晉起居注》云：

太康八年，吏部郎師襲、向凱上言：「欲使舍人、洗馬未更長吏不得爲臺郎，未更吏不得爲主尉三官也。」〔註173〕

從引言可知，其一，此次上疏主張東宮屬吏太子舍人與太子洗馬（均爲官品七品）當先任職地方長吏，才能內轉爲尚書臺郎（官品六品）。其二，北朝時人曾謂，「晉朝設法，不宰縣不得爲郎」，〔註174〕可見此議案應有經過朝議之認可，並通過詔令予以法制化。前舉陸機薦武康令賀循任朝官時，便稱「至於才望資品，循可尚書郎」，這可證元康年間國家似曾落實此項制度，故陸機條呈資品，供吏部查核。〔註175〕其三，在此案之前，晉朝可能存在尚書臺郎例以太子舍人、洗馬遷除，即東宮屬吏可能爲出任尚書臺郎之仕進資次規範中的一類。如衛恒（衛瓘子）、王衍、李重、夏侯湛等以太子舍人轉尚書郎，

〔註171〕宋・李昉等，《太平御覽》，卷259，〈職官部五十七・太守〉，頁1215；卷220，〈職官部十八・中書侍郎〉，頁1048。

〔註172〕常伯，《晉書・職官志》稱「侍中，於周爲常伯之任」。納言，漢魏之際通曉典制的應劭稱：「納言，如今尚書」。考魏晉之際實例，陳壽稱王粲「特處常伯之官」，而王粲確實於漢末魏國建時擔任魏國侍中；裴秀「當禪代之際，總納言之要」，裴秀時任尚書僕射；蔡謨稱己「左長史一超而侍帷幄，再登而廁納言」，前者指侍中，後者當指尚書。綜此可知，常伯、納言便是指侍中、尚書。請分見《晉書》，卷24，〈職官志〉，頁732；《漢書》，卷19上，〈百官公卿表上〉注引應劭語，頁724；《三國志》，卷21，〈王粲傳〉，頁629、598；《晉書》，卷35，〈裴秀傳〉，頁1038～1039；卷77，〈蔡謨傳〉，頁2304～2305。

〔註173〕隋・虞世南，《北堂書鈔》，卷78，〈設官部三十・縣令一百七十六〉引《晉起居注》，頁341。

〔註174〕《北史》，卷55，〈元文遙傳〉，頁2017。

〔註175〕《晉書》，卷68，〈賀循傳〉，頁1824～1825。

解育、王湛等以太子洗馬轉尚書郎。〔註 176〕其四，又「晉尚書郎選極清美，號爲大臣之副」，〔註 177〕而舊仕官資次規範以東宮屬吏遷補尚書郎，〔註 178〕顯然屬於勢家之子清途的一部分。然在漢代察舉制度下，則是以三署郎試箋奏後除補尚書郎，此二制度相較，選舉精神有極大差距。顯然師襲、向凱所奏，目的在矯「清途」之弊，使勢家之子亦有出外治民的歷練，察其優劣，課其能否，而長遠目標，可能藉此以矯貴內鄙外之弊，進一步扭轉士族尚虛華、鄙功實的心態。

將師襲、向凱之奏與晉武帝之詔合觀，二者同在太康八年，且內容主旨相近，只是前者涉及的官吏遷轉範圍較小，層級較低而已，因此，有可能是師襲、向凱建議在前，而晉武帝採納於後。畢竟自咸寧年間以來，李重、劉頌等人已陸續上疏力陳重內輕外之弊，而浮華士風之弊與考課方案則是早在泰始年間，便陸續有傅玄、劉寔、杜預等人建言，因此，這次二位吏部郎既然提出具體方案，且並未涉及層面深廣的官制改革，武帝乃以此案爲基礎再加以擴大，此即太康八年詔。換言之，「甲午制」恐在武帝太康八年以後便開始實施，而非遲至惠帝元康年間方行。

然而，縱然國家十分重視此次改革方案，但未幾隨即遭到勢族權貴的破壞。《晉書·傅咸傳》載傅咸抗辯制度迅速變質一事云：

> 會丙寅，詔群僚舉郡縣之職以補內官。咸復上書曰：「……內外之任，出處隨宜，中間選用，惟內是隆；外舉既積，復多節目，競內薄外，遂成風俗。此弊誠宜亟革之，當內外通塞無所偏耳。既使通塞無偏，若選用不平，有以深責；責之苟深，無憂不平也。且膠柱不可以調瑟，況乎官人而可以限乎！伏思所限者，以防選用不能出人。不能出人，當隨事而制，無須限法。法之有限，其於致遠，無乃泥乎！

〔註 176〕《晉書》，卷 36，〈衛恒傳〉，頁 1061；卷 43，〈王衍傳〉，頁 1236；卷 46，〈李重傳〉，頁 1310；卷 55，〈夏侯湛傳〉，頁 1496；卷 60，〈解育傳〉，頁 1633；卷 75，〈王湛傳〉，頁 1960。

〔註 177〕唐·杜佑，《通典》，卷 23，〈職官四·尚書上·歷代郎官〉，頁 605。

〔註 178〕又據應劭《漢官儀》云：「尚書郎，初從三署郎選詣尚書臺試。每一郎缺，則試五人，先試箋奏。初入臺，稱郎中，滿歲稱侍郎。」可見東漢三署郎與尚書郎同屬中央郎官體系時，三署郎在試箋奏後可補爲尚書郎，而魏晉則以東宮官屬選補尚書郎，可見東漢與魏晉的中低層官吏仕進資次規範有顯著的差異。請見清·孫星衍等輯，《漢官六種》輯應劭《漢官儀》，頁 142。

> 或謂不制其法，以何爲貴？臣聞刑懲小人，義責君子，君子之責，在心不在限也。……」〔註179〕

此事約在惠帝元康元年至二年（291～292），時朝廷正詔舉郡縣長官補內官，此或爲「甲午制」實施的一個環節，即先歷郡守縣令方得轉爲內官的程序。而御史中丞傅咸上書批判，焦點爲貴內鄙外之風。這似乎說不通，畢竟「甲午制」乃針對清途問題與重內清內之弊而發，而傅咸素以「勁直忠果，劾按驚人」著稱，〔註180〕爲西晉中晚年極具代表性的事功派官僚，怎會對此改革方案有異議呢？若再結合另一段史料合觀，或可明白當中的曲折。《晉書・王戎傳》載傅咸奏王戎一事云：

> 司隸傅咸奏戎，曰：「書稱『三載考績，三考黜陟幽明』。今內外群官，居職未朞而戎奏還，既未定其優劣，且送故迎新，相望道路，巧詐由生，傷農害政。戎不仰依堯舜典謨，而驅動浮華，虧敗風俗，非徒無益，乃有大損。宜免戎官，以敦風俗。」〔註181〕

此事約在元康二年至三年間（292～293），其列舉王戎罪狀之一在於「內外群官，居職未朞而戎奏還」，與前面進行關連，傅咸所奏主在批判「甲午制」之「爲法所限」的缺失，而此法的內容恐是惠帝即位後不久所頒佈，即所謂「詔群僚舉郡縣之職以補內官」，具體內容可能是規定任職外官合於期限者便可返京，而從王戎執行的情形研判，當是不少任職未滿一年的郡縣長官在未定能否優劣之前便返京選補內官。但是太康八年「甲午制」卻是規定要「治民著績」者方能返京任職內官，相形之前，前後精神已有所不同。制度之始頗具黜否敘能之官才本位主義精神，然不到五年的時間，制度已被丙寅詔之「限法」所壞，這可能是因爲惠帝不惠，導致勢族權貴有機可乘。而此一轉變非但制度宗旨不顯，甚至可能如傅咸所奏，反而進一步導致「驅動浮華，虧敗風俗」之弊，故傅咸站在官僚政治理性運作立論，自然會不斷據以力爭，以矯其弊。

「甲午制」遭到破壞不久，元康七年至永康元年（297～300），繼任王戎爲吏部尚書的事功派官僚劉頌，〔註182〕又以李重的「選例九等」之制爲藍本，

〔註179〕《晉書》，卷47，〈傅咸傳〉，頁1327～1328。
〔註180〕《晉書》，卷47，〈傅咸傳〉，頁1330。
〔註181〕《晉書》，卷43，〈王戎傳〉，頁1233。
〔註182〕清・萬斯同，《晉將相大臣年表》，頁3334。

建立「九班之制」，「欲令百官居職希遷，考課能否，明其賞罰」，〔註183〕即承襲官制改革路線，從解決「遷轉流徙頻繁」問題入手，來建立具實際成效的考課制度，以考功校能，黜劣敘優。然時值賈后擅政時期，賈謐與郭彰以后族「預參權勢」，〔註184〕專擅朝政，「開閤延賓，海內輻湊，貴游豪戚及浮競之徒，莫不盡禮事之」。〔註185〕對這些貴游豪戚、浮競之徒而言，「九班之制」對其仕途利祿必然造成莫大阻礙，故「九班之制」最後因「仕者欲速」，而「竟不施行」。〔註186〕

綜合上述，「甲午制」從制定到破壞僅有五、六年的時間，而「九班之制」更是連頒佈實施的機會也沒有，這可說明西晉政局下至惠帝時期急轉直下，勢族與俗士的力量已嚴重浸蝕官僚政治運作，就選舉問題而言，正是門資因素與政治權貴因素作用的結果，故以下將續以「門資」爲中心，探討西晉選舉對策的發展脈絡。

二、計「門資」定品問題的對策

（一）士大夫以恢復鄉舉里選制爲核心的主流方案

從上一節所引劉寔、段灼到劉毅等人的上疏來看，多僅對選舉問題中的門資因素加以攻擊，並未提出具體方案。然劉寔闡揚「貴讓」精神，其用意正在「舉賢」，而兩漢前後舉賢之法的代表，便是鄉舉里選制。至於劉毅的〈九品八損議〉，主旨在廢除中正評品制度，然疏中亦有推崇鄉舉里選制的言論。《晉書・劉毅傳》載：

> 昔在前聖之世，欲敦風俗，鎮靜百姓，隆鄉黨之義，崇六親之行，禮教庠序以相率，賢不肖於是見矣。然鄉老書其善以獻天子，司馬論其能以官於職，有司考績以明黜陟。故天下之人退而修本，州黨有德義，朝廷有公正，浮華邪佞無所容厝。〔註187〕

文中的「鄉老書其善以獻天子」雖未必是眞實制度，但卻是鄉舉里選精神的寫照；此外，若在上者能「論其能以官於職」，有司做好考課「以明黜陟」，

〔註183〕《晉書》，卷46，〈劉頌傳〉，頁1308。
〔註184〕《晉書》，卷40，〈賈充附郭彰傳〉，頁1176。
〔註185〕《晉書》，卷40，〈賈謐傳〉，頁1173。
〔註186〕《晉書》，卷46，〈劉頌傳〉，頁1308。
〔註187〕《晉書》，卷45，〈劉毅傳〉，頁1275～1276。

則賢不肖自別，浮華問題亦可一併解決。綜此可見劉毅對於鄉舉里選制的肯定態度。

劉寔和劉毅兩人雖已肯定鄉舉里選制，但卻未有具體實施方案。直至咸寧中的李重，才首度提出以「土斷」爲前提，落實鄉舉里選的方案。《晉書·李重傳》載李重上疏陳九品云：

> 然承魏氏彫弊之跡，人物播越，仕無常朝，人無定處，郎吏蓄於軍府，豪右聚於都邑，事體駁錯，與古不同。謂九品既除，宜先開移徙，聽相幷就。且明貢舉之法，不濫於境外，則冠帶之倫將不分而自均，即土斷之實行矣。〔註 188〕

「土斷」是指重新登錄戶籍，特別是現任官吏，直接落籍現居地的作法，可作爲恢復古鄉舉里選制度之基礎，而此方案主要針對京官兼任中正的制度設計而發，只要士人落籍現居地，並罷中正，由地方長吏行古貢士之制，則士人便毋須馳騁京師而廢學行。與曹魏浮華問題的對策相較，司馬懿雖亦從改革中正評品制度出發，然爲正始年間政局所迫，未能坦然面對此一浮華問題的癥結所在，至咸寧年間，李重才正式提出此案，成爲此後恢復鄉舉里選的改革思想的先聲。

繼李重之後，太康中的衛瓘與司馬亮，亦以恢復鄉舉里選制度爲改革問題的主要方案。《晉書·衛瓘傳》載衛瓘、司馬亮上疏陳九品云：

> 今九域同規，大化方始，臣等以爲宜皆蕩除末法，一擬古制，以土斷定，自公卿以下，皆以所居爲正，無復懸客遠屬異土者。如此，則同鄉鄰伍，皆爲邑里，郡縣之宰，即以居長，盡除中正九品之制，使舉善進才，各由鄉論。然則下敬其上，人安其教，俗與政俱清，化與法並濟。人知善否之教，不在交遊，即華競自息，各求於己矣。今除九品，則宜準古制，使朝臣共相舉任，於出才之路既博，且可以厲進賢之公心，覈在位之明闇，誠令典也。〔註 189〕

這段文字屬於問題對策，主張朝廷應在實施土斷與廢除中正評品制度的基礎上，恢復漢代鄉舉里選，以期能「舉善進才」，並進一步澄清浮華爭競之士風。從對策發展脈絡來說，土斷與廢除中正評品制度之議實分承李重、劉毅所議而來。

〔註 188〕《晉書》，卷 46，〈李重傳〉，頁 1309～1310。
〔註 189〕《晉書》，卷 36，〈衛瓘傳〉，頁 1058。

此外，太康中，潘岳與孫楚亦有類似觀點。《藝文類聚・治政部上》載太康中潘岳〈九品議〉云：

> 方今天下隆平，四海攸同，薦賢達善，各以類進。夫觀民宣化，爲治之本，雖實小邑，猶須其人。又中正之身，優劣懸殊，苟知人者智，則不知者謬矣。莫如達官，各舉其屬，萬嶽九列，朝所取信，郡守雖輕，有刺史存，舉之當否，實司其事，考績累名，施黜陟焉。進賢受賞，不進賢甘戮，沮勸既明，爲人自爲謀，庶公道大行，而私謁息矣。〔註190〕

此爲潘岳〈九品議〉殘文的一部分，前段主陳地方長吏職主「觀民宣化」，治民理政責任甚重，故「猶須其人」，用人宜慎。這實乃針對西晉重內輕外之弊，有感而發，可知此文縱使以「九品議」爲題，然其論述亦觸及此一選舉問題，足見這些均屬九品官人法運作及其問題當中的環節。至於後段，則是針對選制具陳改革方案，主張以各級政府長官，「各舉其屬」，透過具體的功勞事蹟，實施考課，檢覈能否，黜劣敘優，然後進一步向中央察舉推薦，並且配合監察制度以按劾虛實。這種作法相當於漢代察舉制度，這從「四科取士」標準的執行，便可清楚看出此議與察舉制度的相類之處。只是此議並未特別強調恢復鄉舉里選的褒貶教化功能，而是從察舉制度的考課能否功能爲核心進行論述，就這點而言，反而又接近杜預、李重、劉毅等人的理念。

此外，太康中還有孫楚的觀點也接近鄉舉里選制。《太平御覽・職官部六十三・中正》引《孫楚集》：

> 九品漢氏本無，班固著漢書，序先往代賢智，以爲九條，此蓋記鬼錄次第耳，而陳群依之以品生人。又魏武拔奇，決於胸臆，收才不問階次，豈賴九品而後得人。今可令長守爲小大中正，各自品其編戶也。〔註191〕

這裡以郡縣長官各自品其編戶的作法，若以川勝義雄的「鄉論重層結構」理論解釋，就是重新啓動第二乃至於第一層鄉論機制，讓郡守縣令擔任評品工作，以底層鄉論爲考察人物的主要機制，進一步言之，即恢復部分兩漢鄉舉里選精神。

〔註190〕唐・歐陽詢，《藝文類聚》，卷52，〈治政部上〉引潘岳〈九品議〉，頁938。

〔註191〕宋・李昉等，《太平御覽》，卷265，〈職官部六十三・中正〉引《孫楚集》，頁1243。

綜上所論，從李重、衛瓘到潘岳、孫楚，均是以恢復鄉舉里選制度爲改革計「門資」定品問題的具體方案，這類方案又以土斷與廢止中正評品制度爲主要內涵，其理正如李重所論，既開移徙，再明貢舉之法，則「冠帶之倫將不分而自均」，中正評品制度哪有存在的必要？而既廢九品，復行鄉舉里選，士人自然無需聚京師、造虛譽，爲取得鄉品而奔競，則浮華私謁之風，不禁自息。故可知以土斷爲其基礎推動鄉舉里選，實爲西晉改革選舉制度的主流理念。

（二）國家以舉寒素特科爲核心的補救措施

以上所論爲士大夫官僚對於計「門資」定品問題所提出的相關改革方針。從晉初到太康年間，朝野士大夫對浮華問題、計「門資」定品問題不斷批評，國家多半以舊察舉特科制度作爲臨時補救措施。

西晉政權初立之時，朝廷便密集發佈察舉特詔。如咸熙二年（265）十一月乙未令：「令諸郡中正以六條舉淹滯：一曰忠恪匪躬，二曰孝敬盡禮，三曰友于兄弟，四曰潔身勞謙，五曰信義可復，六曰學以爲己。」泰始四年（268）六月丙申令：「郡國守相，三載一巡行屬縣，……士庶有好學篤道，孝弟忠信，清白異行者，舉而進之。」泰始四年（268）十一月己未令：「詔王公卿尹及郡國守相，舉賢良方正直言之士。」泰始五年（269）二月：「古者歲書群吏之能否，三年而誅賞之．諸令史前後，但簡遣疎劣，而無有勸進，非黜陟之謂也。其條勤能有稱尤異者，歲以爲常。吾將議其功勞。」泰始五年（269）十二月：「詔州郡舉勇猛秀異之才。」泰始七年（271）六月：「詔公卿以下舉將帥各一人。」泰始八年（272）二月：「詔內外群官舉任邊郡者各三人。」〔註192〕

就發詔背景觀之，劉寔言：「自漢魏以來，時開大舉，令眾官各舉所知，唯才所任，不限階次」，換言之，詔舉原是用以補充常舉之不足的傳統作法。具體言之，官資一直是漢魏選制下銓選官職的基本標準，但這種運作實有礙於高行異能之拔擢，故察舉特詔方有存在的空間與價值，前列諸察舉特詔之發佈，正有此制度意義。然這可能僅是依循舊朝立國初期進善舉才，以彰顯

〔註192〕《晉書》，卷3，〈武帝紀〉，「魏元帝咸熙二年十一月乙未」、「泰始四年六月丙申」、「泰始四年十一月己未」、「泰始五年二月丁亥」、「泰始五年十二月」、「泰始七年六月」、「泰始八年二月壬辰」條，頁50、57、58、58、59、61、62。

新政權治國開明的作風，而非特別針對這些選舉問題所做的回應，而且對於士大夫的建議，晉武帝總是採取表面上嘉勉稱善，然最後總是「事竟不行」，無疾而終。縱使太康九年（288）正月曾「令內外群官舉清能，拔寒素」，似分別以「清能」與「寒素」之名，針對計「門資」定品問題做出回應，然此詔本應日蝕之天象而發，〔註 193〕爲漢制之常。一直到晉惠帝元康中，朝廷首次正視「計資定品」問題的嚴重性，舉寒素特科正式成立。

關於舉寒素特科的基本內容，已於第四章第四節第一目中做過初步說明。以下再以本章第二節第三目所論之「門資」因素爲核心，透過其與漢代察舉制度的異同比較，做進一步討論。《晉書・李重傳》載舉霍原爲寒素一事云：

> （李重）遷尚書吏部郎，……拔用北海西郭湯、琅邪劉珩、燕國霍原、馮翊吉謀等爲祕書郎及諸王文學，故海內莫不歸心。時燕國中正劉沈舉霍原爲寒素，司徒府不從，沈又抗詣中書奏原，而中書復下司徒參論。司徒左長史荀組以爲：「寒素者，當謂門寒身素，無世祚之資。原爲列侯，顯佩金紫，先爲人間流通之事，晚乃務學，少長異業，年踰始立，草野之譽未洽，德禮無聞，不應寒素之目。」重奏曰：「案如癸酉詔書，廉讓宜崇，浮競宜黜。其有履謙寒素靖恭求己者，應有以先之。如詔書之旨，以二品繫資，或失廉退之士，故開寒素以明尚德之舉。……如詔書所求之旨，應爲二品。」詔從之。〔註 194〕

這裡值得留意者，舉寒素既是特定察舉科目，則對被舉者必有其條件限制，亦即須先進行資格審查。因此，某甲是否得舉爲寒素，其必要條件正是符合「寒素」身分。所謂「寒素」，其基本定義正是荀組所言「門寒身素」。「門寒」指無「世祚之資」，由本章第一節所論可得知，可能是指父祖官爵在官品五品以上，此屬「門資」因素。像霍原「爲列侯，顯配金紫」，「金紫」即「金印紫綬」，按《宋書・禮志》：「縣、鄉、亭侯，金印，紫綬」，〔註 195〕表示霍原從父祖輩之先人襲得列侯爵位，不符合「無世祚之資」的察舉要素，故遭司徒府駁回。至於「身素」，當指本身無官爵而言，屬於「身資」因素。然而身

〔註 193〕《晉書》，卷 3，〈武帝紀〉，「泰始九年正月壬申」條，頁 78。

〔註 194〕《晉書》，卷 46，〈李重傳〉，頁 1311～1312。

〔註 195〕《宋書》，卷 18，〈禮志五〉，頁 509。

分資格僅是必要條件，而非充分條件，另外尚須符合《癸酉詔書》「明尚德之舉」的宗旨，即「履謙寒素靖恭求己者」，這明顯屬於德行考察，故實有類於漢代舉孝廉等德行科目。此乃舉寒素特科與察舉制度之共通性。至於其與中正評品制度的關連性，從詔書宗旨便可知其所面對的正是以「二品繫資」問題。所謂「二品繫資」，是指中正以「門資」與「身資」爲主來清定九品，特別是鄉品二品之評定更是如此，故「二品繫資」即衛瓘所言「計資定品」的問題。

從霍原舉寒素的過程可知，在舉薦程序裡，須經司徒府同意，一旦不同意，舉薦人可再上奏朝廷，下詔司徒府召開會議，司徒府需先說明不從之理，再由其他與會官員提出各種意見，最後由皇帝裁決。顯然，這舉薦過程與舉孝廉秀才常科及賢良方正特科有所差異。以舉秀孝的程序爲例，一般程序均是由州郡長官察舉，〔註196〕再由中央吏部進行（賢良、秀才）對策或（孝廉）試經術等文化考核，依成績高低，予以不用、補用或直接授官，〔註197〕且初步考察《晉書》，士人以察舉科目入仕的相關記載裡，並未明載察舉程序與司徒府中正系統是否有所關連。〔註198〕再者，「舉霍原爲寒素」一事最後是以「進

〔註196〕州郡長官當然理應先徵詢州郡功曹、主簿等地方選舉系統主管的意見。最明顯的例子便是「王遜舉董聯爲秀才」一事。據《晉書．王遜傳》所載：「遜未到（寧）州，遙舉董聯爲秀才，建寧功曹周悅謂聯非才，不下版檄。」顯然一般慣例，州郡長官察舉秀孝時應先會徵詢州郡主簿、功曹等上佐之意見，以取得較爲詳實的人才資訊，因爲這些上佐畢竟多是鄉里社會中的豪族士人階層出身，較瞭解鄉里人士之背景，加上舉秀才之考核程序與要求標準較爲嚴格，故建寧功曹才會以董聯非才作爲反對舉董聯爲秀才的理由。請參考《晉書》，卷81，〈王遜傳〉，頁2109～2110。

〔註197〕就法定制度的規定而言，關於孝廉，《三國志．華歆傳》：「三府議：『舉孝廉，本以德行，不復限以試經。』歆以爲：『喪亂以來，六籍墮廢，當務存立，以崇王道。夫制法者，所以經盛衰。今聽孝廉不以試經，恐學業從此而廢。若有秀異，可特徵用。患於吳其仁，何患不得哉？』帝從其言。」顯然自陽嘉改制以後孝廉試經已是常制。至於秀才，《晉令》：「舉秀才必五策皆通，拜爲郎中，一策不通，不得選。」就制度之實踐情形而言，《晉書．紀瞻傳》：「吳平，（紀瞻）徙家歷陽郡。察孝廉，不行。後舉秀才，尚書郎陸機策之。」故吾人確可得知西晉太康年間以後舉秀才需通過中央考核方可入仕。又據《晉書．趙王倫傳》，趙王倫於惠帝永康元年（300）篡位後，「是歲，賢良方正直言、秀才、孝廉、良將皆不試。」顯然舊制是規定賢良秀孝諸察舉科目均需考試（對策或試經等）。請分見《三國志》，卷13，〈華歆傳〉，頁403；隋．虞世南，《北堂書鈔》，卷79，〈設官部三十一．秀才一百七十八〉引《晉令》，頁348；《晉書》，卷68，〈紀瞻傳〉，頁1815；卷59，〈趙王倫傳〉，頁1601。

〔註198〕關於此時期的察舉制度運作，日後將另立專文討論。

霍原爲二品」收場，顯見舉寒素與舉秀孝等察舉常科相較，與中正評品之鄉品有較密切的關係。這表示在選官程序裡，寒素身分之取得與獲得鄉品二品應扮演相同的功能。換言之，若隱逸寒士能通過司徒府中正系統審核取得寒素之名，則相當於那些仰仗世祚門資取得鄉品二品的勢族子弟，或者靠身資「積階級，累閥閱」的非勢族子弟一樣，得以取得擔任中央政府機要清職的機會與資格。

縱使「計資定品」問題日趨嚴重，但舉寒素特科的設置仍有其積極意義。從選舉標準的角度來看，「計資定品」問題的核心，正是「以族取人」、「以名取人」。中正計「門資」定品，依父祖官爵高低清定九品，導致「以族取人」之弊；中正計「身資」定品，依個人仕官功勞資次優劣清定九品，但中正多由京官兼任，復加考課制度隳壞，中正僅能採「采譽於臺府，納毀於流言」，導致「以名取人」之弊。因此，從選舉標準角度視之，「計資定品」之弊，正是忽略了人才本身的德行、才學、幹能等個人內在條件。若無舉寒素特科之設，則那些有志爲國舉賢薦能的官僚，恐怕會因缺少法制化的管道，而難以有所作爲。像當時「務抑華競，不通私謁，特留心隱逸」的尙書吏部郎李重，之所以得以「拔用北海西郭湯、琅邪劉珩、燕國霍原、馮翊吉謀等爲祕書郎及諸王文學」，其典章制度上的法理依據，正在於這種舉淹滯、舉寒素等特科的存在。舉寒素的設置，正是欲彌補以族取人、以名取人之弊，具有改革選舉制度的積極意義。

進入東晉以後，由皇帝特詔頒行的「舉寒素」特科便不復見，顯示出西晉皇權並未完全爲勢族權勢所滲透，相對而言皇權仍較強大，僅僅根據勢族地位而不顧才德定品僅是部分事實，而非全面眞相。我們從上述舉淹滯、拔寒素之特詔，以及元康年間「由諸州大中正推舉、司徒主持、皇帝審批」之中央政府統籌督導的清議活動中，〔註 199〕應能看出選舉標準尙未全盤士族

〔註 199〕元康年間，司徒府曾發動大規模的清議活動。關於此事，《晉書》無載，僅見於《通典》。《通典・禮二十・周喪不可嫁女娶婦議》曰：「晉惠帝元康二年，司徒王渾奏曰：『前以冒喪婚娶，傷化悖禮，下十六州推舉。今本州中正各有言上。太子家令盧濬有弟喪，嫁女拜時；鎭東司馬陳湛有弟喪，嫁女拜時；上庸太守王崇有兄喪，嫁女拜時；夏侯俊有弟子喪，爲息恆納婦，恆無服；國子祭酒鄒湛有弟婦喪，爲息蒙娶婦拜時，蒙有周服；……虧違典憲，宜加貶黜，以肅王法。請臺免官，以正清議。……』詔曰：『下殤小功，不可嫁娶，俊等簡忽喪紀，清違禮經，皆宜如所正。』」清議工作本由中正主持，此次事件卻由司徒主動召集，顯示一旦州中正未能負責正本州之清議時，司徒便需

化，皇權仍扮演舉足輕重的角色。不過，縱使國家有意拔擢寒素，然掌握選舉大權的勢族卻無心呼應朝廷之舉，如元康中領吏部的尚書僕射王戎，「自經典選，未嘗進寒素，退虛名，但與時浮沉，戶調門選而已」。〔註200〕且誠如西晉左思〈詠史詩〉所述：「世胄躡高位，英俊沈下僚，地勢使之然，由來非一朝」，〔註201〕從前述段灼、劉毅、王沈等人的說法，清途與非清途、清官與濁官之分途發展趨勢，以及門資與勢位因素的融合發展來看，這些證據確實足以反映出西晉士族權勢向上集中發展並漸形鞏固的趨勢。

總而言之，面對浮華士風與計資定品問題，朝臣與國家陸續均有若干對策與回應措施，前者如考課制度的健全、選例九等與九班之制這類官制改革等，後者如甲午制的推行、舉寒素特科的設置等，然無奈身資因素轉弱，而門資因素滲透選舉制度既速且深，勢族得在門資因素的強力作用下轉化成士族（世族）；而晉惠帝以後出身寒素者，欲再累積身資轉成門資以蔭子孫，恐較為困難。這種發展說明了官僚上下階層，以及社會上下階層之間的流動，已逐漸停滯，而九品官人法本是以官才本位主義為其精神，此一發展歷程已呈現出制度朝向勢族門閥主義發展，最後僵化為士（世）族門閥主義。

【表5－1】魏末西晉清議事例表

人名	本籍	父祖官爵		清議時間	清議時之身分	遭清議之理由	清議結果
		父	祖				
陳壽	巴西安漢	無	無	魏末	白衣	居喪使女奴丸藥	積年沈廢
阮咸	陳留尉氏	魏武都太守	漢丞相掾	魏末	白衣	居母喪追鮮卑婢	沈淪閭巷

有非常手段予以導正，以維護最初置州大中正時，依中央之立場以正一州之清議、統合並主導鄉里輿論之用意，也就是劉毅所言之「置州都者，取州里清議，咸所歸服，將以鎮異同，一言議」之意。由此足見西晉中正評品制度的中央集權性格，而且皇權依舊有舉足輕重的地位，顯然制度原意中的選舉權中央集權化路線並不等同於政權士族化。請分別參見唐・杜佑，《通典》，卷60，〈禮二十・周喪不可嫁女娶婦議〉，頁1689；清・趙翼，《廿二史箚記》，卷8，〈晉書〉，「九品中正」條，頁100～102；《晉書》，卷45，〈劉毅傳〉，頁1274。

〔註200〕《晉書》，卷43，〈王戎傳〉，頁1234。

〔註201〕南朝梁・蕭統編，唐・李善注，《文選》，卷21，〈詩乙・詠史・左太沖詠史八首〉，左思〈詠史詩〉，頁988。

人名	本籍	父祖官爵		清議時間	清議時之身分	遭清議之理由	清議結果
		父	祖				
楊旌	天水	不明	不明	武帝泰始中	前太常	居喪應孝廉之舉	不明
閻纘	巴西安漢	吳牂柯太守	漢平樂鄉侯	武帝咸寧中	白衣	盜父時金寶	清議十餘年
陳壽	巴西安漢	無	無	武帝太康中	前治書侍御史	不以母歸葬	再致廢辱
閻乂	巴西安漢	不明	不明	武帝太康中	不明	不明	清議十餘年
費立	犍爲南安	蜀巴西太守	無	武帝太康中	白衣	不明	清議十餘年
郗詵	濟陰單父	尚書左丞	無	武帝太康中	前太子洗馬	假葬違常	降品一等
李含	隴西	無	無	惠帝元康初	秦國郎中令	秦王柬葬迄除服	二品貶爲五品
虞濬	不明	不明	不明	惠帝元康初	太子家令	居弟喪嫁女	免官
陳湛	不明	不明	不明	惠帝元康初	鎮東司馬	居弟喪嫁女	免官
王崇	不明	不明	不明	惠帝元康初	上庸太守	居兄喪嫁女	免官
夏侯駿	譙國譙	魏兗州刺史	漢征西將軍	惠帝元康初	少府	居弟子喪爲息納婦	免官
鄒湛	南陽新野	魏左將軍	無	惠帝元康初	國子祭酒	居弟婦喪爲息娶婦	免官
王琛	琅邪臨沂	光祿大夫	無	惠帝元康初	給事中	居兄喪爲息娶婦	免官
羊暨	泰山南城	都督淮北護軍	魏上黨太守	惠帝元康初	并州刺史	居兄喪爲息娶婦	免官
牽昌	不明	不明	不明	惠帝元康初	征西長史	居弟喪爲息娶婦	免官
韓預	南陽	不明	不明	惠帝元康中	車騎長史	妻喪未三旬娶妻	二品貶爲四品

人名	本籍	父祖官爵		清議時間	清議時之身分	遭清議之理由	清議結果
		父	祖				
楊俊	天水	涼州刺史	無	惠帝元康中	不明	姐喪未三旬嫁妹	貶爲五品
阮簡	陳留尉氏	無	漢丞相掾	惠帝元康中	不明	父喪食黍臛	廢頓幾三十年

【表5－1】說明：本表係根據《三國志》、《晉書》、《通典》、《世說新語》、《華陽國志》等繪製而成。

第六章　結　論

作爲魏晉選舉制度主體的九品官人法，乃漢獻帝延康元年（220）魏國尚書陳群所建，其基本內容有四：其一，以「九品制」爲制度運作的基石與準繩，包括官品九品制與鄉品九品制。其二，九品官人法之運作包含兩個部分，一爲中正評品制度，一爲吏部銓選制度，前者主司人物評品，後者負責官職銓選。其三，郡中正評品後的人事資料包括品與狀，吏部銓選所運用的人事資料包括品、狀、簿閥、行狀。品、狀由郡中正提供，簿閥由司徒府提供，內有家世資料與功勞資次的考課資料，而行狀則由舉主提供，並典藏於司徒府。其四，中正評品僅是入仕途徑之一，尚有賜官、襲爵、賜爵入仕，察舉入仕，太學試經入仕，地方長官辟召後積累資次入仕，公府辟召入仕，當中仍以中正評品入仕者仕途最顯，且無論經何途入仕，均可取得仕官資格等第，其中中正評品可特稱之爲鄉品。

從制度發展論制度淵源，「九品制」可能是將社會或政治圈中，慣用的依九品進行人物評價的方法，予以制度化與官法化後，作爲國家選任官職時資格審查的共同規範格式。而中正評品制度的淵源，其遠源有二，一爲鄉論，另一爲名士清議，就其近源而言，可能直接源於建安十三年赤壁之戰後何夔的草案。從政局發展論制度成立，曹操面對漢末動亂政局，採取刑名法術之治，而儘速恢復國家統治秩序，本是曹操君臣的共同目標，面對亂世，雙方對於「唯才所宜」的用人方針有一定的共識與默契。然曹操面對集團內部儒門名士勢力的茁壯與擴張，需從用人方針上表明其與名教之治的差異，若欲建立以名法之治爲核心的選舉制度，可從選舉方式或選舉標準切入，鄉論與清議乃選舉文化傳統，在選舉方式難以短期轉變的情勢之下，將焦點集中到選舉標準，亦不失為另一種平抑儒門名士勢力的策略。東漢以名教立國，選舉標準多以儒家德行為必要條件，再搭配經術或文才，因此，建安十五年以後曹操陸續發佈三道求才令，目的在破除傳統儒家賢能觀念，其政治意義在於打破以儒家經術為本的迷思，但「破除」並非「反對」，而是一種「修正」與「改革」，其依歸正是「唯才所宜」，即用人以官才為本的精神，從此角度檢視，仍不宜過度窄化地將這兩道求才令視為曹操反「德」之宣示。畢竟曹操也認同「亂世重才，承平尚德」的用人思想，顯然他並未對儒家重德的用人思想採取完全否定的態度，相反地隨著北方局勢的日益穩定，名教思想反而有益於局勢的穩定。

隨著漢末魏王嗣位之爭的發展，曹丕與儒門名士的關係更為密切，當曹丕繼魏王位後，為利於漢魏禪代，在選舉制度上，便開始九品官人法的籌畫，除了賦予九品官人法裁汰反魏、反曹丕官僚，疏導與緩和豪族官僚化問題等附加政治作用外，在選舉標準上，德行因素有復甦跡象，「儒雅並進」，這當然與統治集團結構與性質的轉變，以及君主統治方針的轉變有關。但整體而言，九品官人法代表的是「德才並重」之選舉標準的確立，僅多提高儒家經術的地位，從儒家賢能觀念言之，這仍屬才（學）的範疇，故九品官人法基本上仍是曹操「唯才所宜」思想進一步的修正，繼承意味多於否定意味。而這種德才並重的選舉方針，筆者稱之為「官才本位主義」，中正評品德才並重，吏部銓選所重者乃官職所需之「才」，至於德行因素本為治國理政的基本要素之一，名法之治著眼點在官僚政治運作面向，以才能為本，德行因素強調公領域的政治道德，名教之治著眼點在政治教化面向，以性行為本，德行因素強調私領域的宗法倫理，此為二治術的根本差異，而九品官人法基本精神最初便是名法之治下的官才本位精神。

然九品官人法成立後，弊端陸續顯露，最關鍵者為浮華問題，魏明帝太和中的太和浮華案最具代表性，此案關係人多具宗室貴戚與京師士人層背景，且多以文才顯。就其非選舉制度面向的成因而言，其一，從豪族官僚化與地方大族階層分化的發展大勢而觀，京師士人層的出現，實為大族與名士進一步中央化的表現。其二，國家過度強調文學的結果，導致尚文辭鄙功實之風，逐漸背離經學，不務根本。其三，魏文帝慕通達且內尚黃老申韓，展現在對士人的態度上，便是容忍個性自由、通達不拘的基本性格，使得以宗室貴戚與功臣子弟為核心的京師名士層有了發展的可能性。就選舉制度面向的成因而言，其一，中正評品制度京官兼任中正的設計，使士人不願老死鄉里，紛紛聚集京師造名獵譽，以得到郡中正的眷顧。其二，宗室貴戚與中央級官僚子弟無須通過太學試經或地方屬吏的行政歷練，便可經中正評品或襲爵、賜官等途徑，取得入仕資格，再直接由吏部銓選入仕。其三，理想上，中正評品需觀察士人在鄉言行，方可得其德行品第與才能狀語，然中正身在京師，評品德行自然空有其名而無其實，且上層士人本多不願先仕爲郡縣吏，考課制度又不健全，才能自然亦是有名無實。其四，中正評品的對象包括現任官吏，官品七品以上的中高層官吏爲保持鄉品二品，多不務道本、不盡心理政，僅爲製造虛名假譽，來博取中正青睞。這些因素結合起來便促成了浮華問題與名實問題的出現。

面對名實問題與浮華問題的嚴重性，朝臣與國家均有若干對策出現。朝臣對策有五大取向，第一種取向如董昭、劉靖、王昶等人的建言，均以釐革士風爲解決問題的根本，實際措施則是加強察舉與學校入仕途徑之考核。第二種取向如衛臻試行的試守制度，以及劉劭制訂都官考課法等，均從強化吏部的考課功能著手。而盧毓則主張以中正評品審德行於先，再以考課制度課才能於後。第三種取向如傅嘏、杜恕等主張持續儒家德治教化路線，強調鄉論與學行的重要性，近程目標乃在強化郡中正制的鄉論精神，遠程目標則在恢復東漢鄉舉里選。第四種取向如司馬懿主張應改革中正評品制度，將郡中正制改爲州大中正制，強化中央對郡中正的控制，以提升中正評品之素質，來作爲改善浮華問題的基礎。第五種取向如夏侯玄主張強化吏部考課權，防止中正官權力擴張，侵犯吏部銓選權，以提升吏部人事權。這些對策雖仍以選舉方式爲核心，但選舉方式與選舉標準實又息息相關，簡言之，第三、四種取向較傾向德行，第一種取向所重者爲傳統經術，究其內容而言，實又標榜儒家倫常，本質上屬東漢經明行修的基本路線，故其長遠目標仍傾向德行，第二、五種取向較傾向德才並重，但第二種則又以德爲優先，第五種則以才能爲優先。綜觀這些方案值得留意者，乃官僚系統對選舉標準的立場，有向「以德爲主，以才爲輔」路線靠攏的傾向，顯然官才本位主義有動搖的趨勢，其本質逐漸從名法轉向名教。

因此，這些對策雖因浮華問題而發，然事實上已牽動了選舉標準的爭端，此乃齊王芳時期思想界的才性關係議題的現實根源。最足以展現此一發展脈絡的關鍵，正是魏明帝景初中「選舉莫取有名」詔的出現。此詔最能代表魏明帝儒法兼重、經律並貴的選舉方針，調和儒法二家治國理念，以及平衡官僚系統儒法二家人才之積極意義。然這些對策之間本有一些衝突，隨著魏明帝的早逝與正始年間曹馬二勢力的對抗，復加曹爽集團逐漸壟斷朝政，大力推行正始改制，朝臣關心的焦點多半集中於此，對詭譎多變的政治局勢，更須詳加觀察，避免捲入政治風暴，根本無他心力認眞檢討，進行制度改革，故對策一董昭、劉靖之議，對策二盧毓、劉劭之議，對策三傅嘏、杜恕之議等，最終均無落實，僅剩對策四司馬懿之議，對策五夏侯玄之議。而二對策所面對的選舉問題根源，仍存有共通之處，均指向中正評品制度之弊。魏初實行的郡中正制，至正始年間確實已產生若干弊端，例如品度官才不公與「緬緬紛紛，未聞整齊」之弊等，而這些弊端的根源有二：第一，鄉論機制的變質。第二，郡中正制不敷現實需求。二者均與漢末以來地方大族的階層分化發展有關。州大中正制的目的在於因應地方大族勢力擴張與中央官僚化的現實需要，以重整鄉論支配體系，使之得以繼續穩定運作。進一步言之，活躍於中央官僚層的上層士人層子弟，需要超越郡級的人物名望評價。就中正評品制度而言，郡中正制下舊有的單層組織已不敷現實需求，也就是需要有一州級中正來負責評品那些聲望超越郡級的中央士人層，依川勝義雄之「鄉論重層結構」理論來看，便是第三層鄉論已廣泛地出現，以鄉論爲基礎的中正評品制度便要適應新的鄉論結構的出現，而進行結構調整。加置州大中正，可先對於各州諸郡中正的人物評價，進行總齊整合，否則若直接由郡中正將定九品的人事資料直接送吏部，則恐有諸郡中正因對品評標準的認知分歧，而出現制度運作上的不公情形。再者，吏部人員編制有限，若諸郡中正直接將所有評品資料送往吏部，則吏部在處理資料上恐因受限於此客觀條件，而導致銓選工作易產生疏漏，若加置州大中正，則或可減少這種弊端。

然而面對郡中正制的種種弊端，曹馬集團主張各有不同，雙方改革方案的差異與對立，實又與集團立場差異有關。曹爽集團最大的現實優勢便是盤據尙書系統，故強化吏部人事權，當然是最有利於集團權勢之擴張與鞏固，有此爲基礎，方能大力推動改制。對司馬氏而言，透過州大中正的設置，司馬氏得以有效籠絡中央高官層，且同時「除九品」，建立鄉品制，使鄉品與官職、官品的對應關係更緊密，提高鄉品在人事權力運作中的作用力，中央官僚高層便得以透過鄉品制來鞏固自身的政治特權地位。州大中正的設置與鄉品制的成立，保證上級士人層的仕宦特權，有效確立了上層士人層的政治優越性。故州大中正制乃司馬氏為收攬人心、整合中央士人層與當權地方大族的政治手段，可視為上層士人層逐漸褪去「在地鄉土性」，朝向中央官僚貴族層發展的關鍵。而從鄉論精神的質變歷程來看，歷經東漢豪族官僚化發展，已逐漸從賢能主義轉向實力主義，魏晉禪代期間，更逐漸轉化為形式主義；而就鄉論機制運作階層化發展而言，則有川勝義雄所提的「鄉論重層結構」理論，可見鄉論精神與運作機制的發展脈絡，均呈現三階段發展型態，兩者對照來看可能具有某種相應關係。州大中正制既有強化中央人事權之功能，又有兼顧地方大族輿論力量之精神，此種雙重矛盾性格，正標誌著鄉論精神從實力主義轉向形式主義，就選舉制度與政權性格的發展關係來看，便是地方豪族名士政權向中央貴族官僚政權演進的轉捩點。

隨著司馬氏於高平陵政變的成功，州大中正制於嘉平初開始運作，魏晉禪代前夕，又有司徒府典選制的成立，至此中正評品制度的組織架構大抵確立。司徒府之所以能典選，可能是基於司徒府典選傳統與組織運作上的優勢，使得司徒府得以成為吏部尚書之外，分掌國家選舉權的機關。魏末以後中正評品制度的運作，就人事資料而言，司徒府所掌管者主要有州郡中正評品士人的德行與才能之言行事蹟記錄，而以倫輩、鄉品、品狀的型態呈現，另外則有上計簿書中的地方官吏功次記錄，這當中可能亦包括家世仕宦記錄，二者整體呈現的資料型態，便是司徒府選舉黃紙。

關於司徒府與選舉有關的基本職權，司徒主「總御人倫，實掌邦教」；司徒左長史的職務主要有二，其一，主持全國清議，其二，會定九品，銓衡人倫；司徒左西曹掾屬職佐長史參定九品。司徒府本有選任中正之權，選任中正的基本原則，第一為家世因素，後來具體化為鄉品二品。第二為清忠公亮的個人特質。至於中正的選任程序可能是：司徒府符下該州郡徵詢意見，然後該州郡長官或本地籍京官薦舉，再由司徒府審核，最後由吏部代表皇帝敕授。

關於中正之職權，可總稱為「清定九品」，原則上三年清定一次。其運作乃透過鄉論清議，蒐集士人具體言行，若無重大過失，則擬定品狀，再向司徒府匯報；司徒府由司徒、司徒左長史針對諸州中正所呈送的資料作最後審查，得出最後的鄉品，並將資料寫成黃紙保存。吏部尚書根據上述資料，進行官職銓選，最後以皇帝名義予以授官。

關於中正評品制度的運作機制，筆者運用八個實例進行考論，整理成【表

4－2】，除實例結論外，另包含通例推論，從中可得知鄉品不但與起家官職、官品有相當程度的對應關係，而且與入仕後的各遷轉官職、官品亦有關連，前者的作用對象為未入仕者，表示中正評品制度具有入仕前的資格審核機制，後者的作用對象為現任官吏，表示中正評品制度具有入仕後的遷轉考課機制。若考量實際運作，對於鄉品二品者而言，中正評品主要的作用為清議貶品機制，且清議對象多集中在官品五至六品的中層官僚。對於鄉品未達二品者，中正評品主要的作用為計「身資」定品，進一步言之，官品七品以下的下層官僚「積累資次」後，吏部依之緩慢調整官職，而中正隨之調整鄉品，此乃鄉品與官職、官品的另一種變動關係。

經歷魏晉禪代，非僅中正系統組織架構有所調整，制度精神也出現變化。從清議機制轉變的角度來看，漢末清議本是名士層對於士人言行進行褒貶的清正議論，其本質屬於人物評價，成為國家掌握人才資訊的重要管道，這便是清議在中正評品制度初立時的運作機制。魏末西晉清議活動多集中太康年間以後，其目的在維繫儒家名教的優越性，當中已呈現出士人家禮對國家法制的制約。此時期的清議與漢末魏初的清議相較，其在中正評品制度中的功能開始擴大，不再侷限於人才資訊管道的功能，而是以獎懲機制為主，成為中正升降士人鄉品時最主要的運作型態。而且由於勢族權貴的不肖動機，使得清議染上部分政治色彩，成為打擊寒門、地方豪族的政治工具，國家亦以清議來強化對蜀吳新土的有效統治，這些均是清議的附屬政治功能。因此，從清議的強化與質變過程來看，可發現清議本以作為貫通中央與地方、國家與社會間的人才資訊管道為主要作用，但隨著勢族門閥與儒家名教因素的作用，清議的運作逐漸轉向監督、制約士大夫官僚的準考課功能，這實與九品官人法從官才本位主義到勢族門閥主義的精神轉變過程，有著密不可分的關連。

清議機制的轉變又與禮的法制化過程有若干關係。正因魏初治術以刑名法術為主，國家官僚法制優於士族宗法禮教，故清議主要是作為國家蒐集人才資訊的管道。然魏晉之際以降，治術以儒家禮法為主，士族宗法禮教逐漸優於國家官僚法制，故清議逐漸轉為維護名教禮法的工具，而國家嚴厲執行清議，正是欲強化國家禮典的正當性與規範力。又清議機制的轉變，導致中正評品制度的準考課機制愈益發達，使得吏部的官僚黜陟權受到一定程度的干擾。原本吏部用人多站在國家法制層次，以行政績效作為考課、黜陟官吏的基礎，藉以穩定官僚政治運作；但清議機制與士人禮法強大的結果，導致吏部用人較不易發揮以官才爲核心的銓選理念，於是九品官人法逐漸遠離魏初的官才本位主義，此乃清議機制與選舉精神轉變之關係。再者，隨著清議機制地位的提升與法制化，國家對鄉論清議的支配更爲牢固，從鄉論清議的階層分化發展脈絡來看，顯示中央級士人層與鄉里輿論漸行漸遠，鄉論清議不再作爲在野士人的人物評價而存在，轉而作爲鞏固勢族權貴的政治工具。

除了從清議機制的轉變、禮的法制化過程，可說明九品官人法的精神轉變外，官品等級序列的二層分化亦可呈現此一精神轉變。吾人從官學系統的等級分化發展，以及古今官制相況的情形來看，可知官品五品乃是官僚體系二層等級分化之界線。從禮制角度觀察，此一界線又具有部分古代封建貴族的世官特質。另一方面，魏末西晉以降官品九品制逐漸具有官人身分等級序列色彩，顯見官品九品制之本質，已從魏初的官才等級序列，轉向魏末西晉的官人等級序列。從官吏等級制度與選舉制度的關連性來看，官品等級序列「質變」的過程與九品官人法精神轉變的脈絡，二者實具有一體兩面的關係。

九品官人法精神的轉變，更是體現在魏末西晉以降選舉問題的發展脈絡中。最初的選舉問題是浮華士風與因資用人、計資定品之弊。前者屬於舊問題，嘉平初的王昶承續董昭、劉靖等人的路線，再度提出振興太學教育的崇道篤學方案，仍無效果，故晉武帝泰始初劉寔、郤詵等則進一步提倡「崇靜貴讓」，以救浮華爭競之士風。然而浮華士風之起，實又與新起的因資用人之弊有關。「資」的內容有二，一是門資，指父祖官爵，一是身資，指個人仕官資次，均與勢位因素有關。身資的作用有兩方面，中正計身資定品，主要作用在現任七品以下的下層官僚，吏部銓選參考身資決定遷轉官職、官品。門資的作用有兩方面，中正計門資定品，主要對象爲未入仕者，吏部銓選時有起家制度保障勢家之子，而且勢家與非勢家之子起家後的仕進亦有別，即清途與非清途之別，雖說均受仕官資次規範，但清途遷轉較速，且所歷之官職多較顯要。而此二問題仍有密切關連，正由於計資定品問題逐漸侵蝕國家選舉制度，官位愈高所能得到之利祿愈厚，更能庇蔭子孫，致使俗士不擇手段庸庸碌碌地累積身資，並可轉換成子孫之門資。如此一來，魏末以前九品官人法的官才本位精神逐漸消失，而漸爲勢族門閥主義所取代，而且隨著門資因素與權貴因素的緊密結合，計門資定品問題漸與浮華士風、計身資定品問題並駕齊驅，逐漸成爲選舉問題的核心，此爲選舉問題從「勢族」門閥轉向「士族」門閥的關鍵。

面對一連串選舉問題，朝臣陸續提出相關對策，事功派官僚主要針對浮華士風與計身資定品問題而發，企圖從考課制度的健全與官制改革等角度，整頓選舉制度。泰始中，杜預建立考課法，大致乃承襲曹魏時期劉劭、夏侯玄、王昶等人的構想，裴秀則是繼承其父裴潛的基本路線，爲西晉採取官制改革作法的先驅者。泰始末，李胤則是以建立銓選規範爲根本，進行「刊定選例」的工作，咸寧中李重議立「選例九等」之制，元康末劉頌又提出九班之制的作法，這一連串官制改革，李重的「選例九等」之制實有承先啓後的重要價値。而李重改革官制的基本方針，乃從官職等級結構的根本問題入手，企圖建立新的仕官資次規範，以彰顯國家對地方行政與吏治的重視。顯然此方案的立足點，正是「身資」因素在吏部銓選時的作用。這與劉寔、杜預等人重視選舉制度中的身資因素，實屬同一改革思維，無論是透過澄清士風、建立考課制度或是官制改革，其共同的核心精神均指向官僚政治效能管理；唯異者，前期重士風改革的軟體層面，後期重官制改革的硬體層面。而太康末，劉頌便針對此二層面進行有機性與整體性的反省與建議，可視爲總結西晉前期選舉問題與對策的全盤論述。至於計門資定品問題，從李重、衛瓘到潘岳、孫楚，均是以恢復鄉舉里選制度爲改革具體方案，這類方案又以土斷與廢止中正評品制度爲主要內涵，其理正如李重所論，既開移徙，再明貢舉之法，則「冠帶之倫將不分而自均」，中正評品制度哪有存在的必要？而既廢九品，復行鄉舉里選，士人自然無需聚京師、造虛譽，爲取得鄉品而奔競，則浮華私謁之風，不禁自息。故可知鄉舉里選實爲西晉改革選舉制度的主流理念，亦可同步解決浮華士風與計門資定品問題。而國家對於朝臣的忠實建議，則有甲午制的推行，以及舉寒素特科的實施。

無奈門資因素滲透選舉制度既速且深，勢族得在門資因素的強力作用下轉化成士族（世族），而晉惠帝以後出身寒素者，欲再累積身資轉成門資以蔭子孫，則恐較爲困難。這種發展說明了官僚上下階層，以及社會上下階層之間的流動，已逐漸停滯。九品官人法本是以官才本位主義爲其精神，此一發展歷程已呈現出制度朝向勢族門閥主義發展，最後僵化爲士（世）族門閥主義。

綜上所論，筆者全文宗旨正在釐清魏西晉二代選舉制度、問題、對策三面向的發展脈絡，以便清楚呈現治術從名法轉向名教的過程中，選舉制度本身出現了哪些問題？而當時國家與士大夫又是如何面對實際的選舉問題？所採取的對策與因應措施又爲何？此爲本文主旨所在。而且從制度、問題與對策的循環關係來看，這些對策與措施又是後世制度演變革新的基礎與淵源，此爲探究南北朝甚至隋唐選舉制度的關鍵源頭。例如九班選制在五胡政權中似有得到重視而實施的跡象，考課制度亦在北魏開始復興，又隨著文武散職的擴增，使得散階系統成立所需的散官名號逐漸齊全。日後中正評品制度的考課機制漸爲吏部考課所取代，原本具有考課性質的鄉品等第序列發展爲官人散階等級序列，使官品九品制能擺脫官人身分等級序列色彩，以反映職事官位的等級秩序。而且，九品官人法由司徒府中正系統審核資格、吏部尚書銓選官職的基本運作模式，實爲日後禮部負責入仕資格考核、吏部負責官職銓選考核，此一隋唐選舉制度之分工模式的制度淵源。但是，這當中實際的發展關係又是如何？制度間的繼承與改革成分又有哪些？這些均是未來研究中古選舉制度甚至官制領域的重要課題。

徵引書目

一、古籍（按時代先後排序）

1. 漢．司馬遷，《史記》，臺北：鼎文書局，1997年10月，九版。
2. 漢．王充，《論衡》，上海：上海人民出版社，1974年9月，第1版。
3. 漢．班固，《漢書》，臺北：鼎文書局，1997年10月，九版。
4. 漢．王符撰，汪繼培箋，《潛夫論箋》，臺北：漢京文化事業，1984年5月，初版。
5. 清．孫星衍等輯，《漢官六種》，北京：中華書局，1990年9月，第1版。
6. 周天游輯注，《八家後漢書輯注》，上海：上海古籍出版社，1986年，第1版。
7. 漢．荀悅，《申鑒》，上海：上海古籍出版社，1990年9月，第1版。
8. 漢．徐幹，《中論》，上海：上海古籍出版社，1990年9月，第1版。
9. 漢．應劭，《風俗通義》，諸子百家叢書，上海：上海古籍出版社，1990年10月，第1版。
10. 晉．陳壽，《三國志》，臺北：鼎文書局，1997年10月，九版。
11. 晉．陳壽撰，盧弼集解，《三國志集解》，臺北：藝文印書館，1982年，版次不詳。
12. 晉．葛洪著，楊明照撰，《抱朴子外篇校箋》，北京：中華書局，1991年12月，第1版。
13. 晉．常璩撰，任乃強校注，《華陽國志校補圖注》，上海：上海古籍出版社，1987年，第1版。
14. 張鵬一編著，《晉令輯存》，陝西：三秦出版社，1989年元月，第1版。
15. 清．湯球輯，《九家舊晉書輯本》，收入楊家駱編，《晉書》附編五，臺北：鼎文書局，1997年5月，9版。

16. 南朝宋．范曄撰，《後漢書》，臺北：鼎文書局，1997 年 10 月，九版。
17. 南朝宋．劉義慶撰，劉孝標注，余嘉錫箋疏，《世說新語箋疏》，上海：上海古籍出版社，1993 年 12 月，第 1 版。
18. 南朝梁．沈約撰，《宋書》，臺北：鼎文書局，1997 年 10 月，九版。
19. 南朝梁．劉勰著，周振甫注，《文心雕龍注釋》，臺北：里仁書局，1984 年 5 月，初版。
20. 南朝梁．蕭子顯，《南齊書》，臺北：鼎文書局，1997 年 10 月，九版。
21. 南朝梁．蕭統編，唐．李善注，《文選》，臺北：文津出版社，1987 年 7 月。
22. 北齊．魏收，《魏書》，臺北：鼎文書局，1997 年 10 月，九版。
23. 清．嚴可均輯，《全上古三代秦漢三國六朝文》，北京：中華書局，1958 年 12 月，第 1 版。
24. 唐．虞世南等，《北堂書鈔》，臺北：文海出版社，出版時間與版次不詳。
25. 唐．歐陽詢等，《藝文類聚》，北京：中華書局，1965 年 11 月，第 1 版。
26. 唐．魏徵，《群書治要》，北京：中華書局，1985 年，北京新 1 版。
27. 唐．魏徵等，《隋書》，臺北：鼎文書局，1997 年 10 月，九版。
28. 唐．姚思廉，《梁書》，臺北：鼎文書局，1997 年 10 月，九版。
29. 唐．姚思廉，《陳書》，臺北：鼎文書局，1997 年 10 月，九版。
30. 唐．房玄齡等，《晉書》，臺北：鼎文書局，1997 年 10 月，九版。
31. 唐．李延壽，《北史》，臺北：鼎文書局，1997 年 10 月，九版。
32. 唐．徐堅，《初學記》，臺北：藝文印書館，1976 年 10 月，初版。
33. 唐．杜佑，《通典》，北京：中華書局，1988 年 12 月，第 1 版。
34. 唐．馬總，《意林》，北京：中華書局，1991 年，北京第 1 版。
35. 後晉．劉煦等，《舊唐書》，臺北：鼎文書局，1997 年 10 月，九版。
36. 宋．李昉等，《太平御覽》，北京：中華書局，1960 年 2 月，第 1 版。
37. 宋．歐陽修，《新唐書》，臺北：鼎文書局，1997 年 10 月，九版。
38. 宋．司馬光，《資治通鑑》，北京：中華書局，1956 年 6 月，第 1 版。
39. 宋．蘇軾，《蘇東坡全集》，臺北：世界書局，1964 年，初版。
40. 宋．王應麟，《玉海》，上海：江蘇古籍出版社，1988 年 3 月，第 1 版。
41. 宋．鄭樵，《通志二十略》，北京：中華書局，1995 年 11 月，第 1 版。
42. 元．馬端臨，《文獻通考》，臺北：新興書局，1963 年 10 月，新 1 版。
43. 清．顧炎武，《日知錄》，蘭州：甘肅人民初版社，1997 年 11 月，第 1 版。

44. 清・王夫之，《讀通鑑論》，長沙：嶽麓書社，1988 年 6 月，第 1 版。
45. 清・萬斯同，《三國漢季方鎮年表》，收入《二十五史補編》第二冊，北京：中華書局，1955 年 2 月，第 1 版。
46. 清・萬斯同，《晉方鎮年表》，收入《二十五史補編》第三冊，北京：中華書局，1955 年 2 月，第 1 版。
47. 清・萬斯同，《晉將相大臣年表》，收入《二十五史補編》第三冊，北京：中華書局，1955 年 2 月，第 1 版。
48. 清・萬斯同，《魏國將相大臣年表》，收入《二十五史補編》第二冊，北京：中華書局，1955 年 2 月，第 1 版。
49. 清・王鳴盛，《十七史商榷》，臺北：廣文書局，1980 年 7 月，三版。
50. 清・趙翼，《二十二史箚記》，臺北：世界書局，1996 年 3 月，初版。
51. 清・洪飴孫，《三國職官表》，北京：中華書局，1985 年，新 1 版。
52. 清・汪士鐸，《南北朝史補志未刊稿》，收入《二十五史補編》第五冊，北京：中華書局，1955 年 2 月，第 1 版。
53. 清・吳增僅、楊守敬，《三國郡縣表附考證》，收入《二十五史補編》第三冊，北京：中華書局，1955 年 2 月，第 1 版。
54. 清・皮錫瑞，《經學歷史》，臺北：漢京文化，1983 年 9 月，初版。

二、近人著作（按作者姓氏筆畫排序）

中文專書

1. 毛漢光，《兩晉南北朝士族政治之研究》，臺北：中國學術著作獎助委員會，1966 年，初版。
2. 王伊同，《五朝門第》，香港：香港中文大學，1978 年，重刊第一版。
3. 王仲犖，《魏晉南北朝隋初唐史》，上海：上海人民出版社，1961 年 7 月，第 1 版。
4. 甘懷眞，《唐代家廟制度研究》，臺北：臺灣商務印書館，1991 年 11 月，初版。
5. 田文棠，《魏晉三大思潮論稿》，西安：陝西人民出版社，1988 年 12 月，第 1 版。
6. 安作璋、熊鐵基，《秦漢官制史稿》，濟南：齊魯書社，1984 年 1 月，第 1 版。
7. 汪惠敏，《三國時代之經學研究》，臺北：漢京文化，1981 年 4 月，初版。
8. 汪徵魯，《魏晉南北朝選官體制研究》，福州：福建人民出版社，1995 年，第 1 版。
9. 周一良，《魏晉南北朝史箚記》，北京：中華書局，1985 年 3 月，第 1 版。

10. 孫旭培主編，《華夏傳播論》，北京：人民出版社，1997 年 10 月，第 1 版。
11. 徐德嶙，《三國史講話》，香港：文昌書局，1955 年，初版。
12. 祝總斌，《兩漢魏晉南北朝宰相制度研究》，北京：中國社會科學出版社，1990 年 10 月，第 1 版。
13. 馬新，《兩漢鄉村社會史》，山東：齊魯書社，1997 年 9 月，第 1 版。
14. 陳仲安、王素，《漢唐職官制度研究》，北京：中華書局，1993 年 9 月，第 1 版。
15. 景蜀慧，《魏晉詩人與政治》，臺北：文津出版社，1991 年 11 月，初版。
16. 湯用彤、任繼愈，《魏晉玄學中的社會政治思想略論》，上海：上海人民出版社，1956 年 2 月，第 1 版。
17. 程樹德，《九朝律考》，北京：中華書局，1963 年 5 月，新 1 版。
18. 黃留珠，《秦漢仕進制度》，西安：西北大學出版社，1985 年 7 月，第 1 版。
19. 楊光輝，《漢唐封爵制度》，北京：學苑出版社，1999 年 10 月，第 1 版。
20. 楊筠如，《九品中正與六朝門閥》，收入《民國叢書》第三編，上海：上海書店，商務印書館 1930 年版影印本。
21. 萬繩楠，《魏晉南北朝文化史》，安徽：黃山書社，1989 年 12 月，第 1 版。
22. 萬繩楠，《魏晉南北朝史論稿》，合肥：安徽教育出版社，1983 年 8 月，第 1 版。
23. 雷家驥，《中古史學觀念史》，臺北：臺灣學生書局，1990 年 10 月，初版。
24. 雷家驥，《隋唐中央權力結構及其演進》，臺北：東大圖書，1995 年 2 月，初版。
25. 寧稼雨，《魏晉風度——中古文人生活行爲的文化意蘊》，北京：東方出版社，1992 年 9 月，第 1 版。
26. 趙超，《漢魏南北朝墓誌彙編》，天津：天津古籍出版社，1996 年 6 月，第 1 版。
27. 錢穆，《國史大綱》，臺北：國立編譯館，1988 年，修訂十五版。
28. 閻步克，《察舉制度變遷史稿》，瀋陽：遼寧大學出版社，1997 年 3 月，第 2 版。
29. 謝大寧，《歷史的嵇康與玄學的嵇康——從玄學史看嵇康思想的兩個側面》，臺北：文史哲出版社，1997 年 12 月，初版。
30. 韓國磐，《魏晉南北朝史綱》，北京：人民出版社，1983 年，初版。

31. 嚴耕望，《中國地方行政制度史甲部——秦漢地方行政制度》，臺北：中央研究院歷史語言研究所，1997年6月，影印四版。

32. 嚴耕望，《中國地方行政制度史乙部——魏晉南北朝地方行政制度》上、下冊，臺北：中央研究院歷史語言研究所，1997年6月，影印四版。

中文論文

1. 方北辰，〈兩漢的「四行」與「四科」考〉，《文史》，第23輯（1984年11月，北京），頁303～306。

2. 毛漢光，〈中國中古賢能觀念之研究——任官標準之觀察〉，《中央研究院歷史語言研究所集刊》，第48本第3分（1977年9月，臺北），頁333～373。

3. 毛漢光，〈從中正評品與官職之關係論魏晉南朝之社會架構〉，《中央研究院歷史語言研究所集刊》，第46本第4分（1975年12月，臺北），頁595～610。

4. 王永平，〈世族勢力之復興與曹睿顧命大臣之變易〉，《揚州大學學報（人文社會科學版）》，1998年第2期（揚州），頁58～62。

5. 王夢鷗，〈從典論殘篇看曹丕嗣位之爭〉，《中央研究院歷史語言研究所集刊》，第51本第1分（1980年3月，臺北），頁97～114。

6. 王曉毅，〈司馬炎與魏晉禪代的歷史遺留問題〉，《孔孟月刊》，第36卷第9期（1998年5月，臺北），頁40～45。

7. 王曉毅，〈正始改制與高平陵政變〉，《中國史研究》，1990年第4期（北京），頁74～83。

8. 王曉毅，〈論曹魏太和「浮華」案〉，《史學月刊》，1996年第2期（開封），頁17～25。

9. 甘懷眞，〈中國中古時期「國家」的型態〉，《東吳歷史學報》，第1期（1995年4月，臺北），頁71～102。

10. 甘懷眞，〈中國中古時期制禮觀念初探〉，收入《史學：傳承與變遷——沈故教授剛伯先生百齡冥誕暨臺灣大學歷史系博士班成立三十週年紀念研討會論文集》（臺北：國立臺灣大學文學院歷史系，1997年），頁1～36。

11. 田餘慶，〈曹袁之爭與世家大族〉，收入氏著，《秦漢魏晉史探微》（北京：中華書局，1993年），頁134～150。

12. 田餘慶，〈漢魏之際的青徐豪霸〉，收入氏著，《秦漢魏晉史探微》（北京：中華書局，1993年），頁89～118。

13. 朱曉海，〈西晉佐命功臣銘饗表微〉，《臺大中文學報》，第12期（2000年5月，臺北），頁147～192。

14. 牟鍾鑒，〈魏晉南北朝時期的經學〉，收入林慶彰編，《中國經學史論文選集》上冊（臺北：文史哲出版社，1992-1993 年），頁 450～481。
15. 何茲全，〈魏晉的中軍〉，《中央研究院歷史語言研究所集刊》，第 17 本（1948 年，臺北），頁 409～433。
16. 余英時，〈漢晉之際士之新自覺與新思潮〉，收入氏著，《中國知識階層史論（古代篇）》（臺北：聯經出版事業公司，1980 年），頁 205～327。
17. 吳慧蓮，〈六朝時期吏部人事權的消長〉，《國立臺灣大學歷史學系學報》，第 17 期（1992 年 12 月，臺北），頁 107～172。
18. 吳慧蓮，〈曹魏的考課法與魏晉革命〉，《臺大歷史學報》，第 21 期（1997 年 12 月，臺北），頁 59～78。
19. 李樂民，〈崔琰被殺原因考辨——兼論曹操的用人——〉，《史學月刊》，1991 年第 2 期（開封），頁 17～20。
20. 邢義田，〈秦漢的律令學——兼論曹魏律博士的出現〉，收入氏著，《秦漢史論稿》（臺北：東大圖書股份有限公司，1987 年），頁 247～316。
21. 林顯庭，〈魏晉時代的才性四本論〉，《東海哲學研究集刊》，第 1 期（1991 年 10 月，臺中），頁 117～146。
22. 封海清，〈曹馬之爭辨析——陳寅恪先生說獻疑〉，《雲南教育學院學報》，1997 年第 1 期（昆明），頁 23～28。
23. 封海清，〈曹魏與世族關係考察〉，《昆明師專學報哲社版》，1991 年第 2 期（昆明），頁 58～68。
24. 柳春新，〈崔琰之死與毛玠之廢〉，《武漢大學學報（哲學社會科學版）》，1997 年第 2 期，頁 83～87。
25. 柳春新，〈「魏文慕通達」試釋〉，《魏晉南北朝隋唐史資料》，第 15 輯（1997 年 6 月，武漢），頁 28～35。
26. 胡寶國，〈九品中正制雜考〉，《文史》，第 36 輯（1992 年 8 月，北京），頁 289～294。
27. 胡寶國，〈漢晉之際的汝潁名士〉，《歷史研究》，1991 年第 5 期（北京），頁 127～139。
28. 胡寶國，〈魏西晉時代的九品中正制〉，《北京大學學報（哲學社會科學版）》，1987 年第 1 期（北京），頁 81～91。
29. 胡寶國，〈關於九品中正制的幾點意見〉，《歷史研究》，1988 年第 1 期（北京），頁 191～192。
30. 唐長孺，〈九品中正制度試釋〉，收入氏著，《魏晉南北朝史論叢》（北京：三聯書店，1955 年），頁 85～126。
31. 唐長孺，〈士族的形成和升降〉，收入氏著，《魏晉南北朝史論拾遺》（北京：中華書局，1983 年），頁 53～64。

32. 唐長孺，〈晉書趙至傳中所見的曹魏士家制度〉，收入氏著，《魏晉南北朝史論叢》（北京：三聯書店，1955 年），頁 30～36。
33. 唐長孺，〈清談與清議〉，收入氏著，《魏晉南北朝史論叢》（北京：三聯書店，1955 年），頁 289～297。
34. 唐長孺，〈魏晉才性論的政治意義〉，收入氏著，《魏晉南北朝史論叢》（北京：三聯書店，1955 年），頁 298～310。
35. 唐長孺，〈魏晉州郡兵的設置和廢罷〉，收入氏著，《魏晉南北朝論拾遺》（北京：中華書局，1983 年），頁 145～154。
36. 徐高阮，〈山濤論〉，《中央研究院歷史語言研究所集刊》，第 41 本第 1 分（1969 年 3 月，臺北），頁 87～125。
37. 祝總斌，〈略論晉律之「儒家化」〉，《中國史研究》，1985 年第 2 期（北京），頁 109～124。
38. 祝總斌，〈都督中外諸軍事及其性質、作用〉，收入劉方編，《紀念陳寅恪先生誕辰百年學術論文集》（北京：北京大學出版社，1989 年），頁 221～241。
39. 馬植杰，〈論漢末魏晉之際世族地主勢力的消長與曹魏政權的興亡〉，《史學月刊》，1965 年第 4 期（開封），頁 20～26。
40. 高明士，〈中國律令與日本律令〉，《臺大歷史學報》，第 21 期（1997 年 12 月，臺北），頁 111～124。
41. 張旭華，〈九品中正制萌芽探討〉，收入《中國古代史論叢》，第 5 輯（1982 年 12 月，福州），頁 116～125。
42. 張旭華，〈南朝九品中正制的發展演變及其作用〉，《中國史研究》，1998 年第 2 期（北京），頁 49～60。
43. 張旭華，〈略論兩晉時期的司徒府典選〉，《許昌師專學報（社會科學版）》，1991 年第 3 期（許昌），頁 10～15。
44. 張旭華，〈試論西晉九品中正制的弊病及其作用〉，《鄭州大學學報：哲社版》，1999 年第 6 期（鄭州），頁 24～30。
45. 張旭華，〈論魏晉時期的清途與非清途兩大任官體系〉，《許昌師專學報（社會科學版）》，1995 年第 4 期（許昌），頁 15～20。
46. 張旭華，〈魏晉時期的上品與起家官品〉，《歷史研究》，1994 年第 3 期（北京），頁 59～74。
47. 張旭華，〈關於曹魏九品中正制的幾個問題〉，《鄭州大學學報（哲學社會科學版》，1991 年第 3 期（鄭州），頁 65～71。
48. 張志岳，〈曹丕曹植爭儲考實〉，《東方雜誌》，第 42 卷第 17 號（1946 年，上海），頁 38～43。

49. 張焯，〈漢代北軍與曹魏中軍〉，《中國史研究》，1994 年第 3 期（北京），頁 15～23。
50. 曹文柱，〈西晉前期的黨爭與武帝的對策〉，《北京師範大學學報（社會科學版）》，1989 年第 5 期（北京），頁 44～51。
51. 曹道衡，〈從魏國政權看曹丕曹植之爭〉，《遼寧大學學報（哲學社會科學版）》，1984 年第 3 期（瀋陽），頁 73～79。
52. 郭熹微，〈論魏晉禪代〉，《新史學》，第 8 卷第 4 期（1997 年 12 月，臺北），頁 35～80。
53. 陳長琦，〈魏晉九品官人法再探討〉，《歷史研究》，1995 年第 6 期（北京），頁 14～25。
54. 陳長琦，〈魏晉南朝的資品與官品〉，《歷史研究》，1990 年第 6 期（北京），頁 39～50。
55. 陳寅恪，〈書世説新語文學類鍾會撰四本論始畢條後〉，收入氏著，《金明館叢稿初編》（北京：三聯書店，2001 年），頁 47～54。
56. 陳寅恪，〈崔浩與寇謙之〉，收入氏著，《金明館叢稿初編》（北京：三聯書店，2001 年），頁 120～158。
57. 陳啓雲，〈兩晉三省制度之淵源、特色及其演變〉，收入氏著，《漢晉六朝文化社會制度》（臺北：新文豐，1997 年），頁 113～144。
58. 陳琳國，〈兩晉九品中正制與選官制度〉，《歷史研究》，1987 年第 3 期（北京），頁 105～115。
59. 陳嘯江，〈三國時代的人口移動〉，《食貨半月刊》，第 1 卷第 3 期（1935 年，上海），頁 14～20。
60. 勞榦，〈漢代察舉制度考〉，《中央研究院歷史語言研究所集刊》，第 17 本（1948 年 4 月，臺北），頁 79～129。
61. 湯用彤，〈讀人物志〉，收入氏著，《湯用彤全集》第四卷（石家莊：河北人民出版社，2000 年），頁 3～21。
62. 黃惠賢，〈蔡瑁及其親族——讀《襄陽耆舊記・蔡瑁》札記——〉，收入谷川道雄編，《地域社會在六朝政治文化上所起的作用》（東京：玄文社，1989 年），頁 145～153。
63. 楊光輝，〈官品、封爵與門閥士族〉，《杭州大學學報（哲學社會科學版）》，1990 年第 4 期（杭州），頁 90～97。
64. 楊德炳，〈東漢至南北朝時期荊州地區大姓豪強地位的變化〉，收入谷川道雄編，《地域社會在六朝政治文化上所起的作用》（東京：玄文社，1989 年），頁 173～186。
65. 楊耀坤，〈從傅嘏《難劉劭考課論》看曹魏爲政的特點〉，收入《中國古代史論叢》第九輯（福州：福建人民出版社，1985 年），頁 30～49。

66. 趙汝清，〈日本學者簡牘研究述評〉，收入西北師範大學歷史系、甘肅省文物考古研究所編，《簡牘學研究（第一輯）》（蘭州：甘肅人民出版社，1996 年），頁 25～41。
67. 劉增貴，〈從碑刻史料論漢末士族〉，收入傅樂成教授紀念論文集編委會編，《中國史新論——傅樂成教授紀念論文集》（臺北：臺灣學生書局，1985 年），頁 321～370。
68. 劉顯叔，〈東漢魏晉的清流士大夫與儒學大族〉，收入簡牘學會編輯部編，《勞貞一先生七秩榮慶論文集》（臺北：簡牘學會，1977 年），頁 213～243。
69. 劉顯叔，〈論魏末政爭中的黨派分際〉，《史學彙刊》，第 9 期（1978 年 10 月，臺北），頁 17～46。
70. 鄭欣、楊希珍，〈論司馬懿〉，《史學月刊》，1981 年第 6 期（開封），頁 16～23。
71. 鄭欽仁，〈九品官人法——六朝的選舉制度〉，收入劉岱主編，《中國文化新論．制度篇——立國的宏規》（臺北：聯經出版事業公司，1982 年），頁 213～256。
72. 盧建榮，〈魏晉之際的變法派及其敵對者〉，《食貨月刊》（復刊號），第 10 卷第 7 期（1980 年 10 月，臺北），頁 271～292。
73. 錢穆，〈略論魏晉南北朝學術文化與當時門第之關係〉，收入氏著，《中國學術思想史論叢（三）》（臺北：東大圖書，1993 年，四版），頁 134～199。
74. 閻步克，〈從任官及鄉品看魏晉秀孝察舉之地位〉，《北京大學學報（哲學社會科學版）》，1988 年第 2 期（北京），頁 30～38。
75. 閻步克，〈論漢代祿秩之從屬於職位〉，《北京大學學報（哲學社會科學版）》，1998 年第 6 期（北京），頁 46～55。
76. 閻步克，〈魏晉的朝班、官品和位階〉，《中國史研究》，2000 年第 4 期（北京），頁 46～62。
77. 謝大寧，〈才性四本論新詮〉，收入國立成功大學中文系主編，《魏晉南北朝文學與思想學術研討會論文集（第二輯）》（臺北：文津出版社，1993 年），頁 823～844。
78. 羅新本，〈兩晉南朝入仕道路研究之一——兩晉南朝的「直接入仕」〉，《西南民族學院學報（人文社會科學版）》，1986 年第 4 期（成都），頁 84～93。

中文碩博士論文

1. 吳慧蓮，〈六朝時期的選任制度〉，臺北：國立臺灣大學歷史學系博士論文，1990 年 6 月。

日文專書

1. 川勝義雄，《六朝貴族制社會の研究》，東京：岩波書店，1982 年，初版。
2. 中村圭爾，《六朝貴族制研究》，東京：風間書房，1987 年，版次不詳。
3. 矢野主税，《門閥社會成立史》，東京：國書刊行會，1976 年，初版。
4. 宮川尚志，《六朝史研究．政治社會篇》，京都：平樂寺書店，1956 年，元版。
5. 宮崎市定，《九品官人法の研究》，京都：京都大學東洋史研究會，1956 年，初版。
6. 越智重明，《魏晉南朝の貴族制》，東京：研文出版，1982 年，初版。
7. 越智重明，《魏晉南朝の人と社會》，東京：研文出版，1985 年，初版。
8. 福井重雅，《漢代官吏登用制度の研究》，東京：創文社，1988 年，初版。
9. 增淵龍夫，《中國古代の社會と國家》，東京：岩波書店，1996 年，第一版。
10. 藤川正數，《漢代における禮學の研究》，東京：風間書房，1968 年，版次不詳。
11. 藤川正數，《魏晉時代における喪服禮の研究》，東京：敬文社，1960 年 3 月，版次不詳。

日文論文

1. 上田早苗，〈貴族的官制の成立——清官の由來とその性格——〉，收入中國中世史研究會編，《中國中世史研究：六朝隋唐の社會と文化》（東京：東海大學出版會，1970 年，初版），頁 103～132。
2. 川合安，〈九品官人法創設の背景について〉，《古代文化》，第 47 卷第 6 號（1995 年，京都），頁 1～11。
3. 川勝義雄，〈貴族制社會の成立〉，原收入《岩波講座世界歷史》5（東京：岩波書店，1970 年），後收入氏著，《六朝貴族制社會の研究》（東京：岩波書店，1982 年），頁 73～115。
4. 中村圭爾，〈南朝の九品官制における官位と官歷——梁十八班制成立をめぐって——〉，《史學雜誌》，第 84 編第 4 號（1975 年 4 月，東京），頁 403～427。
5. 中村圭爾，〈九品官人法における鄉品について〉，《人文研究》（大阪市立大學文學部），第 36 卷第 9 號（1984 年，大阪），頁 597～615。
6. 中村圭爾，〈初期九品官制における人事について〉，收入川勝義雄、礪波護編，《中國貴族制社會の研究》（京都：京都大學人文科學研究所，1987 年），頁 73～115。

7. 中村圭爾著、夏日新譯，〈六朝貴族制論〉，收入《日本學者研究中國史論著選讀》第二卷專論（北京：中華書局，1993 年），頁 359～391。
8. 丹羽兑子，〈いわゆる竹林七賢について〉，《史林》，第 50 卷第 4 號（1967 年 7 月，京都），頁 36～61。
9. 丹羽兑子，〈荀彧の生涯——清流士大夫の生き方をめぐって——〉，收入名古屋大學文學部編，《名古屋大學文學部二十周年記念論集》（名古屋：名古屋大學文學部，1968 年），頁 355～371。
10. 五井直弘，〈後漢時代の官吏登用制「辟召」について〉，《歷史學研究》，第 178 號（1954 年 6 月，東京），頁 22～30。
11. 五井直弘，〈曹操政權の性格について〉，《歷史學研究》，第 195 號（1956 年 5 月，東京），頁 14～23。
12. 矢野主税，〈漢魏の辟召制研究——故吏問題の再檢討によせて——〉，《長大史學》，第 3 輯（1959 年 10 月，長崎），頁 1～24。
13. 矢野主税，〈魏晉中正制の性格について一考察——鄉品と起家官品の對應を手掛りとして——〉，《史學雜誌》，第 72 編第 2 號（1963 年 2 月，東京），頁 122～168。
14. 矢野主税，〈魏晉南朝の中正制と門閥社會〉，《長大史學》，第 8 輯（1964 年，長崎），頁 1～65。
15. 矢野主税，〈狀の研究〉，《史學雜誌》，第 76 編第 2 號（1967 年 2 月，東京），頁 158～194。
16. 矢野主税，〈魏晉社會と入流〉，《長大史學》，第 11 輯（1967 年 10 月，長崎），頁 1～53。
17. 矢野主税，〈九品の制をめぐる諸問題〉，《社會科學論叢》（長崎大學教育學部），第 18 號（1969 年 3 月，長崎），頁 1～15。
18. 伊藤敏雄，〈正始の政變をめぐって——曹爽政權の人的構成を中心に——〉，收入野口鐵郎編，《中國史における亂の構圖——筑波大學創立十周年記念東洋史論集——》（東京：雄山閣，1986 年），頁 241～269。
19. 多田狷介，〈劉劭とその考課法について〉，收入鶴間和幸等，《中嶋敏先生古稀記念論集》上卷（東京：汲古書院，1980 年），頁 27～52。
20. 池田溫，〈中國律令と官人機構〉，收入仁井田陞博士追悼論文集編集委員會編，《前近代アジアの法と社會——仁井田陞博士追悼論文集》第一卷（東京：勁草書房，1967 年），頁 149～171。
21. 西川利文，〈『周禮』鄭注所引の「漢制」の意味——特に官僚制を中心として——〉，收入小南一郎編，《中國古代禮制研究》（京都：京都大學人文科學研究所，1995 年），頁 339～358。

22. 佐藤達郎，〈曹魏文・明帝期の政界と名族層の動向——陳羣・司馬懿を中心に——〉，《東洋史研究》，第 52 卷第 1 號（1993 年 6 月，京都），頁 56～83。
23. 佐藤達郎，〈尚書の銓衡の成立——漢代における「選舉」の再檢討——〉，《史林》，第 78 卷第 4 號（1995 年 7 月，京都），頁 557～585。
24. 谷川道雄，〈六朝貴族制社會の史的性格と律令体制への展開〉，《社會經濟史學》，第 31 卷第 1～5 期（1966 年 2 月，東京），頁 204～225。
25. 東晉次，〈後漢時代の選舉と地方社會〉，《東洋史研究》，第 46 卷第 2 號（1987 年 9 月，京都），頁 263～290。
26. 松本幸男，〈夏侯玄と曹爽政權——正始の論壇の一考察——〉，《立命館文學》，第 386～390 期（1977 年 10 月，東京），頁 1155～1169。
27. 狩野直禎，〈陳羣伝試論〉，《東洋史研究》，第 25 卷第 4 號（1967 年 3 月，京都），頁 98～118。
28. 剛崎文夫，〈九品中正考〉，《支那學》，第 3 卷第 3 號（1922 年 3 月，東京），頁 38～53。
29. 神矢法子，〈魏前期の人才主義〉，《九州大學東洋史論集》，第 3 期（1974 年 12 月，東京），頁 36～50。
30. 神矢法子，〈晉時代における王法と家禮〉，《東洋學報》，第 60 卷第 1 號（1978 年 11 月，東京），頁 19～53。
31. 神矢法子，〈晉時代における違禮審議——その嚴禮主義的性格——〉，《東洋學報》，第 67 卷第 3、4 號（1986 年 3 月，東京），頁 215～245。
32. 堀敏一，〈九品中正制度の成立をめぐって——魏晉の貴族制社會にかんする一考察——〉，《東洋文化研究所紀要》，第 45 冊（1968 年 3 月，東京），頁 37～75。
33. 堀敏一，〈晉泰始律令の成立〉，《東洋文化》，第 60 期（1980 年 2 月，東京），頁 23～42。
34. 野田俊昭，〈晉南朝における吏部曹の擬官をめぐって〉，《九州大學東洋史論集》，第 6 期（1977 年 10 月，東京），頁 32～50。
35. 野田俊昭，〈南朝の官位をめぐる一考察〉，《九州大學東洋史論集》，第 15 期（1986 年 12 月，東京），頁 22～44。
36. 渡邊義浩，〈三國時代における「文學」の政治的宣揚——六朝貴族制形成史の視點から——〉，《東洋史研究》，第 54 卷第 3 號（1995 年 12 月，京都），頁 411～442。
37. 越智重明，〈領軍將軍と護軍將軍〉，《東洋學報》，第 44 卷第 1 號（1961 年 6 月，東京），頁 1～40。

38. 越智重明，〈九品官人法の制定について〉，《東洋學報》，第46卷第2號（1964年2月，東京），頁186～222。

39. 越智重明，〈州大中正の制に關する諸問題〉，《史淵》，第94輯（1965年3月，福岡），頁33～67。

40. 越智重明，〈魏晉南朝の板授について〉，《東洋學報》，第49卷第4號（1967年3月，東京），頁1～39。

41. 越智重明，〈九品官人法の制定と貴族制の出現〉，《古代學》，第15卷第2號（1968年12月，東京），頁65～81。

42. 越智重明，〈魏時代の九品官人法について〉，《九州大學東洋史論集》，第2期（1974年3月，東京），頁15～32。

43. 葭森健介，〈魏晉革命前夜の政界——曹爽政權と州大中正設置問題——〉，《史學雜誌》，第95編第1號（1986年1月，東京），頁38～61。

44. 葭森健介，〈『山公啓事』の研究——西晉初期の吏部選用——〉，收入川勝義雄、礪波護編，《中國貴族制社會の研究》（京都：京都大學人文科學研究所，1987年），頁117～150。

45. 葭森健介，〈六朝貴族制形成期の吏部官僚——漢魏革命から魏晉革命に至る政治動向と吏部人事〉，收入中國中世史研究晉編，《中國中世史研究續編》（京都：京都大學學術出版會，1995年），頁219～251。

46. 鎌田重雄，〈漢代の尚書官——領尚書事と錄尚書事とを中心として——〉，《東洋史研究》，第26卷第4號（1968年3月，京都），頁113～137。

47. 冨田健之，〈漢時代における尚書体制の形成とその意義〉，《東洋史研究》，第45卷第2號（1986年9月，京都），頁212～240。

48. 冨田健之，〈後漢前半期における皇帝支配と尚書体制〉，《東洋學報》，第81卷第4號（2000年3月，東京），頁441～471。